ŒUVRES COMPLÈTES
DE
Alfred de Vigny

Les Consultations du Docteur noir

(PREMIÈRE CONSULTATION)

STELLO

PARIS
ALPHONSE LEMERRE, ÉDITEUR
27-31, PASSAGE CHOISEUL, 27-31
—
M DCCC LXXXIV

ŒUVRES COMPLÈTES

DE

Alfred de Vigny

ŒUVRES COMPLÈTES
DE
Alfred de Vigny

Les Consultations du Docteur noir
(PREMIÈRE CONSULTATION)
STELLO

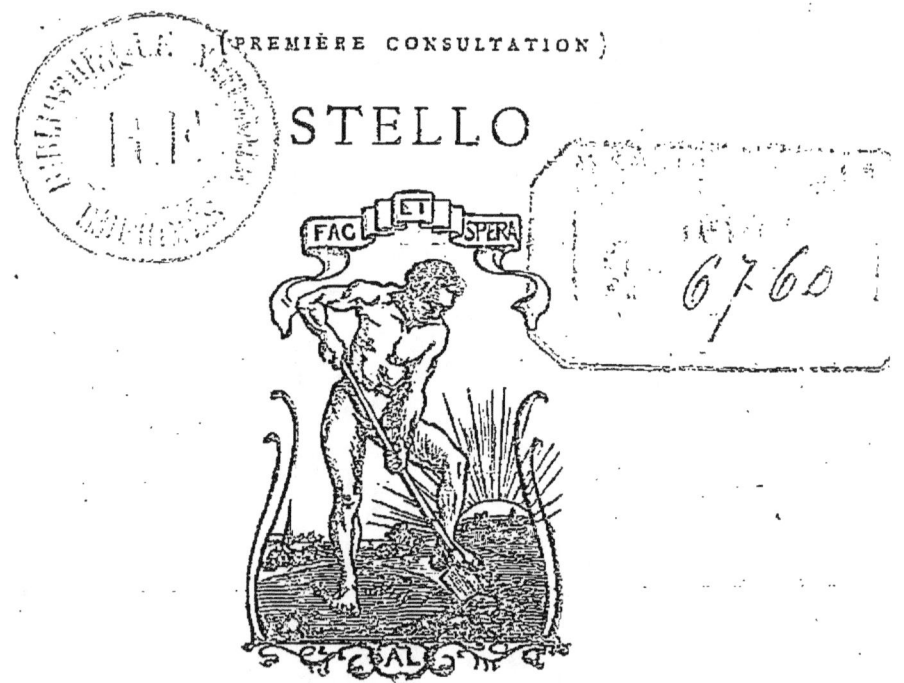

PARIS
ALPHONSE LEMERRE, ÉDITEUR
27-31, PASSAGE CHOISEUL, 27-31

M D CCC LXXXIV

STELLO

STELLO

CHAPITRE PREMIER

CARACTÈRE DU MALADE

TELLO est né le plus heureusement du monde et protégé par l'étoile du ciel la plus favorable. Tout lui a réussi, dit-on, depuis son enfance. Les grands événements du globe sont toujours arrivés à leur terme de manière à seconder et à dénouer

miraculeusement ses événements particuliers, quelque embrouillés et confus qu'ils se trouvassent ; aussi ne s'inquiète-t-il jamais lorsque le fil de ses aventures se mêle, se tord et se noue sous les doigts de la Destinée : il est sûr qu'elle prendra la peine de le disposer elle-même dans l'ordre le plus parfait, qu'elle-même y emploiera toute l'adresse de ses mains, à la lueur de l'étoile bienfaisante et infaillible. On dit que, dans les plus petites circonstances, cette étoile ne lui manqua jamais, et qu'elle ne dédaigne pas d'influer, pour lui, sur le caprice même des saisons. Le soleil et les nuages lui viennent quand il le faut. Il y a des gens comme cela.

Cependant il se trouve des jours dans l'année où il est saisi d'une sorte de souffrance chagrine que la moindre peine de l'âme peut faire éclater, et dont il sent les approches quelques jours d'avance. C'est alors qu'il redouble de vie et d'activité pour conjurer l'orage, comme font tous les êtres vivants qui pressentent un danger. Tout le monde, alors, est bien vu de lui et bien accueilli ; il n'en veut à qui que ce soit, de quoi que ce soit. Agir contre lui, le tyranniser, le persécuter, le calomnier, c'est lui rendre un vrai service ; et, s'il apprend le mal qu'on lui a fait, il a encore sur la bouche un éternel sourire indulgent et miséricordieux.

C'est qu'il est heureux comme les aveugles le sont lorsqu'on leur parle ; car si le sourd nous semble toujours sombre, c'est qu'on ne le voit que dans le moment de la privation de la parole des hommes ; et si l'aveugle nous paraît toujours heureux et souriant, c'est que nous ne le voyons que dans le moment où la voix humaine le console. — C'est ainsi que Stello est heureux; c'est qu'aux approches de sa crise de tristesse et d'affliction, la vie extérieure, avec ses fatigues et ses chagrins, avec tous les coups qu'elle donne à l'âme et au corps, lui vaut mieux que la solitude, où il craint que la moindre peine de cœur ne lui donne un de ses funestes accès. La solitude est empoisonnée pour lui, comme l'air de la Campagne de Rome. Il le sait ; mais il s'y abandonne cependant, tout certain qu'il est d'y trouver une sorte de désespoir sans transports, qui est l'absence de l'espérance. — Puisse la femme inconnue qu'il aime ne pas le laisser seul dans ces moments d'angoisse !

Stello était, hier matin, aussi changé en une heure qu'après vingt jours de maladie, les yeux fixes, les lèvres pâles et la tête abattue sur la poitrine par les coups d'une tristesse impérissable.

Dans cet état, qui précède des douleurs nerveuses auxquelles ne croient jamais les hommes robustes et rubiconds dont les rues sont pleines, il était couché tout habillé sur un canapé, lorsque, par un grand bonheur, la porte de sa chambre s'ouvrit et il vit entrer le Docteur-Noir.

CHAPITRE II

SYMPTOMES

H! Dieu soit loué! s'écria Stello en levant les yeux, voici un vivant. Et c'est vous, vous qui êtes le médecin des âmes, quand il y en a qui le sont tout au plus du corps, vous qui regardez au fond de tout, quand le reste des hommes ne voit que la forme et la surface! — Vous n'êtes point un être fantastique, cher Docteur; vous êtes bien réel, un homme créé pour vivre d'ennui et mourir d'ennui un beau jour. Voilà, pardieu, ce que j'aime de vous,

c'est que vous êtes aussi triste avec les autres que je le suis étant seul. — Si l'on vous appelle *Noir,* dans notre beau quartier de Paris, est-ce pour cela ou pour l'habit et le gilet noirs que vous portez ? — Je ne le sais pas, Docteur; mais je veux dire ce que je souffre afin que vous m'en parliez ; car c'est toujours un grand plaisir pour un malade que de parler de soi et d'en faire parler les autres : la moitié de la guérison gît là-dedans.

« Or, il faut le dire hautement, depuis ce matin j'ai le spleen, et un tel spleen, que tout ce que je vois, depuis qu'on m'a laissé seul, m'est en dégoût profond. J'ai le soleil en haine et la pluie en horreur. Le soleil est si pompeux, aux yeux fatigués d'un malade, qu'il semble un insolent parvenu; et la pluie ! ah ! de tous les fléaux qui tombent du ciel, c'est le pire à mon sens. Je crois que je vais aujourd'hui l'accuser de ce que j'éprouve. Quelle forme symbolique pourrais-je donner jamais à cette incroyable souffrance? Ah! j'y entrevois quelque possibilité, grâce à un savant. Honneur soit rendu au bon docteur Gall (pauvre crâne que j'ai connu!). Il a si bien numéroté toutes les formes de la tête humaine, que l'on peut se reconnaître sur cette carte comme sur celle des départements, et que nous ne recevrons pas un coup sur le crâne sans savoir avec précision quelle faculté est menacée dans notre intelligence.

« Eh bien, mon ami, sachez donc qu'à cette heure où une affliction secrète a tourmenté cruellement mon âme, je sens autour de mes cheveux tous les Diables de la migraine qui sont à l'ouvrage sur mon crâne pour le fendre; ils y font l'œuvre d'Annibal aux Alpes. Vous ne les pouvez voir, vous : plût aux docteurs que je fusse de même! Il y a un Farfadet, grand comme un moucheron, tout frêle et tout noir, qui tient une scie d'une longueur démesurée et l'a enfoncée plus d'à moitié sur mon front; il suit une ligne oblique qui va de la protubérance de *Idéalité,* n° 19, jusqu'à celle de la *Mélodie,* au-devant de l'œil gauche, n° 32; et là, dans l'angle du sourcil, près de la bosse de l'*Ordre,* sont blottis cinq Diablotins, entassés l'un sur l'autre comme de petites sangsues, et suspendus à l'extrémité de la scie pour qu'elle s'enfonce plus avant dans ma tête; deux d'entre eux sont chargés de verser, dans la raie imperceptible qu'y fait leur lame dentelée, une huile bouillante qui flambe comme du punch et qui n'est pas merveilleusement douce à sentir. Je sens un autre petit Démon enragé qui me ferait crier, si ce n'était la continuelle et insupportable habitude de politesse que vous me savez. Celui-ci a élu son domicile, en roi absolu, sur la bosse énorme de la *Bienveillance*, tout au sommet du crâne; il s'est assis, sachant devoir travailler longtemps; il a une vrille entre ses petits bras, et la fait tourner avec une agilité si surprenante que vous me la verrez tout à l'heure sortir par le menton. Il y a deux Gnomes d'une petitesse imperceptible à tous les yeux, même au microscope que vous pourriez supposer tenu par un ciron; et ces deux-là sont mes plus acharnés et mes plus rudes ennemis; ils ont établi un coin de fer tout au beau milieu de la protubérance dite du *Merveilleux*: l'un tient le coin en attitude perpendiculaire, et s'emploie à l'enfoncer de l'épaule, de la tête et des bras; l'autre, armé d'un marteau gigantesque, frappe dessus, comme sur une enclume, à tour de bras, à grands efforts de reins, à grand écartèlement des deux jambes, se renversant pour éclater de rire à chaque coup qu'il donne sur le coin impitoyable; chacun de ces coups fait dans ma cervelle le bruit de cinq cent quatre-vingt-quatorze canons en batterie tirant à la fois sur cinq cent quatre-vingt-quatorze mille hommes qui les attaquent au pas de charge et au bruit des fusils, des tambours et des tam-tam. A chaque coup mes yeux se ferment, mes oreilles tremblent, et la plante de mes pieds frémit. — Hélas! hélas! mon Dieu, pourquoi avez-vous permis à ces petits monstres de s'attaquer à cette bosse du *Merveilleux?* C'était la plus grosse sur toute ma tête, et celle qui me fit faire quelques poèmes qui m'élevaient l'âme vers le ciel inconnu, comme aussi toutes mes plus chères et secrètes folies. S'ils la détruisent, que me restera-t-il en ce monde ténébreux? Cette protubérance toute divine me donna toujours d'ineffables consolations. Elle est comme un petit dôme sous lequel va se blottir mon âme pour se contempler et se connaître, s'il se peut, pour gémir et pour prier, pour s'éblouir intérieurement avec des tableaux purs comme ceux de Raphaël, au nom d'ange, colorés comme ceux de Rubens au nom rougissant (miraculeuse rencontre!). C'était là que mon âme apaisée trouvait mille poétiques illusions dont je traçais de mon mieux le souvenir sur du papier, et voilà que cet asile est encore attaqué par ces infernales et invisibles puissances! Redoutables enfants du chagrin, que vous ai-je fait? — Laissez-moi, Démons glacés et agiles, qui courez sur chacun de mes nerfs en le refroidissant et glissez sur cette corde comme d'habiles danseurs! Ah! mon ami, si vous pouviez voir sur ma tête ces impitoyables Farfadets, vous concevriez à peine qu'il me soit possible de supporter la vie. Tenez, les voilà tous à présent réunis, amoncelés, accumulés sur la bosse de l'*Espérance*. Qu'il y a longtemps qu'ils travaillent et labourent cette montagne, jetant au vent ce qu'ils en arrachent! — Hélas! mon ami, ils en ont fait une vallée si creuse, que vous y logeriez la main tout entière. »

En prononçant ces dernières paroles, Stello baissa la tête et la mit dans ses deux mains. Il se tut, et soupira profondément.

Le Docteur demeura aussi froid que peut l'être la statue du Czar, en hiver, à Saint-Pétersbourg, et dit :

« Vous avez les *Diables-bleus*, maladie qui s'appelle en anglais *Blue-devils*. »

CHAPITRE III

CONSÉQUENCES DES DIABLES-BLEUS

STELLO reprit d'une voix basse : « Il s'agit de me donner de graves conseils, ô le plus froid des docteurs ! Je vous consulte comme j'aurais consulté ma tête hier soir, quand je l'avais encore; mais, puisqu'elle n'est plus à ma disposition, il ne me reste rien qui me garantisse des mouvements violents de mon cœur; je le sens affligé, blessé, et tout prêt, par désespoir, à se dévouer pour une opinion politique et à me dicter des écrits dans l'intérêt d'une sublime forme de gouvernement que je vous détaillerai...

— Dieu du ciel et de la terre! s'écria le Docteur-Noir en se levant tout à coup, voyez jusqu'à quel degré d'extravagance les *Diables-bleus* et le désespoir peuvent entraîner un Poète! »

Puis il se rassit; il remit sa canne entre ses jambes avec une fort grande gravité, et s'en servit pour suivre les lignes du parquet, comme s'il eût géométriquement mesuré ses carrés et ses losanges. Il n'y pensait pas le moins du monde, mais il attendait que Stello prît la parole. Après cinq minutes d'attente, il s'aperçut que son malade était tombé dans une distraction complète, et il l'en tira en lui disant ceci :

« Je veux vous conter... »

Stello sauta vivement sur son canapé.

— « Votre voix m'a fait peur, dit-il; je me croyais seul.

— Je veux vous conter, poursuivit le Docteur, trois petites anecdotes qui vous seront d'excellents remèdes contre la tentation bizarre qui vous vient de dévouer vos écrits aux fantaisies d'un parti.

— Hélas! hélas! soupira Stello, que gagnerons-nous à comprimer ce beau mouvement de mon cœur?

— Il vous y enfoncera plus avant, dit le Docteur.

— Il ne peut que m'en tirer, reprit Stello, car je crains fortement que le mépris ne m'étouffe un matin.

— Méprisez, mais n'étouffez pas, reprit l'impassible Docteur; s'il est vrai que l'on guérisse par les semblables, comme les poisons par les poisons mêmes, je vous guérirai en rendant plus complet le mal qui vous tient. Écoutez-moi.

— Un moment! s'écria Stello; faisons nos conditions sur la question que vous allez traiter et la forme que vous comptez prendre.

Je vous déclare d'abord que je suis las d'entendre parler de la guerre éternelle que se font la *Propriété* et la *Capacité;* l'une, pareille au dieu Terme et les jambes dans sa gaîne, ne pouvant bouger, regardant en pitié l'autre, qui porte des ailes à la tête et aux pieds, et voltige autour d'elle au bout d'un fil, souffletant sans cesse sa froide et orgueilleuse ennemie. Quel philosophe me dira jamais laquelle des deux est la plus insolente? Pour moi, je jurerais que la plus bête est la première, et la plus sotte la seconde. — Voyez donc comme notre monde social a bonne grâce à se balancer si mollement entre deux péchés mortels : l'*Orgueil*, père de toutes les *Aristocraties*, et l'*Envie*, mère de toutes les *Démocraties* possibles!

Ne m'en parlez donc pas, s'il vous plaît; et quant à la Forme, ah! Seigneur, faites que je ne la sente pas, s'il vous est possible, car je suis bien las des airs qu'elle se donne. Pour l'amour de Dieu, prenez donc une forme futile, et contez-moi (si vos contes sont votre remède universel), contez-moi quelque histoire bien douce, bien paisible, qui ne soit ni chaude ni froide : quelque chose de modeste, de tiède et d'affadissant, comme le *Temple de Gnide,* mon ami! quelque tableau couleur de rose et gris, avec des guirlandes de mauvais goût; des guirlandes surtout, oh! force guirlandes, je vous en supplie! et une grande quantité de nymphes, je vous en conjure! de nymphes aux bras arrondis, coupant les ailes à des Amours sortis d'une petite cage! — des cages! des cages! des arcs, des carquois, oh! de jolis petits carquois! Multipliez les lacs d'amour, les cœurs enflammés et les temples à colonnes de bois de senteur! — Oh! du musc, s'il se peut, n'épargnez pas le musc du bon temps! Oh! le bon temps! veuillez bien m'en donner, m'en verser dans le sablier pour un quart d'heure, pour dix minutes, pour cinq minutes, s'il ne se peut davantage! S'il fut jamais un bon temps, faites-m'en voir quelques grains, car je suis horriblement las, comme vous le savez, de tout ce que l'on me dit, et de tout ce que l'on m'écrit, et de tout ce que l'on me fait, et ce tout ce que je dis, et de ce que j'écris et de ce que je fais, et surtout des énumérations rabelaisiennes, comme je viens d'en faire une à l'instant même où je parle.

— Cela pourra s'arranger avec ce que j'ai à vous dire, répondit le Docteur en cherchant au plafond, comme s'il eût suivi le vol d'une mouche.

— Hélas! dit Stello, je sais trop que vous prenez lestement votre parti sur l'ennui que vous donnez aux autres. »

Et il se tourna le visage contre le mur.

Nonobstant cette parole et cette attitude, le Docteur commença avec une honnête confiance en lui-même.

CHAPITRE IV

HISTOIRE D'UNE PUCE ENRAGÉE

'ÉTAIT à Trianon; Mlle de Coulanges était couchée, après dîner, sur un sofa de tapisseries, la tête du côté de la cheminée et les pieds du côté de la fenêtre; et le roi Louis XV était couché sur un autre sofa, précisément en face d'elle, les pieds du côté de la cheminée, et tournant le dos à la fenêtre; tous deux en grande toilette des pieds à la tête : lui en talons rouges et bas de soie, elle en souliers à talons et bas brodés en or; lui en habit de velours bleu de ciel, elle en paniers sous une

robe damassée rose; lui poudré et frisé, elle frisée et poudrée; lui tenant un livre à la main en dormant, elle tenant un livre et bâillant.

(Ici Stello fut honteux d'être couché sur son canapé, et se tint assis.)

Le soleil entrait de toutes parts dans la chambre, car il n'était que trois heures de l'après-midi, et ses larges rayons étaient bleus, parce qu'ils traversaient de grands rideaux de soie de cette couleur. Il y avait quatre fenêtres très hautes et quatre rayons très longs; chacun de ces rayons formait comme une échelle de Jacob, dans laquelle tourbillonnaient des grains de poussière dorée, qui ressemblaient à des myriades d'esprits célestes, montant et descendant avec une rapidité incalculable, sans que le moindre courant d'air se fît sentir dans l'appartement le mieux tapissé et le mieux rembourré qui fut jamais. La plus haute pointe de l'échelle de chaque rayon bleu était appuyée sur les franges du rideau, et la large base tombait sur la cheminée. La cheminée était remplie d'un grand feu, ce grand feu était appuyé sur de gros chenets de cuivre doré, représentant Pygmalion et Ganymède; et Ganymède, Pygmalion, les gros chenets et le grand feu brillaient et étincelaient de flammes toutes rouges dans l'atmosphère céleste des beaux rayons bleus.

Mlle de Coulanges était la plus jolie, la plus faible, la plus tendre et la moins connue des amies intimes du Roi. C'était un corps délicieux que Mlle de Coulanges. Je ne vous assurerai pas qu'elle ait jamais eu une âme, parce que je n'ai rien vu qui puisse m'autoriser à l'affirmer; et c'était justement pour cela que son maître l'aimait. — A quoi bon, je vous prie, une âme à Trianon ? — Pour s'entendre parler de remords, de principes d'éducation, de religion, de sacrifices, de regrets de famille, de craintes sur l'avenir, de haine du monde, de mépris de soi-même, etc., etc., etc.? Litanies des saintes du beau Parc-aux-Cerfs, que l'heureux prince savait d'avance, et auxquelles il aurait répondu par le verset suivant, tout couramment. Jamais on ne lui avait dit autre chose en commençant, et il en avait assez, sachant que la fin était toujours la même. Voyez quel fatigant dialogue : « Ah! Sire, croyez-vous que Dieu me pardonne jamais? — Eh! ma belle, cela n'est pas douteux : il est si bon! — Et moi, comment pourrais-je me pardonner? — Nous verrons à arranger cela, mon enfant, vous êtes si bonne! — Quel résultat de l'éducation que je reçus à Saint-Cyr! — Toutes vos compagnes ont fait de beaux mariages, ma chère amie. — Ah! ma pauvre mère en mourra! — Elle veut être Marquise, elle sera Duchesse avec le tabouret. — Ah! Sire, que vous êtes généreux! Mais le ciel! — Il n'a jamais fait si beau que ce matin depuis le 1ᵉʳ de juin. »

Voilà qui eût été insupportable. Mais avec Mlle de Coulanges, rien de semblable : douceur parfaite... c'était la plus naïve et la plus innocente des pécheresses; elle avait un calme sans pareil, un imperturbable sang-froid dans son bonheur, qui lui semblait tout simplement le plus grand qui fût au monde. Elle ne pensait pas une fois dans la journée ni à la veille ni au lendemain, ne s'informant jamais des maîtresses qui l'avaient précédée, n'avait pas l'ombre de jalousie ni de mélancolie, prenait le roi quand il venait, et, le reste du temps, se faisait poudrer, friser et épingler, en racine droite, en frimas et en repentirs; se regardait, se pommadait, se faisait la grimace dans la glace; se tirait la langue, se souriait, se pinçait les lèvres, piquait les doigts de sa femme de chambre, la brûlait avec le fer à papillotes, lui mettait du rouge sur le nez et des mouches sur l'œil; courait dans sa chambre, tournait sur elle-même jusqu'à ce que sa pirouette eût fait gonfler sa robe comme un ballon, et s'asseyait au milieu en riant à se rouler par terre. Quelquefois (les jours d'études), elle s'exerçait à danser le menuet avec une robe à paniers et à longue queue, sans tourner le dos au fauteuil du Roi;

mais c'était là la plus grave de ses méditations et le calcul le plus profond de sa vie ; et, par impatience, elle déchirait de ses mains la longue robe moirée qu'elle avait eu tant de peine à faire circuler dans l'appartement. Pour se consoler de ce travail, elle se faisait peindre au pastel, en robe de soie bleue ou rose, avec des pompons à tous les nœuds du corset, des ailes au dos, un carquois sur l'épaule et un papillon noyé dans la poudre de ses cheveux : on nommait cela : Psyché ou Diane chasseresse, et c'était fort de mode.

En ses moments de repos ou de langueur, Mlle de Coulanges était d'une douceur incomparable ! ils étaient tous les deux aussi beaux l'un que l'autre, quoi qu'en ait dit M. l'abbé de Voisenon dans des Mémoires inédits venus à ma connaissance : M. l'abbé n'a pas eu honte de soutenir que l'œil droit était un peu plus haut que l'œil gauche, et il a fait là-dessus deux madrigaux fort malicieux, vertement relevés, il est vrai, par M. le premier président. Mais il est temps, dans ce siècle de justice et de bonne foi, de montrer la vérité dans toute sa pureté, et de réparer le mal qu'une basse envie avait fait. Oui, Mlle de Coulanges avait deux yeux, et deux yeux parfaitement égaux en douceur ; ils étaient fendus en amande, et bordés de paupières blondes très longues ; ces paupières formaient une petite ombre sur ses joues; ses joues étaient roses sans rouge; ses lèvres étaient rouges sans corail; son cou était blanc et bleu, sans bleu et sans blanc; sa taille, faite en guêpe, était à tenir dans la main d'une fille de douze ans, et son corps d'acier n'était presque pas serré, puisqu'il y avait place pour la tige d'un gros bouquet qui s'y tenait tout droit. Ah! mon Dieu! que ses mains étaient blanches et potelées! Ah! ciel! que ses bras étaient arrondis jusqu'aux coudes! ces petits coudes étaient entourés de dentelles pendantes, et son épaule fort serrée par une petite manche collante. Ah! que tout cela était donc joli! Et, cependant, le Roi dormait.

Les deux jolis yeux étaient ouverts tous deux, puis se fermaient longtemps sur le livre (c'était les *Mariages Samnites* de Marmontel, livre traduit dans toutes les langues, comme l'assure l'auteur). Les deux beaux yeux se fermaient donc fort longtemps de suite, et puis se rouvraient languissamment en se portant sur la douce lumière bleue de la chambre; les paupières étaient légèrement gonflées et plus légèrement teintes de rose, soit sommeil, soit fatigue d'avoir lu au moins trois pages de suite; car, de larmes, on sait que Mlle de Coulanges n'en versa qu'une dans sa vie, ce fut quand sa chatte *Zulmé* reçut un coup de pied de ce brutal M. Dorat de Cubières, vrai dragon s'il en fût, qui ne mettait jamais de mouches sur ses joues, tant il était soldatesque, et frappait tous les meubles avec son épée d'acier, au lieu de porter une *excuse* à lame de baleine.

CHAPITRE V

INTERRUPTION

HÉLAS! s'écria douloureusement Stello, d'où vient le langage que vous prenez, cher Docteur? Vous partez quelquefois du dernier mot de chaque phrase pour grimper à un autre, comme un invalide monte un escalier avec deux jambes de bois.

— D'abord, cela vient de la fadeur du siècle de Louis XV, qui alanguit mes paroles malgré moi;; ensuite, c'est que j'ai la manie de faire du style pour me mettre bien dans l'esprit de quelques-uns de vos amis.

— Ah! ne vous y fiez pas, dit Stello en soupirant; car il y en a un, qui n'est pas précisément le plus sot de tous, qui a dit un soir: « Je ne suis pas toujours de mon opinion. » Parlez donc simplement, ô le plus triste des docteurs! et il pourra se faire que je m'ennuie un peu moins. »

Et le Docteur reprit en ces termes :

CHAPITRE VI

―

CONTINUATION DE L'HISTOIRE QUE FIT LE DOCTEUR-NOIR

OUT à coup la bouche de M{}^{lle} de Coulanges s'entr'ouvrit, et il sortit de sa poitrine adorable un cri perçant et flûté qui réveilla Louis XV le Bien-Aimé.

— « O ma Déité ! qu'avez-vous ? » s'écria-t-il en étendant vers elle ses deux mains et ses deux manchettes de dentelle.

Les deux jolis pieds de la plus parfaite des maîtresses tombèrent du sofa, et coururent au bout de la chambre avec une vitesse bien surprenante lorsqu'on considère par quels talons ils étaient empêchés.

Le monarque se leva avec dignité et mit la main sur la garde damasquinée de son épée; il la tira à demi dans le premier mouvement, et chercha l'ennemi autour de lui. La jolie tête de Mlle de Coulanges se trouva renversée sur le jabot du prince, ses cheveux blonds s'y répandirent avec un nuage léger de poudre odoriférante.

— « J'ai cru voir, dit sa douce voix...

— Ah! je sais, je sais, ma belle... dit le Roi, les larmes aux yeux, tout en souriant avec tendresse et jouant avec les boucles de la tête languissante et parfumée; je sais ce que vous voulez dire. Vous êtes une petite folle.

— Non vraiment, dit-elle; votre médecin sait bien qu'il y en a qui enragent.

— On le fera venir, dit le roi; mais quand cela serait, voyons... l'enfant! ajouta-t-il en lui tapant sur la joue, comme à une petite fille; quand cela serait, leur croyez-vous la bouche assez grande pour vous mordre?

— Oui, oui, je le crois, et j'en souffre à la mort, » dirent les lèvres roses de Mlle de Coulanges.

Et ses beaux yeux se mirent en devoir de se lever au ciel et de laisser échapper deux larmes. Il en tomba une de chaque côté : celle de droite coula rapidement du coin de l'œil d'où elle avait jailli, comme Vénus sortant de la mer d'azur; cette jolie larme descendit jusqu'au menton, et s'y arrêta d'elle-même, comme pour se faire voir, au coin d'une petite fossette, où elle demeura comme une perle enchâssée dans un coquillage rose. La séduisante larme de gauche eut une marche tout opposée; elle se montra fort timidement, toute petite et un peu allongée; puis elle grossit à vue d'œil et resta prise dans les cils blonds les plus doux, les plus longs et les plus soyeux qui se soient jamais vus. Le Roi bien-aimé les dévora toutes les deux.

Cependant le sein de Mlle de Coulanges se gonflait de soupirs et paraissait devoir se briser sous les efforts de sa voix, qui dit encore ceci :

« J'en ai pris une... j'en ai pris une avant-hier, et certainement elle était enragée; il fait si chaud cette année !

— Calmez-vous ! calmez-vous ! ma reine; je chasserai tous mes gens et tous mes ministres, plutôt que de souffrir que vous trouviez encore un de ces monstres dans les appartements royaux. »

Les joues bienheureuses de Mlle de Coulanges pâlirent tout à coup, son beau front se contracta horriblement, ses doigts potelés prirent quelque chose de brun, gros comme la tête d'une épingle, et sa bouche vermeille, qui était bleue en ce moment, s'écria :

« Voyez si ce n'est pas une puce !

— O félicité parfaite ! s'écria le prince d'un ton tant soit peu moqueur, c'est un grain de tabac ! Fassent les dieux qu'il ne soit pas enragé ! »

Et les bras blancs de Mlle de Coulanges se jetèrent au cou du Roi. Le Roi, fatigué de cette scène violente, se recoucha sur le sofa. Elle s'étendit sur le sien comme une chatte familière, et dit :

« Ah ! Sire, je t'en prie, fais appeler le Docteur, le premier médecin de Votre Majesté. »

Et l'on me fit appeler.

CHAPITRE VII

UN CREDO

« Où étiez-vous ? » dit Stello, tournant la tête péniblement.

Et il la laissa retomber avec pesanteur un instant après.

— « Près du lit d'un Poète mourant, répondit le Docteur-Noir avec une impassibilité effrayante. Mais, avant de continuer, je dois vous adresser une seule question. Êtes-vous Poète ? Examinez-vous bien, et dites-mo si vous vous sentez intérieurement Poète. »

Stello poussa un profond soupir, et répondit, après un moment de recueillement, sur le ton monotone d'une prière du soir, demeurant le front appuyé sur un oreiller, comme s'il eût voulu y ensevelir sa tête entière :

— « Je crois en moi, parce que je sens au fond de mon cœur une puissance secrète, invisible et indéfinissable, toute pareille à un pressentiment de l'avenir et à une révélation des causes mystérieuses du temps présent. Je crois en moi, parce qu'il n'est dans la nature aucune beauté, aucune grandeur, aucune harmonie, qui ne me cause un frisson prophétique, qui ne porte l'émotion profonde dans mes entrailles, et ne gonfle mes paupières par des larmes toutes divines et inexplicables. Je crois fermement en une vocation ineffable qui m'est donnée, et j'y crois à cause de la pitié sans bornes que m'inspirent les hommes, mes compagnons en misère, et aussi à cause du désir que je me sens de leur tendre la main et de les élever sans cesse par des paroles de commisération et d'amour. Comme une lampe toujours allumée ne jette qu'une flamme très incertaine et vacillante lorsque l'huile qui l'anime cesse de se répandre dans ses veines avec abondance, et puis lance jusqu'au faîte du temple des éclairs, des splendeurs et des rayons lorsqu'elle est pénétrée de la substance qui la nourrit, de même je sens s'éteindre les éclairs de l'inspiration et les clartés de la pensée lorsque la force indéfinissable qui soutient ma vie, l'Amour, cesse de me remplir de sa chaleureuse puissance; et, lorsqu'il circule en moi, toute mon âme en est illuminée; je crois comprendre tout à la fois l'Éternité, l'Espace, la Création, les créatures et la Destinée; c'est alors que l'Illusion, phénix au plumage doré, vient se poser sur mes lèvres, et chante.

« Mais je crois que, lorsque le don de fortifier les faibles commencera de tarir dans le Poète, alors aussi tarira sa vie; car, s'il n'est bon à tous, il n'est plus bon au monde.

« Je crois au combat éternel de notre vie intérieure, qui féconde et appelle, contre la vie extérieure, qui tarit et repousse, et j'invoque la pensée d'en haut, la plus propre à concentrer et rallumer les forces poétiques de ma vie : le Dévouement et la Pitié.

— Tout cela ne prouve qu'un bon instinct, dit le Docteur-Noir; cependant il n'est pas impossible que vous soyez Poète, et je continuerai. »

Et il continua.

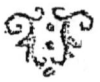

CHAPITRE VIII

DEMI-FOLIE

UI, j'étais près d'un jeune homme fort singulier. L'archevêque de Paris, M. de Beaumont, m'avait fait prier de venir à son palais, parce que cet inconnu était venu chez lui, tout seul, en chemise et en redingote, lui demander gravement les sacrements. J'allai vite à l'archevêché, où je trouvai, en effet, un homme d'environ vingt-deux ans, d'une figure grave et douce, assis, dans ce costume plus que léger, sur un grand fauteuil de velours, où le bon vieil archevêque l'avait fait placer. Monsei-

gneur de Paris était en grand habit ecclésiastique, en bas violets, parce que ce jour-là même il devait officier pour la Saint-Louis; mais il avait eu la bonté de laisser toutes ses affaires jusqu'au moment du service, pour ne pas quitter ce bizarre visiteur, qui l'intéressait vivement.

Lorsque j'entrai dans la chambre à coucher de M. l'archevêque, il était assis près de ce pauvre jeune homme, et il lui tenait la main dans ses deux mains ridées et tremblotantes. Il le regardait avec une espèce de crainte, et s'attristait de voir que le malade (car il l'était) refusait de rien prendre d'un bon petit déjeuner que deux domestiques avaient servi devant lui. Du plus loin que M. de Beaumont m'aperçut, il me dit d'une voix émue :

« Eh! venez donc! eh! arrivez donc, bon Docteur! Voilà un pauvre enfant qui vient se jeter dans mes bras, *Venite ad me!* Il vient comme un oiseau échappé de sa cage, que le froid a pris sur les toits, et qui se jette dans la première fenêtre venue. Le pauvre petit! J'ai commandé pour lui des vêtements. Il a de bons principes, du moins, car il est venu me demander les sacrements; mais il faut que j'entende sa confession auparavant. Vous n'ignorez pas cela, Docteur, et il ne veut pas parler. Il me met dans un bien grand embarras. Oh! dame! oui! il m'embarrasse beaucoup. Je ne connais pas l'état de son âme. Sa pauvre tête est bien affaiblie. Tout à l'heure il a beaucoup pleuré, le cher enfant! J'ai encore les mains toutes mouillées de ses larmes. Tenez, voyez. »

En effet, les mains du bon vieillard étaient encore humides comme un parchemin jaune sur lequel l'eau ne peut pas sécher. Un vieux domestique, qui avait l'air d'un religieux, apporta une robe de séminariste, qu'il passa au malade en le faisant soulever par les gens de l'archevêque, et on nous laissa seuls. Le nouveau-venu n'avait nullement résisté à cette toilette. Ses yeux, sans être fermés, étaient voilés et comme recouverts à demi par ses sourcils blonds; ses paupières très rouges, la fixité de ses prunelles, me parurent de très mauvais symptômes. Je lui tâtai le pouls, et je ne pus m'empêcher de secouer la tête assez tristement.

A ce signe-là, M. de Beaumont me dit :

« Donnez-moi un verre d'eau : j'ai quatre-vingts ans, moi; cela me fait mal.

— Ce ne sera rien, monseigneur, lui dis-je: seulement, il y a dans ce pouls quelque chose qui n'est ni la santé, ni la fièvre de la maladie... C'est la folie, » ajoutai-je tout bas.

Je dis au malade :

« Comment vous nommez-vous? »

Rien... ses yeux demeurèrent fixes et mornes...

— « Ne le tourmentez pas, Docteur, dit M. de Beaumont; il m'a déjà dit trois fois qu'il s'appelait Nicolas-Joseph-Laurent.

— Mais ce ne sont que des noms de baptême, dis-je.

— N'importe! n'importe! dit le bon archevêque avec un peu d'impatience, cela suffit à la religion : ce sont les noms de l'âme que les noms de baptême. C'est par ces noms-là que les saints nous connaissent. Cet enfant est bien bon chrétien. »

Je l'ai souvent remarqué, entre la pensée et l'œil il y a un rapport direct et si immédiat, que l'un agit sur l'autre avec une égale puissance. S'il est vrai qu'une idée arrête le regard, le regard, en se détournant, détourne aussi l'idée. J'en ai fait l'épreuve auprès des fous.

Je passai les mains sur les yeux fixes de ce jeune homme, et je les lui fermai. Aussitôt la raison lui vint, et il prit la parole.

— « Ah! monseigneur, dit-il, donnez-moi les sacrements. Ah! bien vite, monseigneur, avant que mes yeux se soient rouverts à la lumière; car les sacrements seuls peuvent me délivrer de mon ennemi, et l'ennemi qui me possède, c'est une idée que j'ai, et cette idée me reviendra tout à l'heure.

— Mon système est bon, » dis-je en souriant.

Il continua.

— « Ah ! monseigneur, Dieu est certainement dans l'hostie... Je ne croyais pas qu'une idée pût devenir dans la tête comme un fer rouge... Dieu est certainement dans l'hostie; et si vous me la donnez, monseigneur, l'hostie chassera l'idée, et Dieu chassera les philosophes...

— Vous voyez qu'il pense très bien, me dit tout bas le bon archevêque. Laissons-le dire, pour voir. »

Le pauvre garçon continua.

— « Si quelque chose peut chasser le raisonnement, c'est la foi, la foi du charbonnier; si quelque chose peut donner la foi, c'est l'hostie. Oh ! donnez-moi l'hostie, si l'hostie a donné la foi à Pascal. Je serai guéri si vous me la donnez, monseigneur, tandis que j'ai les yeux fermés; hâtez-vous : donnez-moi l'hostie.

— Savez-vous votre *Confiteor?* » dit l'archevêque.

Il n'entendit pas et poursuivit.

— « Oh ! qui m'expliquera la SOUMISSION DE LA RAISON ? ajouta-t-il avec une voix de tonnerre lorsqu'il prononça les derniers mots... Saint Augustin a dit : « La Raison ne se sou-
« mettrait jamais si elle ne jugeait qu'elle doit
« se soumettre. Il est donc juste qu'elle se
« soumette quand elle juge qu'elle le doit. »
Et moi, Nicolas-Joseph-Laurent, né à Fontenoi-

le-Château, de parents pauvres... j'ajoute que, si elle se soumet à son propre jugement, c'est à elle-même qu'elle se soumet, et que, si elle ne se soumet qu'à elle-même, elle ne se soumet donc pas et continue d'être reine... Cercle vicieux. Sophisme de saint! Raisons d'école à rendre le diable fou!... Ah! d'Alembert! joli pédant, que tu me tourmentes! »

Il ajouta ceci en se grattant l'épaule. Je crois que cela vint de ce que j'avais laissé un de ses yeux libre. Je le refermai de la main gauche.

— « Hélas! dit-il, monseigneur, faites que je m'écrie comme Pascal :

> Joye!
> Certitude, joye, certitude, sentiment, vue;
> Joye, joye, joye et pleurs de joye!
> Dieu de Jésus-Christ... oubli de tout, hormis de Dieu.

Il avait vu le Dieu de Jésus-Christ ce jour-là, depuis dix heures et demie du soir jusqu'à minuit et demi, le lundi 25 novembre 1654; et, en conséquence, il était tranquille et sûr de son affaire. Il était bien heureux, celui-là... — Aïe! aïe! aïe! voici La Harpe qui me tire les pieds... — Que me veux-tu? On a jeté La Harpe dans le trou du souffleur avec les Barmécides. — Tu es mort. »

En ce moment j'ôtai ma main, et il ouvrit les yeux.

— « Un rat ! cria-t-il... Un lapin !... Je jure sur l'Évangile que c'est un lapin... C'est Voltaire ! C'est Vol-à-terre !... Oh ! le joli jeu de mots ! n'est-ce pas ? Hein ! mon cher seigneur... il est gentil, mon jeu de mots ?... Il n'y a pas un libraire qui veuille me le payer un sou... Je n'ai pas dîné hier ni la veille... mais je m'en moque, parce que je n'ai jamais faim... Mon père est à sa charrue, et je ne voudrais pas lui prendre la main, parce qu'elle est enflée et dure comme du bois. D'ailleurs, il ne sait pas parler français, ce gros paysan en blouse ! Cela fait rougir quand il passe quelqu'un. Où voulez-vous que j'aille lui faire boire du vin ? Entrerai-je au cabaret, moi, s'il vous plaît ? et que dira M. de Buffon, avec ses manchettes et son jabot ?... Un chat... C'est un chat que vous avez sous votre soulier, l'abbé... »

M. de Beaumont n'avait pu s'empêcher, malgré son extrême bonté, de sourire quelquefois, les larmes aux yeux. Ici il recula en faisant rouler son fauteuil en arrière, et fut un peu effrayé.

Je pris la tête du jeune homme, je la secouai doucement dans mes mains, comme on roule le sac du jeu de loto, et je laissai mes doigts sur ses paupières baissées. Les numéros sortants furent tous changés. Il soupira profondément, et dit, d'un ton aussi calme qu'il s'était montré emporté jusque-là :

« Trois fois malheur à l'insensé qui veut dire ce qu'il pense avant d'avoir assuré le pain de toute sa vie !... Hypocrisie, tu es la raison même! tu fais que l'on ne blesse personne, et le pauvre a besoin de tout le monde... Dissimulation sainte, tu es la suprême loi sociale de celui qui est né sans héritage... Tout homme qui possède un champ ou un sac est son maître, son seigneur et son protecteur. Pourquoi le sentiment du bien et du juste s'est-il établi dans mon cœur? Mon cœur s'est gonflé sans mesure; des torrents de haine en ont coulé, et se sont fait jour comme une lave. Les méchants ont eu peur; ils ont crié, ils se sont tous levés contre moi. Comment voulez-vous que je résiste à tous, moi seul, moi qui ne suis rien, moi qui n'ai rien au monde qu'une pauvre plume, et qui manque d'encre quelquefois? »

Le bon archevêque n'y tint plus. Il y avait un quart d'heure qu'il tremblait et étendait les bras vers celui qu'il nommait déjà son enfant; il se leva pesamment de son fauteuil et vint pour l'embrasser. Moi, qui tenais mes doigts sur ses yeux avec une constance inébranlable, je fus pourtant forcé de les ôter, parce que je sentais quelque chose qui les repoussait, comme si les paupières se fussent gonflées. A l'instant où je cessai de les presser, des pleurs abondantes se firent jour entre mes doigts et inondèrent ses joues pâles. Des sanglots faisaient bondir son cœur, les veines du cou étaient grosses et bleues, et il sortait de sa poitrine de petites plaintes comme celles d'un enfant dans les bras de sa mère.

— « Peste ! monseigneur, laissez-le, dis-je à M. de Beaumont : cela va mal. Le voilà qui rougit bien vite, et puis il est tout blanc, et le pouls s'en va... Il est évanoui... Bien ! le voilà sans connaissance... Bonsoir... »

Le bon prélat se désolait et me gênait beaucoup en voulant toujours m'aider. J'employai tous mes petits moyens pour faire revenir le malade; et cela commençait à réussir, lorsqu'on vint pour me dire qu'une chaise de poste de Versailles m'attendait de la part du Roi. J'écrivis ce qui restait à faire, et je sortis.

— « Parbleu ! dis-je, je parlerai de ce jeune homme-là.

— Vous nous rendrez bien heureux, mon cher Docteur, car notre caisse d'aumônes est toute vide. Partez vite, dit M. de Beaumont, je garde ici mon pauvre enfant trouvé. »

Et je vis qu'il lui donnait sa bénédiction en tremblotant et en pleurant.

Je me jetai dans la chaise de poste.

CHAPITRE IX

SUITE DE L'HISTOIRE DE LA PUCE ENRAGÉE

ORSQUE je partis pour Versailles, la nuit était close. J'allais ce qu'on appelle le train du Roi, c'est-à-dire le postillon au galop et le cheval de brancard au grand trot. En deux heures je fus à Trianon. Les avenues étaient éclairées, et une foule de voitures s'y croisaient. Je crus que je trouverais toute la Cour dans les petits appartements; mais c'étaient des gens qui étaient allés s'y casser le nez et s'en revenaient à Paris. Il n'y avait foule qu'en plein

air, et je ne trouvai dans la chambre du Roi que M{{lle}} de Coulanges.

— « Eh! le voilà donc enfin! » dit-elle en me donnant sa main à baiser. Le Roi, qui était le meilleur homme du monde, se promenait dans la chambre en prenant le café dans une petite tasse de porcelaine bleue.

Il se mit à rire de bon cœur en me voyant.

— « Jésus-Dieu! Docteur, me dit-il, nous n'avons plus besoin de vous. L'alarme a été chaude, mais le danger est passé. Madame, que voici, en a été quitte pour la peur. — Vous savez notre petite manie, ajouta-t-il en s'appuyant sur mon épaule et me parlant à l'oreille tout haut, nous avons peur de la rage, nous la voyons partout! Ah! parbleu! il ferait bon voir un chien dans la maison! Je ne sais s'il me sera permis de chasser dorénavant.

— Enfin, dis-je en m'approchant du feu qu'il y avait malgré l'été (bonne coutume à la campagne, soit dit entre parenthèses), enfin, dis-je, à quoi puis-je être bon au Roi?

— Madame prétend, dit-il en se balançant d'un talon rouge sur l'autre, qu'il y a des animaux, ma foi, pas plus gros que ça, et il donnait une chiquenaude à un grain de tabac attaché aux dentelles de ses manchettes, qu'il y a des animaux qui... Allons, madame, dites-le vous-même. »

Mlle de Coulanges s'était blottie comme une chatte sur son sofa, et cachait son front sous l'un de ces petits rabats de soie que l'on posait alors sur le dossier des meubles pour les préserver de la poudre des cheveux. Elle regardait à la dérobée comme un enfant qui a volé une dragée et qui est bien aise qu'on le sache. Elle était jolie comme tous les Amours de Boucher et toutes les têtes de Greuze.

— « Ah! Sire, dit-elle tout doucement, vous parlez si bien!...

— Mais, madame, en vérité, je ne puis pas dire vos idées en médecine...

— Ah! Sire, vous parlez si bien de tout!...

— Mais Docteur, aidez-la donc à se confesser! vous voyez bien qu'elle ne s'en tirera jamais. »

A dire vrai, j'étais embarrassé moi-même, car je ne savais pas ce qu'il voulait dire, et je ne l'ai appris que depuis, en 90.

— « Eh bien, mais comment donc! dis-je en m'approchant de la petite bien-aimée; eh bien, mais qu'est-ce que c'est donc que ça, madame? eh bien, donc, qu'est-ce qui nous est arrivé, mademoiselle?... Nous avons de petites peurs! de petites fantaisies, madame?... Fantaisies de femme! — Hé! hé! de jeune femme, Sire!... Nous connaissons ça!... — Eh bien donc, qu'est-ce que c'est donc, ça?... Comment donc ça se nomme-t-il, ces animaux?... Allons, madame!... Eh bien donc, est-ce que nous voulons nous trouver mal?... »

— — — — Enfin, tout ce qu'on dit d'agréable et d'aimable aux jeunes femmes.

Tout d'un coup Mlle de Coulanges regarda le Roi et moi, et je regardai le Roi et elle, le Roi regarda sa maîtresse et moi, et nous partîmes ensemble du plus long éclat de rire que j'aie entendu de mes jours. Mais c'est qu'elle étouffait véritablement, et me montrait du doigt; et pour le Roi, il en renversa le café sur sa veste d'or.

Quand il eut bien ri :

« Çà, me dit-il en me prenant par le bras et me faisant asseoir de force sur son sofa, parlons un peu raison, et laissons cette petite folle se moquer de nous tout à son aise. Nous sommes aussi enfants qu'elle. Dites-moi, Docteur, comment on vit à Paris depuis huit jours. »

Comme il était en bonne humeur, je lui dis :

« Mais je dirai plutôt au Roi comment on y meurt. Assez mal à son aise, en vérité, pour peu qu'on soit Poète.

— Poète! dit le Roi, et je remarquai qu'il renversait la tête en arrière en fronçant le sourcil et croisant les jambes avec humeur.

— Poète! dit Mlle de Coulanges; et je remarquai que sa lèvre inférieure faisait la cerise fendue, comme les lèvres de tous les portraits féminins du temps de Louis XIV.

— Bien! me dis-je, j'en étais sûr. Il ne faut que ce nom dans le monde pour être ridicule ou odieux.

— Mais qui diable veut-il donc dire à présent? reprit le Roi; est-ce que La Harpe est mort? est-ce qu'il est malade?...

— Ce n'est pas lui, Sire; au contraire, dis-je, c'est un autre petit Poète, tout petit, qui est fort mal, et je ne sais trop si je le sauverai, parce que, toutes les fois qu'il est guéri, un accès d'indignation le fait retomber dans un mauvais état. »

Je me tus, et ni l'un ni l'autre ne me dit: « Qu'a-t-il? »

Je repris avec le sang-froid que vous savez:

« L'indignation produit des débordements affreux dans le sang et la bile, qui vous inondent un honnête homme intérieurement, de manière à faire frémir. »

Profond silence. Ni l'un ni l'autre ne frémit.

— « Et si le Roi, poursuivis-je, s'intéresse avec tant de bonté aux moindres écrivains, que serait-ce s'il connaissait celui que je viens de quitter? »

Long silence. — Et personne ne me dit: « Comment se nomme-t-il? » Ce fut assez malheureux, car je savais son nom de lugubre mémoire, son triste nom, synonyme d'amertume satirique et de désespoir... Ne me le demandez pas encore... Écoutez.

Je poursuivis d'un air insouciant, pour éviter le ton solliciteur :

« Si ce n'était pas abuser des bontés du Roi, en vérité, je me hasarderais jusqu'à lui demander quelque secours... quelque léger secours pour...

— Accablé! accablé! nous sommes accablé, monsieur, me dit Louis XV, de demandes de ce genre pour des faquins qui emploient à nous attaquer l'aumône que nous leur faisons. »

Puis, se rapprochant de moi :

« Ah çà, me dit-il, je suis vraiment surpris qu'avec votre usage du monde vous ne sachiez pas encore que, lorsqu'on se tait, c'est qu'on ne veut pas répondre... Vous m'avez forcé dans mes derniers retranchements; eh bien, je veux bien vous parler de vos Poètes, et vous dire que je ne vois pas la nécessité de me ruiner à soutenir ces petites bonnes gens-là, qui font le lendemain les jolis cœurs à nos dépens. Sitôt qu'ils ont quelques sous, ils se mettent à l'ouvrage pour nous régenter, et font leur possible pour se faire fourrer à la Bastille. Cela donne des airs de Richelieu, n'est-ce pas?... C'est là ce qu'aiment les beaux-esprits, que je trouve bien sots. Tudieu! je suis las de servir de plastron à ces petites gens. Ils feront bien assez de mal sans que je les y aide... Je ne suis plus bien jeune, et je me suis tiré d'affaire; je ne sais trop si mon successeur s'en tirera; au surplus, cela le regarde... Savez-vous, Docteur, qu'avec mon air insouciant je suis tout au moins un homme de sens, et je vois bien où l'on nous mène? »

Ici le Roi se leva et marcha assez vite dans la chambre, secouant son jabot. Vous pensez que je n'étais guère à mon aise, et que je me levai aussi.

— « C'est peut-être mon cher frère le roi de Prusse qui s'en est bien trouvé de son bon accueil à vos Poètes? Il a cru me jouer un tour en accueillant Voltaire comme il l'a fait : il m'a fait grand plaisir en m'en débarrassant, et il y a gagné des impertinences qui l'ont forcé de faire bâtonner ce petit monsieur-là. — Vraiment, parce qu'ils habillent des *à peu près* philosophiques et des *à peu près* politiques en figures de rhétorique, ils croient pouvoir, en sortant des bancs, monter en chaire et nous prêcher! »

Il s'arrêta ici et continua plus gaîment.

— « Il n'y a rien de pis qu'un sermon, Docteur, et je m'en laisse faire le moins possible ailleurs qu'à ma chapelle. Que voulez-vous que je fasse pour votre protégé? voyons : que je le pensionne? Qu'arrivera-t-il? Demain il m'appellera *Mars*, à cause de Fontenoy, et nommera *Minerve* cette bonne petite mam'selle de Coulanges, qui n'y a aucune prétention. »

(Je crus qu'elle se fâcherait. Elle ne sourcilla pas. — Elle jouait avec son éventail.)

— « Dans deux jours il voudra faire l'homme d'État, et raisonnera sur le gouvernement anglais pour avoir un grand emploi; il ne l'aura pas, et on fera bien. Dans quatre jours il tournera en ridicule mon père, mon grand-père et tous mes aïeux jusqu'à saint Louis inclusivement. Il appellera *Socrate* le roi de Prusse, avec tous ses pages, et me nommera *Sardanapale,* à cause de ces dames qui viennent me voir à Trianon. On lui enverra une lettre de cachet; il sera ravi : le voilà martyr de sa philosophie.

— Ah! Sire, m'écriai-je, celui-là l'est des philosophes...

— C'est la même chose, interrompit le Roi; Jean-Jacques n'en fut pas plus mon ami pour être leur ennemi. *Se faire un nom à tout prix,* voilà leur affaire. Tous ces gens-là sont pétris de la même pâte; chacun, pour se faire gros, veut ronger avec ses petites dents un morceau du gâteau de la monarchie, et, comme je le leur abandonne, ils en ont bon marché. Ce sont nos ennemis naturels que vos beaux-esprits; il n'y a de bon parmi eux que les musiciens et les danseurs; ceux-là n'offensent personne sur leurs théâtres, et ne chantent ni ne dansent la politique. Aussi je les aime ; mais qu'on ne me parle pas des autres. »

Comme je voulais insister et que j'entr'ouvrais la bouche pour répondre, il me prit doucement le bras, moitié riant et moitié sérieusement, et se mit à marcher avec moi, en se dandinant à sa manière, du côté de la porte de l'appartement. Il fallut bien suivre.

— « Vous aimez donc bien les vers, Docteur ? — Je vais vous les dire aussi bien que ceux qui les font, tenez :

    Il semble à trois gredins, dans leur petit cerveau,
    Que, pour être imprimés et reliés en veau,
    Les voilà dans l'État d'importantes personnes ;
    Qu'avec leur plume ils font le destin des couronnes ;
    Qu'au moindre petit bruit de leurs productions
    Ils doivent voir chez eux voler les pensions ;
    Que sur eux l'univers a la vue attachée ;
    Que partout de leur nom la gloire est épanchée,
    Et qu'en science ils sont des prodiges fameux,
    Pour savoir ce qu'ont dit les autres avant eux,
    Pour avoir eu, trente ans, des yeux et des oreilles,
    Pour avoir employé neuf ou dix mille veilles
    A se bien barbouiller de grec et de latin,
    Et se charger l'esprit d'un ténébreux butin
    De tous les vieux fatras qui traînent dans les livres,
    Gens qui de leur savoir paraissent toujours ivres,
    Riches, pour tout mérite, en babil importun,
    Inhabiles à tout, vides de sens commun,
    Et pleins d'un ridicule et d'une impertinence
    A décrier partout l'esprit et la science.

« Vous voyez qu'*après tout la cour n'est pas si bête,* ajouta-t-il quand nous fûmes arrivés au bout de la chambre : vous voyez qu'ils sont plus sots que nous, vos chers Poètes, car ils nous donnent des verges pour les fouetter... »

Là-dessus le Roi m'ouvrit; je passai en saluant. Il quitta mon bras, il rentra et s'enferma... J'entendis un grand éclat de rire de Mlle de Coulanges.

Je n'ai jamais bien su si cela pouvait s'appeler *être mis à la porte.*

CHAPITRE X

AMÉLIORATION

TELLO cessa d'appuyer sa tête sur le coussin de son canapé. Il se leva et étendit les bras vers le ciel, rougit subitement, et s'écria avec indignation :

« Eh! qui vous donnait le droit d'aller ainsi mendier pour lui? Vous en avait-il prié? N'avait-il pas souffert en silence jusqu'au moment où la Folie secoua ses grelots dans sa pauvre tête? S'il avait soutenu pendant toute sa jeunesse l'âpre dignité de son caractère; s'il avait pendant une vingtaine d'années singé l'aisance et la fortune par orgueil et pour ne rien demander, vous lui auriez fait perdre en une heure toute la fierté de sa vie. C'est une mauvaise action, Docteur, et je ne voudrais pas l'avoir faite pour tous les jours qui me restent encore à subir. Je la mets au rang des plus mauvaises (et il y en a un grand nombre) que n'atteignent pas les lois, comme celle de tromper les dernières volontés d'un mourant illustre, et de vendre ou de brûler ses Mémoires, quand son dernier regard les a caressés comme une partie de lui-même qui allait rester sur la terre après lui, quand son dernier souffle les a bénis et consacrés. — Vous avez trahi ce jeune homme lorsque vous avez quêté pour lui l'aumône d'un roi insouciant. — Pauvre enfant! lorsqu'il avait des lueurs de raison, lorsque ses yeux étaient fermés (selon votre expérience), il pouvait, se sentant mourir, se féliciter de la pudeur de sa pauvreté, s'enorgueillir de ce qu'il ne laissait à aucun homme le droit de dire : *Il s'est abaissé;* et pendant ce temps-là vous alliez prostituer ainsi la dignité de son âme! Voilà, en vérité, une mauvaise action. »

Le Docteur-Noir sourit avec une parfaite tranquillité.

— « Asseyez-vous, dit-il; je vous trouve déjà mieux; vous sortez un peu de la contemplation de votre maladie. Lâche habitude de bien des hommes, habitude qui double la puissance du mal. — Eh! pourquoi ne voulez-vous pas que j'aie été attaqué une fois moi-même d'une maladie bien répandue, la *manie de protéger?* Mais revenons à ma sortie de Trianon.

« J'en fus tellement déconcerté, que je ne remis plus les pieds chez l'archevêque et m'efforçai de ne plus penser au malade que j'avais trouvé dans son palais. — Je parvins en quelques minutes à chasser cette idée par la grande habitude que j'ai de dompter ma sensibilité.

— Mince victoire! dit Stello en grondant.

— Je me croyais débarrassé de ce fou depuis longtemps, lorsqu'un beau soir on me fit appeler pour monter dans un grenier, où me conduisit une vieille portière sourde...

— Que voulez-vous que je lui fasse? dis-je en entrant; c'est un homme mort. »

Elle ne me répondit pas; elle me laissa avec le même homme, que je reconnus difficilement.

CHAPITRE XI

UN GRABAT

L était à demi couché, le pauvre malade, sur un lit de sangle placé au milieu d'une chambre vide. Cette chambre était aussi toute noire, et il n'y avait pour l'éclairer qu'une chandelle placée dans un encrier, en guise de flambeau, et élevée sur une grande cheminée de pierre. Il était assis dans son lit de mort, sur son matelas mince et enfoncé, les jambes chargées d'une couverture de laine en lambeaux, la tête nue, les cheveux en désordre, le corps droit, la poitrine découverte et creusée par les convulsions

douloureuses de l'agonie. Moi, je vins m'asseoir sur le lit de sangle, parce qu'il n'y avait pas de chaise; j'appuyai mes pieds sur une petite malle de cuir noir, sur laquelle je posai un verre et deux petites fioles d'une potion, inutile pour le sauver, mais bonne pour le moins faire souffrir. Sa figure était très noble et très belle; il me regardait fixement, et il avait au-dessus des joues, entre le nez et les yeux, cette contraction nerveuse que nulle convulsion ne peut imiter, que nulle maladie ne donne, qui dit au médecin : Va-t'en! et qui est comme l'étendard que la Mort plante sur sa conquête. Il serrait dans l'une de ses mains sa plume, sa dernière, sa pauvre plume, bien tachée d'encre, bien pelée, et toute hérissée; dans l'autre main, une croûte bien dure de son dernier morceau de pain. Ses deux jambes se choquaient et tremblaient de manière à faire craquer le lit mal assuré. J'écoutai avec attention le souffle embarrassé de la respiration du malade, et j'entendis le râle avec un enrouement caverneux; je reconnus la mort à ce bruit, comme un marin expérimenté reconnaît la tempête au petit sifflement du vent qui la précède.

— « Tu viendras donc toujours la même avec tous? dis-je à la Mort, assez bas pour que mes lèvres ne fissent, aux oreilles du mourant, qu'un bourdonnement incertain. Je te reconnais partout à ta voix creuse que tu prêtes au jeune et au vieux. Ah! comme je te connais, toi et tes terreurs qui n'en sont plus pour moi; je sens la poussière que tes ailes secouent dans l'air; en approchant, j'en respire l'odeur fade, et j'en vois voler la cendre pâle, imperceptible aux yeux des autres hommes. — Te voilà bien, l'Inévitable, c'est bien toi! — Tu viens sauver cet homme de la douleur; prends-le dans tes bras comme un enfant, et emporte-le. Sauve-le, je te le donne; sauve-le de la dévorante douleur qui nous accompagne sans cesse sur la terre, jusqu'à ce que nous reposions en toi, bienfaisante amie! »

C'était elle, je ne me trompais pas; car le malade cessa de souffrir, et jouit tout à coup de ce divin moment de repos qui précède l'éternelle immobilité du corps; ses yeux s'agrandirent et s'étonnèrent, sa bouche se desserra et sourit; il y passa sa langue deux fois, comme pour goûter encore, dans quelque coupe invisible, une dernière goutte du baume de la vie, et dit de cette voix rauque des mourants qui vient des entrailles et semble venir des pieds :

Au banquet de la vie infortuné convive...

— « C'était Gilbert! » s'écria Stello en frappant des mains.

— Ce n'était plus Gilbert, poursuivit le Docteur-Noir en souriant d'un seul côté de la bouche; car il ne put en dire davantage : son menton tomba sur sa poitrine, et ses deux mains broyèrent à la fois la croûte de pain et la plume du Poète. Le bras droit me resta longtemps dans les mains, et j'y cherchais le pouls inutilement; je pris la plume et la posai sur sa bouche : un léger souffle l'agita encore, comme si l'âme l'eût baisée en passant, ensuite rien ne bougea dans le duvet de la plume, qui ne fut pas terni par la moindre vapeur. Alors je fermai les yeux du mort et je pris mon chapeau.

CHAPITRE XII

UNE DISTRACTION

OILA une horrible fin, dit Stello, relevant son front de l'oreiller qui le soutenait, et regardant le Docteur avec des yeux troublés... Où donc étaient ses parents?

— Ils labouraient leur champ, et j'en fus charmé. Près du lit des mourants, les parents m'ont toujours importuné.

— Et pourquoi cela? dit Stello...

— Quand une maladie devient un peu longue, les parents jouent le plus médiocre rôle qui se puisse voir. Pendant les huit premiers jours, sentant la mort qui vient, ils pleurent et se tordent les bras; les huit jours suivants, ils s'habituent à la mort de l'homme, calculent ses suites, et spéculent sur elle; les huit jours qui suivent, ils se disent à l'oreille : *Les veilles nous tuent; on prolonge ses souffrances; il serait plus heureux pour tout le monde que cela finît.* Et s'il reste encore quelques jours après, on me regarde de travers. Ma foi, j'aime mieux les gardes-malades; elles tâtent bien, à la dérobée, les draps du lit, mais elles ne parlent pas.

— O non Docteur! soupira Stello, — d'une vérité toujours inexorable!...

— D'ailleurs, Gilbert avait maudit avec justice son père et sa mère, d'abord pour lui avoir donné naissance, ensuite pour lui avoir appris à lire.

— Hélas! oui, dit Stello, il a écrit ceci:

Malheur à ceux dont je suis né.
. . . .
Père aveugle et barbare! impitoyable mère!
Pauvres, vous fallait-il mettre au jour un enfant
Qui n'héritât de vous qu'une affreuse indigence!
Encor si vous m'eussiez laissé mon ignorance!
J'aurais vécu paisible en cultivant mon champ;
Mais vous avez nourri les feux de mon génie.

— Voilà des vers raisonnables, dit le Docteur.

— Mauvaises rimes, dit l'autre par habitude.

— Je veux dire qu'il avait raison de se plaindre de savoir lire, parce que du jour où il sut lire il fut Poète, et dès lors il appartint à la race toujours maudite par les puissances de la terre... Quant à moi, comme j'avais l'honneur de vous le dire, je pris mon chapeau et j'allais sortir lorsque je trouvai à la porte les propriétaires du grabat, qui gémissaient sur la perte d'une clef... Je savais où elle était.

— Ah! quel mal vous me faites, impitoyable! N'achevez pas, dit Stello, je sais cette histoire.

— Comme il vous plaira, dit le Docteur avec modestie; je ne tiens pas aux descriptions chirurgicales, et ce n'est pas en elles que je puiserai les germes de votre guérison. Je vous dirai donc simplement que je rentrai chez ce pauvre petit Gilbert; je l'ouvris; je pris la clef dans l'œsophage et je la rendis aux propriétaires. »

CHAPITRE XIII

UNE IDÉE POUR UNE AUTRE

ORSQUE le désespérant Docteur eut achevé son histoire, Stello demeura longtemps muet et abattu. Il savait, comme tout le monde, la fin douloureuse de Gilbert; mais, comme tout le monde, il se trouva pénétré de cette sorte d'effroi que nous donne la présence d'un témoin qui raconte. Il voyait et touchait la main qui avait touché et les yeux qui avaient vu. Et, plus le froid conteur était inaccessible aux émotions de son récit, plus Stello en était pénétré jusqu'à la moelle des os. Il éprouvait déjà

l'influence de ce rude médecin des âmes, qui, par ses raisonnements précis et ses insinuations préparatrices, l'avait toujours conduit à des conclusions inévitables. Les idées de Stello bouillonnaient dans sa tête et s'agitaient en tous sens, mais elles ne pouvaient réussir à sortir du cercle redoutable où le Docteur-Noir les avait enfermées comme un magicien. Il s'indignait à l'histoire d'un pareil talent et d'un pareil dédain; mais il hésitait à laisser déborder son indignation, se sentant comprimé d'avance par les arguments de fer de son ami. Les larmes gonflaient ses paupières, et il les retenait en fronçant les sourcils. Une fraternelle pitié remplissait son cœur. En conséquence, il fit ce que trop souvent l'on fait dans le monde, il n'en parla pas, et il exprima une idée toute différente.

« — Qui vous dit que j'aie pensé à une monarchie absolue et héréditaire, et que ce soit pour elle que j'aie médité quelque sacrifice? D'ailleurs, pourquoi prendre cet exemple d'un homme oublié? Combien, dans le même temps, n'eussiez-vous pas trouvé d'écrivains qui furent encouragés, comblés de faveurs, caressés et choyés!

— A la condition de vendre leur pensée, reprit le Docteur; et je n'ai voulu vous parler de Gilbert que parce que cela m'a été une occasion pour vous dévoiler la *pensée intime* monarchique touchant messieurs les Poètes, et nous convenons bien d'entendre par Poètes tous les hommes de la *Muse* ou des *Arts*, comme vous le voudrez. J'ai pris cette pensée secrète sur le fait, comme je viens de vous le raconter, et je vous la transmets fidèlement. J'y ajouterai, si vous voulez bien, l'histoire de Kitty Bell, en cas que votre dévouement politique soit réservé à cette triple machine assez connue sous le nom de *monarchie représentative*. Je fus témoin de cette anecdote en 1770, c'est-à-dire dix ans précisément avant la fin de Gilbert.

— Hélas! dit Stello, êtes-vous né sans entrailles? N'êtes-vous pas saisi d'une affliction interminable, en considérant que chaque année dix mille hommes en France, appelés par l'éducation, quittent la table de leur père pour venir demander, à une table supérieure, un pain qu'on leur refuse?

— Eh! à qui parlez-vous? je n'ai cessé de chercher toute ma vie un ouvrier assez habile pour faire une table où il y eût place pour tout le monde! Mais, en cherchant, j'ai vu quelles miettes tombent de la table Monarchique: vous les avez goûtées tout à l'heure. J'ai vu aussi celles de la table Constitutionnelle, et je vous en veux parler. Ne croyez pas qu'en ce que j'ai dessein de vous conter il se trouve la plus légère apparence d'un drame, ni la moindre complication de personnages nouant leurs intérêts tout-le-long-d'une-petite ficelle entortillée que dénoue proprement le dernier chapitre ou le cinquième acte : vous ne cessez d'en faire de cette sorte sans moi. Je vous dirai la simple histoire de ma naïve Anglaise Kitty Bell. La voici telle qu'elle s'est passée sous mes yeux. »

Il tourna un instant dans ses doigts une grosse tabatière où étaient entrelacés en losange les cheveux de je ne sais qui, et commença ainsi :

CHAPITRE XIV

HISTOIRE DE KITTY BELL

KITTY Bell était une jeune femme comme il y en a tant en Angleterre, même dans le peuple. Elle avait le visage tendre, pâle et allongé, la taille élevée et mince, avec de grands pieds et quelque chose d'un peu maladroit et de décontenancé que je trouvais plein de charme. A son aspect élégant et noble, à son nez aquilin, à ses grands yeux bleus, vous l'eussiez prise pour une des belles maîtresses de Louis XIV, dont vous aimez tant les portraits sur émail, plutôt que pour ce qu'elle était, c'est-à-dire une marchande de gâteaux. Sa petite boutique était située près du Parlement, et quelquefois, en sortant, les membres des deux Chambres descendaient de cheval à sa porte, et venaient manger des *buns* et des *mince pies* en continuant la discussion sur le bill. C'était devenu une sorte d'habitude par laquelle la boutique s'agrandissait chaque année, et prospérait sous la garde des deux petits enfants de Kitty. Ils avaient huit ans et dix ans, le visage frais et rose, les cheveux blonds, les épaules toutes nues, et un grand tablier blanc devant eux et sur le dos, tombant comme une chasuble.

Le mari de Kitty, *master Bell,* était un des meilleurs selliers de Londres, et si zélé pour son état, pour la confection et le perfectionnement de ses brides et de ses étriers, qu'il ne mettait presque jamais le pied à la boutique de sa jolie femme dans la journée. Elle était sérieuse et sage ; il le savait, il y comptait, et je crus, en vérité, qu'il n'était pas trompé.

En voyant Kitty, vous eussiez dit la statue de la Paix. L'ordre et le repos respiraient en elle, et tous ses gestes en étaient la preuve irrécusable. Elle s'appuyait à son comptoir, et penchait sa tête dans une attitude douce, en regardant ses beaux enfants. Elle croisait les bras, attendait les passants avec la plus angélique patience, et les recevait ensuite en se levant avec respect, répondait juste et seulement le mot qu'il fallait, faisait signe à ses garçons, ployait modestement la monnaie dans du papier pour la rendre, et c'était là toute sa journée, à peu de chose près.

J'avais toujours été frappé de la beauté et de la longueur de ses cheveux blonds, d'autant plus qu'en 1770 les femmes anglaises ne mettaient plus sur leur tête qu'un léger nuage de poudre, et qu'en 1770 j'étais assez disposé à admirer les beaux cheveux attachés en large chignon derrière le cou, et détachés, en longs repentirs, devant le cou. J'avais d'ailleurs une foule de comparaisons agréables au service de cette belle et chaste personne. Je parlais assez ridiculement l'anglais, comme nous faisons d'habitude, et je m'installais devant le comptoir, mangeant ses petits gâteaux et la comparant. Je la comparais à Paméla, ensuite à Clarisse, un instant après à l'Ophélia, quelques heures plus tard à Miranda. Elle me faisait verser du *soda-water*, et me souriait avec un air de douceur et de prévenance, comme s'attendant toujours à quelque saillie extrêmement gaie de la part du *Français;* elle riait même quand j'avais ri. Cela durait une heure ou deux, après quoi elle me disait qu'elle me demandait bien pardon, mais ne comprenait pas l'allemand. N'importe, j'y revenais, sa figure me reposait à voir. Je lui parlais toujours avec la même confiance, et elle m'écoutait avec la même résignation. D'ailleurs, ses enfants m'aimaient pour ma canne à la Tronchin, qu'ils sculptaient à coups de couteau; un beau jonc pourtant!

Il m'arriva quelquefois de rester dans un coin de sa boutique à lire le journal, entièrement oublié d'elle et des acheteurs, causeurs, disputeurs, mangeurs et buveurs qui s'y trouvaient; c'était alors que j'exerçais mon métier chéri d'observateur. Voici une des choses que j'observai :

Tous les jours, à l'heure où le brouillard était assez épais pour cacher cette espèce de lanterne sourde que les Anglais prennent pour le soleil, et qui n'est que la caricature du nôtre comme le nôtre est la parodie du soleil d'Égypte, cette heure, qui est souvent deux heures après midi; enfin, dès que venait l'*entre-chien-et-loup*, entre le jour et les flambeaux, il y avait une ombre qui passait sur le trottoir devant les vitres de la boutique; Kitty Bell se levait sur-le-champ de son comptoir, l'aîné de ses enfants ouvrait la porte, elle lui donnait quelque chose qu'il courait porter dehors; l'ombre disparaissait, et la mère rentrait chez elle.

— « Ah! Kitty! Kitty! dis-je en moi-même,

cette ombre est celle d'un jeune homme, d'un adolescent imberbe! Qu'avez-vous fait, Kitty Bell? Que faites-vous, Kitty Bell? Kitty Bell, que ferez-vous? Cette ombre est élancée et leste dans sa démarche. Elle est enveloppée d'un manteau noir qui ne peut réussir à la rendre grossière dans sa forme. Cette ombre porte un chapeau triangulaire dont un des côtés est rabattu sur les yeux; mais on voit deux flammes sous ce large bord, deux flammes comme Prométhée les dut puiser au soleil. »

Je sortis en soupirant, la première fois que je vis ce petit manège, parce que cela me gâtait l'idée de ma paisible et vertueuse Kitty; et puis vous savez que jamais un homme ne voit ou ne croit voir le bonheur d'un autre homme auprès d'une femme sans le trouver haïssable, n'eût-il nulle prétention pour lui-même... La seconde fois je sortis en souriant; je m'applaudissais de ma finesse pour avoir deviné cela, tandis que les gros Lords et les longues Ladies sortaient sans avoir rien découvert. La troisième fois je m'y intéressai, et je me sentis un tel désir de recevoir la confidence de ce joli petit secret, que je crois que je serais devenu complice de tous les crimes de la famille d'Agamemnon, si Kitty Bell m'eût dit : Oui, monsieur, c'est cela même.

Mais non, Kitty Bell ne me disait rien.

Toujours paisible, toujours placide comme au sortir du prêche, elle ne daignait pas même me regarder avec embarras, comme pour me dire : *Je suis sûre que vous êtes un homme trop bien élevé et trop délicat pour en rien dire; je voudrais bien que vous n'eussiez rien vu; il est bien mal à vous de rester si tard chaque jour.* Elle ne me regardait pas non plus d'un air de mauvaise humeur et d'autorité, comme pour me dire : *Lisez toujours, ceci ne vous regarde pas.* Une Française impatiente n'y eût pas manqué, comme bien vous savez; mais elle avait trop d'orgueil, ou de confiance en elle-même, ou de mépris pour moi; elle se remettait à son comptoir avec un sourire aussi pur, aussi calme et aussi religieux que si rien ne se fût passé. Je fis de vains efforts pour attirer son attention. J'avais beau me pincer les lèvres, aiguiser mes regards malins, tousser avec importance et gravité, comme un abbé qui réfléchit sur la confession d'une fille de dix-huit ans, ou un juge qui vient d'interroger un faux-monnayeur; j'avais beau ricaner dans mes dents en marchant vite et me frottant les mains, comme un fin matois qui se rappelle ses petites fredaines, et se réjouit de voir certains petits tours où il est expert; j'avais beau m'arrêter tout à coup devant elle, lever les yeux au ciel, et laisser tomber mes bras avec abattement, comme un homme qui voit une jeune femme se noyer de gaieté de cœur et se précipiter dans l'eau du haut du pont; j'avais beau jeter mon journal tout à coup et le chiffonner comme un mouchoir de poche, ainsi que pourrait faire un philanthrope désespéré, renonçant à conduire les hommes au bonheur par la vertu; j'avais beau passer devant elle d'un air de grandeur, marchant sur les talons et baissant les yeux dignement, comme un monarque offensé de la conduite trop leste qu'ont tenue en sa présence un page et une fille d'honneur; j'avais beau courir à la porte vitrée, un instant après la disparition de l'ombre, et m'arrêter là, comme un voyageur parisien au bord d'un torrent, arrangeant ses cheveux rares, de manière qu'ils aient l'air dérangé par les zéphyrs, et parlant du vague des passions, tandis qu'il ne pense qu'au positif des intérêts; j'avais beau prendre mon parti tout à coup, et marcher vers elle comme un poltron qui fait le brave et se lance sur son adversaire, jusqu'à ce qu'étant à portée, il s'arrête, manquant à la fois de pensée, de parole et d'action. — Toutes mes grimaces de réflexion, de pénétration, de confusion, de contrition, de componction, de renonciation, d'abnégation, de consomption, de résolution, de domination et d'explication; toute ma pantomime enfin vint échouer devant ce doux visage de marbre, dont l'inaltérable sourire et le regard candide et bienfaisant ne me permirent pas de dire une seule parole intelligible.

J'y serais encore (car j'avais résolu de n'en pas avoir le démenti, et je fus toujours persévérant en diable); oui, monsieur, j'y serais encore, j'en jure par ce que vous voudrez (j'en jure sur votre Panthéon, deux fois décanonisé par les canons, et d'où sainte Geneviève est allée coucher deux fois dans la rue; ô galant Attila, qu'en dis-tu?); je jure que j'y serais encore, s'il ne fût arrivé une aventure qui m'éclaira sur l'ombre amoureuse, comme elle vous éclairera vous-même, je le désire, sur l'ombre politique que vous poursuivez depuis une heure.

CHAPITRE XV

UNE LETTRE ANGLAISE

JAMAIS la vénérable ville de Londres n'avait étalé avec tant de grâce les charmes de ses vapeurs naturelles et artificielles, et n'avait répandu avec autant de générosité les nuages grisâtres et jaunâtres de son brouillard mêlés aux nuages noirâtres de son charbon de terre; jamais le soleil n'avait été aussi mat ni aussi plat que le jour où je me trouvai plus tôt que de coutume à la petite boutique de Kitty. Les deux beaux enfants étaient debout devant la porte de cuivre de la maison. Ils ne jouaient pas, mais se promenaient gravement, les mains derrière le dos, imitant leur père avec un air sérieux, charmant à voir, placé comme il était sur des joues fraîches, sentant encore le lait, bien roses et bien pures, et sortant du berceau. En entrant je m'amusai un instant à les regarder faire, et puis je portai la vue sur leur mère. Ma foi, je reculai. C'était la même figure, les mêmes traits réguliers et calmes; mais ce n'était plus Kitty Bell, c'était sa statue très ressemblante. Oui, jamais statue de marbre ne fut aussi décolorée; j'atteste qu'il n'y avait pas sous la peau blanche de sa figure une seule goutte de sang; ses lèvres étaient presque aussi pâles que le reste, et le feu de la vie ne brûlait que le bord de ses grands yeux. Deux lampes l'éclairaient et disputaient le droit de colorer la chambre à la lueur brumeuse et mourante du jour. Ces lampes, placées à droite et à gauche de sa tête penchée, lui donnaient quelque chose de funéraire dont je fus frappé. Je m'assis en silence devant le comptoir : elle sourit.

Quelle que soit l'opinion que vous aient donnée sur mon compte l'inflexibilité de mes raisonnements et la dure analyse de mes observations, je vous assure que je suis très bon; seulement je ne le dis pas. En 1770 je le laissai voir; cela m'a fait tort, et je m'en suis corrigé.

Je m'approchai donc du comptoir, et je lui pris la main en ami. Elle serra la mienne d'une façon très cordiale, et je sentis un papier doux et froissé qui roulait entre nos deux mains : c'était une lettre qu'elle me montra tout à coup en étendant le bras d'un air désespéré, comme si elle m'eût montré un de ses enfants mort à ses pieds.

Elle me demanda en anglais si je saurais la lire.

— « J'entends l'anglais avec les yeux, » lui dis-je en prenant sa lettre du bout du doigt, n'osant pas la tirer à moi et y porter la vue sans sa permission.

Elle comprit mon hésitation et m'en remercia par un sourire plein d'une inexprimable bonté et d'une tristesse mortelle, qui voulait dire : « Lisez, mon ami, je vous le permets, et cela m'importe peu. »

Les médecins jouent à présent, dans la société, le rôle des prêtres dans le moyen âge. Ils reçoivent les confidences des ménages troublés, des parentés bouleversées par les fautes et les passions de famille : l'Abbé a cédé la ruelle au Docteur, comme si cette société, en devenant matérialiste, avait jugé que la cure de l'âme devait dépendre désormais de celle du corps.

Comme j'avais guéri les gencives et les

ongles des deux enfants, j'avais un droit incontestable à connaître les peines secrètes de leur mère. Cette certitude me donna confiance, et je lus la lettre que voici. Je l'ai prise sur moi comme un des meilleurs remèdes que je pusse apporter à vos dispositions douloureuses. Écoutez.

Le Docteur tira lentement de son portefeuille une lettre excessivement jaune, dont les angles et les plis s'ouvraient comme ceux d'une vieille carte géographique, et lut ce qui suit avec l'air d'un homme déterminé à ne pas faire grâce au malade d'une seule parole :

« MY DEAR MADAM,

« *I will only confide to you...* »

— « O ciel! s'écria Stello, vous avez un accent français d'une pesanteur insupportable. Traduisez cette lettre, Docteur, dans la langue de nos pères, et tâchez que je ne sente pas trop les angoisses, les bégayements et les anicroches des traducteurs, qui fait que l'on croit marcher avec eux dans la terre labourée, à la poursuite d'un lièvre, emportant sur ses guêtres dix livres de boue.

— Je ferai de mon mieux pour que l'émotion ne se perde pas en route, dit le Docteur-Noir, plus noir que jamais, et si vous sentez l'émotion en trop grand péril, vous crierez, ou vous sonnerez, ou vous frapperez du pied pour m'avertir. »

Il poursuivit ainsi :

« MA CHÈRE MADAME,

« A vous seule je me confierai, à vous, madame, à vous, Kitty, à vous, beauté paisible et silencieuse qui seule avez fait descendre sur moi le regard ineffable de la pitié. J'ai résolu d'abandonner pour toujours votre maison, et j'ai un moyen sûr de m'acquitter envers vous. Mais je veux déposer en vous le secret de mes misères, de ma tristesse, de mon silence et de mon absence obstinée. Je suis un hôte trop sombre pour vous, il est temps que cela finisse. Écoutez bien ceci.

« J'ai dix-huit ans aujourd'hui. Si l'âme ne se développe, comme je le crois, et ne peut étendre ses ailes qu'après que nos yeux ont vu pendant quatorze ans la lumière du soleil; si, comme je l'ai éprouvé, la mémoire ne commence qu'après quatorze années à ouvrir ses tables et à en suivre les registres toujours incomplets, je puis dire que mon âme n'a que quatre ans encore depuis qu'elle se connaît, depuis qu'elle agit au dehors, depuis qu'elle a pris son vol. Dès le jour où elle a commencé de fendre l'air du front et de l'aile, elle ne s'est pas posée à terre une fois; si elle s'y abat, ce sera pour y mourir, je le sais. Jamais le sommeil des nuits n'a été une interruption au mouvement de ma pensée; seulement je la sentais flotter et s'égarer dans le tâtonnement aveugle du rêve, mais toujours les ailes déployées, toujours le cou tendu, toujours l'œil ouvert dans les ténèbres, toujours élancée vers le but où l'entraînait un mystérieux désir. Aujourd'hui la fatigue accable mon âme, et elle est semblable à celle dont il est dit dans le Livre saint : *Les âmes blessées pousseront leurs cris vers le ciel.*

« Pourquoi ai-je été créé tel que je suis? J'ai fait ce que j'ai dû faire, et les hommes m'ont repoussé comme un ennemi. Si dans la foule il n'y a pas de place pour moi, je m'en irai.

« Voici maintenant ce que j'ai à vous dire :

« On trouvera dans ma chambre, au chevet de mon lit, des papiers et des parchemins confusément entassés. Ils ont l'air vieux, et ils sont jeunes : la poussière qui les couvre est factice; c'est moi qui suis le Poète de ces poèmes; le moine Rowley, c'est moi. J'ai soufflé sur sa cendre; j'ai reconstruit son squelette; je l'ai revêtu de chair; je l'ai ranimé; je lui ai passé sa robe de prêtre; il a joint les mains et il a chanté.

« Il a chanté comme Ossian. Il a chanté la *Bataille d'Hastings*, la tragédie d'*Ella*, la ballade de *Charité*, avec laquelle vous endormiez vos enfants; celle de *Sir Villiam Canynge* qui vous a tant plu; la tragédie de *Goddwyn*, le *Tournoi* et les vieilles *Églogues* du temps de Henri II.

« Ce qu'il m'a fallu de travaux durant quatre ans pour arriver à parler ce langage du XVe siècle, dont le moine Rowley est supposé se servir pour traduire le moine Turgot et ses poèmes composés au Xe siècle, eût rempli les quatre-vingts années de ce moine imaginaire. J'ai fait de ma chambre la cellule d'un cloître; j'ai béni et sanctifié ma vie et ma pensée; j'ai raccourci ma vue, et j'ai éteint devant mes yeux les lumières de notre âge; j'ai fait mon cœur plus simple, et l'ai baigné dans le bénitier de la foi catholique; je me suis appris le parler enfantin du vieux temps; j'ai écrit, comme le roi Harold au duc Guillaume, en demi-saxon et demi-franc, et ensuite j'ai placé ma Muse religieuse dans sa châsse comme une sainte.

« Parmi ceux qui l'ont vue, quelques-uns ont prié devant elle et ont passé outre; beaucoup d'autres ont ri; un grand nombre m'a injurié; tous m'ont foulé aux pieds. J'espérais que l'illusion de ce nom supposé ne serait qu'un voile pour moi; je sens qu'elle m'est un linceul.

« O ma belle amie, sage et douce hospitalière qui m'avez recueilli! croirez-vous que je n'ai pu réussir à renverser le fantôme de Rowley que j'avais créé de mes mains? Cette statue de pierre est tombée sur moi et m'a tué; savez-vous comment?

« O douce et simple Kitty Bell! savez-vous qu'il existe une race d'hommes au cœur sec et à l'œil microscopique, armée de pinces et de griffes? Cette fourmilière se presse, se roule, se rue sur le moindre de tous les livres, le ronge, le perce, le lacère, le traverse plus vite et plus profondément que le ver ennemi des bibliothèques. Nulle émotion n'entraîne cette impérissable famille, nulle inspiration ne l'enlève, nulle clarté ne la réjouit, ni l'échauffe; cette race indestructible et destructive, dont le sang est froid comme celui de la vipère et du crapaud, voit clairement les trois taches du soleil, et n'a jamais remarqué ses rayons; elle va droit à tous les défauts; elle pullule sans fin dans les blessures mêmes qu'elle a faites, dans le sang et les larmes qu'elle a fait couler; toujours mordante et jamais mordue, elle est à l'abri des coups par sa ténuité, son abaissement, ses détours subtils et ses sinuosités perfides ; ce qu'elle attaque se sent blessé au cœur comme par les insectes verts et innombrables que la peste d'Asie fait pleuvoir sur son chemin ; ce qu'elle a blessé se dessèche, se dissout intérieurement, et, sitôt que l'air le frappe, tombe au premier souffle ou au moindre toucher.

« Épouvantés de voir comment quelques esprits élevés se passaient de main en main les parchemins que j'avais passé les nuits à inventer, comment le moine Rowley paraissait aussi grand qu'Homère à lord Chatam, à lord North, à sir William Draper, au juge Blackston, à quelques autres hommes célèbres, ils se sont hâtés de croire à la réalité de mon Poète imaginaire ; j'ai pensé d'abord qu'il me serait facile de me faire reconnaître. J'ai fait des antiquités en un matin plus antiques encore que les premières. On les a reniées sans me rendre hommage des autres. D'ailleurs, tout à la fois a été dédaigné ; mort et vivant, le Poète a été repoussé par les têtes solides dont un signe ou un mot décide des destinées de la Grande-Bretagne : le reste n'a pas osé lire. Cela reviendra quand je ne serai plus ; ce moment-là ne peut tarder beaucoup : j'ai fini ma tâche :

Othello's occupation's gone.

Ils ont dit qu'il y avait en moi la patience et l'imagination; ils ont cru que de ces deux flambeaux on pouvait souffler l'un et conserver l'autre. — *Ynne heav'n godds's mercie synge!* dis-je avec Rowley. Que Dieu leur remette leurs péchés! ils allaient tout éteindre à la fois! J'essayai de leur obéir, parce que je n'avais plus de pain et qu'il en fallait envoyer à Bristol pour ma mère qui est très vieille, et qui va mourir après moi. J'ai tenté leurs travaux exacts, et je n'ai pu les accomplir; j'étais semblable à un homme qui passe du grand jour à une caverne obscure, chaque pas que je faisais était trop grand, et je tombais. Ils en ont conclu que je ne savais pas marcher. Ils m'ont déclaré incapable de choses utiles; j'ai dit : *Vous avez raison*, et je me suis retiré.

« Aujourd'hui que me voici hors de chez moi (je devrais dire de chez vous) plus tôt que de coutume, j'avais projeté d'attendre M. Beckford, que l'on dit bienfaisant, et qui m'a fait annoncer sa visite; mais je n'ai pas le courage de voir en face un protecteur. Si ce courage me revient, je rentrerai chez moi. Tout le matin j'ai rôdé sur le bord de la Tamise. Nous voici en novembre, au temps des grands brouillards; celui d'aujourd'hui s'étend devant les fenêtres comme un drap blanc. J'ai passé dix fois devant votre porte, je vous ai regardée sans être aperçu de vous, et j'ai demeuré le front appuyé sur les vitres comme un mendiant. J'ai senti le froid tomber sur moi et couler sur mes membres; j'ai espéré que la mort me prendrait ainsi, comme elle a pris d'autres pauvres sous mes yeux; mais mon corps faible est doué pourtant d'une insurmontable vitalité. Je vous ai bien considérée pour la dernière fois, et sans vouloir vous parler, de crainte de voir une larme dans vos beaux yeux; j'ai cette faiblesse encore de penser que je reculerais devant ma résolution si je vous voyais pleurer.

« Je vous laisse tous mes livres, tous mes parchemins et tous mes papiers, et je vous demande en échange le pain de ma mère, vous n'aurez pas longtemps à le lui envoyer.

« Voici la première page qu'il me soit arrivé d'écrire avec tranquillité. On ne sait pas assez quelle paix intérieure est donnée à celui qui a résolu de se reposer pour toujours. On dirait que l'éternité se fait sentir d'avance, et qu'elle est pareille à ces belles contrées de l'Orient dont on respire l'air embaumé longtemps avant d'en avoir touché le sol.

« THOMAS CHATTERTON. »

CHAPITRE XVI

*OU LE DRAME EST INTERROMPU
PAR L'ÉRUDITION
D'UNE MANIÈRE DÉPLORABLE
AUX YEUX
DE QUELQUES DIGNES LECTEURS*

ORSQUE j'eus achevé de lire cette longue lettre, qui me fatigua beaucoup la vue et l'entendement, à cause de la finesse de l'écriture et de la quantité d'*e* muets et d'*y* que Chatterton y avait entassés par habitude d'écrire le vieil anglais, je la rendis à la sérieuse Kitty. Elle était restée appuyée sur son comptoir; son cou long et flexible laissait aller sur

l'épaule sa tête rêveuse, et ses deux coudes, appuyés sur le marbre blanc, s'y réfléchissaient, ainsi que tout son buste charmant. Elle ressemblait à une petite gravure de Sophie Western, la patiente maîtresse de Tom Jones, gravure que j'ai vue autrefois à Douvres, chez...

— « Ah! vous allez encore la comparer, interrompit Stello; qu'ai-je besoin que vous me fassiez un portrait en miniature de tous vos personnages? Une esquisse suffit, croyez-moi, à ceux qui ont un peu d'imagination; un seul trait, Docteur, quand il est juste, me vaut mieux que tant de détails, et, si je vous laisse faire, vous me direz de quelle manufacture était la soie qui servit à nouer la rosette de ses souliers : pernicieuse habitude de narration, qui gagne d'une manière effrayante.

— Là! là! s'écria le Docteur-Noir avec autant d'indignation qu'il put forcer son visage impassible à en indiquer; sitôt que je veux devenir sensible vous m'arrêtez tout court; ma foi, vogue la galère; vive Démocrite! Habituellement j'aime mieux qu'on ne rie ni ne pleure, et qu'on voie froidement la vie comme un jeu d'échecs; mais, s'il faut choisir d'Héraclite ou de Démocrite pour parler aux hommes d'eux-mêmes, j'aime mieux le dernier, comme plus dédaigneux. C'est vraiment par trop estimer la vie que la pleurer : les *larmoyeurs* et les *haïsseurs* la prennent trop à cœur. C'est ce que vous faites, dont bien me fâche. L'espèce humaine, qui est incapable de rien faire de bien ou de mal, devrait moins vous agiter par son spectacle monotone. Permettez donc que je poursuivre à ma manière.

— Vous me poursuivez, en effet, soupira Stello d'un ton de victime. »

L'autre poursuivit fort à son aise :

— Kitty Bell reprit la lettre, tourna languissamment sa tête vers la rue, la secoua deux fois et me dit :

« *He is gone!* »

— « Assez ! assez ! La pauvre petite ! s'écria Stello. Oh ! assez ! N'ajoutez rien à cela. Je la vois tout entière dans ce seul mot : *Il est parti!* Ah! silencieuse Anglaise, c'est bien tout ce que vous avez dû dire! Oui, je vous entends; vous lui aviez donné un asile, vous ne lui faisiez jamais sentir qu'il était chez vous; vous lisiez respectueusement ses vers, et vous ne vous permettiez jamais un compliment audacieux; vous ne lui laissiez voir qu'ils étaient beaux à vos yeux que par votre soin de les apprendre à vos enfants avec leur prière du soir. Peut-être hasardiez-vous un timide trait de crayon en marge des adieux de Birtha à son ami, une croix, presque imperceptible et facile à effacer, au-dessus du vers qui renferme la tombe du roi Harold; et, si une de vos larmes a enlevé une lettre du précieux manuscrit, vous avez cru sincèrement y avoir fait une tache, et vous avez cherché à la faire disparaître. Et *il est parti!* Pauvre Kitty! L'ingrat, *he is gone!*

— Bien! très bien! dit le Docteur; il n'y a qu'à vous lâcher la bride; vous m'épargnez bien des paroles vaines, et vous devinez très juste. Mais qu'avais-je besoin de vous donner d'aussi inutiles détails sur Chatterton! Vous connaissez aussi bien que moi ses ouvrages.

— C'est assez ma coutume, reprit Stello nonchalamment, de me laisser instruire avec résignation sur les choses que je sais le mieux, afin de voir si on les sait de la même manière que moi; car il y a diverses manières de savoir les choses.

— Vous avez raison, dit le Docteur; et, si vous faisiez plus de cas de cette idée, au lieu de la laisser s'évaporer, comme au dehors d'un flacon débouché, vous diriez que c'est un spectacle curieux que de voir et mesurer le peu de chaque connaissance que contient chaque cerveau: l'un renferme d'une Science le pied seulement, et n'en a jamais aperçu le corps; l'autre cerveau contient d'elle une main tronquée; un troisième la garde, l'adore, la tourne, la retourne en lui-même, la montre et la démontre quelquefois dans l'état précisément du fameux torse, sans la tête, les bras et les jambes; de sorte que, tout admirable qu'elle est, sa pauvre Science n'a ni but, ni action, ni progrès; les plus nombreux sont ceux qui n'en conservent que la peau, la surface de la peau, la plus mince pellicule imaginable, et passent pour avoir le tout en eux bien complet. Ce sont là les plus fiers. Mais, quant à ceux qui, de chaque chose dont ils parleraient, posséderaient le tout, intérieur et extérieur, corps et âme, ensemble et détail, ayant tout cela également présent à la pensée pour en faire usage sur-le-champ, comme un ouvrier de tous ses outils, lorsque vous les rencontrerez, vous me ferez plaisir de me donner leur carte de visite, afin que je passe chez eux leur rendre mes devoirs très humbles. Depuis que je voyage, étudiant les sommités intellectuelles de tous les pays, je n'ai pas trouvé l'espèce que je viens de vous décrire.

Moi-même, monsieur, je vous avoue que je suis fort éloigné de savoir si complètement ce que je dis, mais je le sais toujours plus complètement que ceux à qui je parle ne me comprennent et même ne m'écoutent. Et remarquez, s'il vous plaît, que la pauvre humanité a cela d'excellent, que la médiocrité des masses exige fort peu des médiocrités d'un ordre supérieur,

par lesquelles elle se laisse complaisamment et
fort plaisamment instruire.

Ainsi, monsieur, nous raisonnions sur Chatterton ; j'allais vous faire, avec une grande assurance, une dissertation scientifique sur le vieil anglais, sur son mélange de saxon et de normand, sur ses *e* muets, ses *y*, et la richesse de ses rimes en *aie* et en *ynge*. J'allais pousser des gémissements pleins de gravité, d'importance et de méthode, sur la perte irréparable des vieux mots si naïfs et si expressifs de *emburled* au lieu de *armed*, de *deslavatie* pour *unfaithfulness*, de *acrool* pour *faintly*; et des mots harmonieux de *myndbruck* pour *firmness of mind*, *mysterk* pour *mystic*, *ystorven* pour *dead*. Certainement, traduisant si facilement l'anglais de 1449 en anglais de 1832, il n'y a pas une chaire de bois de sapin tachée d'encre d'où je ne me fusse montré très impuissant à vos yeux. Dans ce fauteuil même, malgré sa propreté, j'aurais pu encore vous jeter dans un de ces agréables étonnements qui font que l'on se dit : *C'est un puits de science*, lorsque je me suis aperçu fort à propos que vous connaissiez votre Chatterton, ce qui n'arrive pas souvent à Londres (ville où l'on voit pourtant beaucoup d'Anglais, me disait un voyageur très considéré à Paris); me voici donc retombé dans l'état fâcheux d'un homme forcé de causer au lieu de prêcher, et par-ci par-là d'écouter! Écouter! ô la triste et inusitée condition pour un Docteur!»

Stello sourit pour la première fois depuis bien longtemps.

— « Je ne suis pas fatigant à écouter, dit-il lentement; je suis trop vite fatigué de parler...

— Fâcheuse disposition, interrompit l'autre, en la bonne ville de Paris, où celui-là est déclaré éloquent qui, le dos à la cheminée ou les mains sur la tribune, dévide pour une heure et demie des syllabes sonores, à la condition toutefois qu'elles ne signifient rien qui n'ait été lu et entendu quelque part.

— Oui, continua Stello les yeux attachés au plafond comme un homme qui se souvient, et dont le souvenir devient plus clair et plus pur de moments en moments; oui, je me sens ému à la mémoire de ces œuvres naïves et puissantes que créa le génie primitif et méconnu de *Chatterton, mort à dix-huit ans!* Cela ne devrait faire qu'un nom, comme *Charlemagne,* tout cela est beau, étrange, unique et grand.

O triste, ô douloureux, ô profond et noir Docteur! si vous pouvez vous émouvoir, ne sera-ce pas en vous rappelant le début simple et antique de la *Bataille d'Hastings?* Avoir ainsi dépouillé l'homme moderne! S'être fait par sa propre puissance moine du Xe siècle! un moine bien pieux et bien sauvage, vieux Saxon révolté contre son joug Normand, qui ne connaît que deux puissances au monde, le Christ et la mer. A elles il adresse son poème, et s'écrie :

« O Christ ! quelle douleur pour moi que de
« dire combien de nobles comtes et de valeu-
« reux chevaliers sont bravement tombés en
« combattant pour le roi Harold dans la plaine
« d'Hastings !

« O mer ! mer féconde et bienfaisante ! com-
« ment, avec ton intelligence puissante, n'as-tu
« pas soulevé le flux de tes eaux contre les che-
« valiers du duc Wylliam ? »

— Oh ! que ce duc Guillaume leur a fait d'impression ! interrompit le Docteur. Saint-Valery est un joli petit port de mer, sale et embourbé ; j'y ai vu de jolis bocages verdoyants, dignes des bergers du Lignon ; j'ai vu de petites maisons blanches, mais pas une pierre où il soit écrit : *Guillaume est parti d'ici pour Hastings*.

— « De ce duc Wylliam, continua Stello en
« déclamant pompeusement, dont les lâches
« flèches ont tué tant de comtes et arrosé les
« champs d'une large pluie de sang. »

— C'est un peu bien homérique, grommela le Docteur.

Πόλλας δ' ἰφθίμους ψυχὰς ἄιδι προΐαψεν.

Autrement :

The souls of many chiefs untimely slain.

— Que le jeune Harold est donc beau dans sa force et sa rudesse! continuait l'enthousiasme de Stello.

— *Kynge Harolde hie in ayre majestic raisd*, etc. Guillaume le voit et s'avance en chantant l'air de Roland...

— Très exact! très historique! murmurait sourdement la Science du Docteur; car Malmesbury dit positivement que Guillaume commença l'engagement par le chant de Roland:

Tunc cantilena Rolandi inchoata, ut martium viri exemplum pugnatores accenderet.

Et Warton, dans ses Dissertations, dit que les Huns chargeaient en criant: *Hiu! hiu!* C'était l'usage barbare.

Et maistre Robert de Wace donc, que l'on a nommé Gace, Gape, Eustache et Wistace, ne dit-il pas de Taillefer le Normand:

>Taillifer, qui moult bien chantout
>Sorr un cheval qui tost allout,
>Devant le duc allout chantant
>De Karlemagne et de Rollant,
>Et de Olivier et des vassals
>Qui morurent en Rounceval

— Et les deux races se mesurent, disait Stello avec ardeur, en même temps que le Docteur récitait avec lenteur et satisfaction ses citations; la flèche normande heurte la cotte de mailles saxonne. C'est le sire de *Châtillon* qui attaque le *carl Aldhelme;* le sire *de Torcy* tue *Hengist.* La France inonde la vieille île saxonne; la face de l'île est renouvelée, sa langue changée; et il ne reste que dans quelques vieux couvents quelques vieux moines, comme Turgot et depuis Rowley, pour gémir et prier auprès des statues de pierre des saints rois Saxons, qui portent chacune une petite église dans leur main.

— Et quelle érudition! s'écria le Docteur. Il a fallu joindre les lectures françaises aux traditions saxonnes. Que d'historiens depuis Hue de Longueville jusqu'au sire de Saint-Valery! Le vidame de Patay, le seigneur de Picquigny, Guillaume des Moulins, que Stove appelle *Moulinous,* et le prétendu Rowley, *du Mouline;* et le bon sire de Sanceaulx, et le vaillant sénéchal de Torcy, et le sire de Tancarville, et tous nos vieux faiseurs de chroniques et d'histoires mal rimées, balladées et versiculées! C'est le monde d'Ivanhoë.

— Ah! soupirait Stello, qu'il est rare qu'une si simple et si magnifique création que celle de la *Bataille d'Hastings* vienne du même Poète anglais que ces chants élégiaques qui la suivent; quel poète anglais écrivit rien de semblable à cette ballade de Charité si naïvement intitulée: *An excelente balade of Charitie?* comme l'honnête *Francisco de Leefdael* imprimait la *famosa comedia de Lope de Vega Carpio;* rien de naïf comme le dialogue de l'abbé de Saint-Godwyn et de son pauvre; que le début est simple et beau! que j'ai toujours aimé cette tempête qui saisit la mer dans son calme! quelles couleurs nettes et justes! quel large tableau, tel que depuis l'Angleterre n'en a pas eu de meilleurs en ses poétiques galeries.

Voyez:

« C'était le mois de la Vierge. Le soleil était
« rayonnant au milieu du jour, l'air calme et
« mort, le ciel tout bleu. Et voilà qu'il se leva
« sur la mer un amas de nuages d'une couleur
« noire, qui s'avancèrent dans un ordre ef-
« frayant et se roulèrent au-dessus des bois en
« cachant le front éclatant du soleil. La noire
« tempête s'enflait et s'étendait à tire-d'aile... »

Et n'aimez-vous pas (qui ne l'aimerait?) à remplir vos oreilles de cette sauvage harmonie des vieux vers?

> The sun was gleemeing in the midde of daie,
> Deadde still the aire, and eke the welken blue;
> When from the sea arist in drear arraie
> A hepe of cloudes of sable sullen hue,
> The which full fast unto the woodlande drewe
> Hiltring aiten ss the sunnis fetive face,
> And the blacke tempeste swolne and gatherd up apace.»

Le Docteur n'écoutait pas.

— « Je soupçonne fort, dit-il, cet abbé de

Saint-Godwyn de n'être autre chose que *sir Ralphe de Bellomont,* grand partisan des Lancastre, et il est visible que Rowley est Yorkiste.

— O damné commentateur ! vous m'éveillez ! s'écria Stello sorti des délices de son rêve poétique.

— C'était bien mon intention, dit le Docteur-Noir, afin qu'il me fût permis de passer du livre à l'homme, et de quitter la nomenclature de ses ouvrages pour celle de ses événements, qui furent très peu compliqués, mais qui valent la peine que j'en achève le récit.

— Récitez donc, » dit Stello avec humeur.

Et il se ferma les yeux avec les deux mains, comme ayant pris la ferme résolution de penser à autre chose, résolution qu'il ne put mettre à exécution, comme on le pourra voir si l'on se condamne à lire le chapitre suivant.

CHAPITRE XVII

SUITE DE L'HISTOIRE DE KITTY BELL

UN BIENFAITEUR

E disais donc, reprit le plus glacé des docteurs, que Kitty m'avait regardé languissamment. Ce regard douloureux peignait si bien la situation de son âme, que je dus me contenter de sa céleste expression pour explication générale et complète de tout ce que je voulais savoir de cette situation mystérieuse que j'avais tant cherché à deviner. La démonstration en fut plus claire encore un moment après;

car, tandis que je travaillais les nerfs de mon visage pour leur donner, se tirant en long et en large, cet air de commisération sentimentale que chacun aime à trouver dans son semblable...

— « Il se croit le semblable de la belle Kitty! » murmura Stello.

— ... Tandis que j'apitoyais mon visage, on entendit rouler avec fracas un carrosse lourd et doré qui s'arrêta devant la boutique toute vitrée où Kitty était éternellement renfermée, comme un fruit rare dans une serre chaude. Les laquais portaient des torches devant les chevaux et derrière la voiture; nécessaires précautions, car il était deux heures après midi à l'horloge de Saint-Paul.

« *The Lord-Mayor! Lord-Mayor!* » s'écria tout à coup Kitty en frappant ses mains l'une contre l'autre avec une joie qui fit devenir ses joues enflammées et ses yeux brillants de mille douces lumières; et, par un instinct maternel et inexplicable, elle courut embrasser ses enfants, elle qui avait une joie d'amante! — Les femmes ont des mouvements inspirés on ne sait d'où.

C'était, en effet, le carrosse du Lord-Maire, le très honorable M. Beckford, *roi de Londres*, élu parmi les soixante-douze corporations des marchands et artisans de la ville, qui ont à leur tête les douze corps des orfèvres, poissonniers, tanneurs, etc., dont il est le chef suprême. Vous savez que jadis le Lord-Maire était si puissant, qu'il alarmait les rois et se mettait à la tête de toutes les révolutions, comme Froissart le dit en parlant des *Londriens* ou *vilains de Londres*. M. Beckford n'était nullement révolutionnaire en 1770; il ne faisait nullement trembler le Roi; mais c'était un digne *gentleman,* exerçant sa juridiction avec gravité et politesse, ayant son palais et ses grands dîners, où quelquefois le Roi était invité, et où le Lord-Maire buvait prodigieusement sans perdre un instant son admirable sang-froid. Tous les soirs après dîner, il se levait de table le premier, vers huit heures, allait lui-même ouvrir la grande porte de la salle à manger aux femmes qu'il avait reçues, ensuite se rasseyait avec tous les hommes, et demeurait à boire jusqu'à minuit. Tous les vins du globe circulaient autour de la table, et passaient de main en main, emplissant pour une seconde des verres de toutes les dimensions, que M. Beckford vidait le premier avec une égale indifférence. Il parlait des affaires publiques avec le vieux lord Chatam, le duc de Grafton, le comte de Mansfield, aussi à son aise après la trentième bouteille qu'avant la première, et son esprit, strict, droit, bref, sec et lourd, ne subissait aucune altération dans la soirée. Il se défendait avec bon sens et modération des satiriques accusations de Junius, ce redoutable inconnu qui eut le courage ou la faiblesse de laisser éternellement anonyme un des livres les plus mordants de la langue anglaise, comme fut laissé le second Évangile, l'*Imitation de Jésus-Christ*.

— « Et que m'importent à moi les trois ou quatre syllabes d'un nom? soupira Stello. Le Laocoon et la Vénus de Milo sont anonymes, et leurs statuaires ont cru leurs noms immortels en cognant leurs blocs avec un petit marteau. Le nom d'Homère, ce nom de demi-dieu, vient d'être rayé du monde par un monsieur grec ! Gloire, rêve d'une ombre! a dit Pindare, s'il a existé, car on n'est sûr de personne à présent. »

— Je suis sûr de M. Beckford, reprit le Docteur ; car j'ai vu, dis-je, sa grosse et rouge personne en ce jour-là, que je n'oublierai jamais. Le brave homme était d'une haute taille, avait le nez gros et rouge, tombant sur un menton rouge et gros. Il a existé, celui-là! personne n'a existé plus fort que lui. Il avait un ventre paresseux, dédaigneux et gourmand, longuement emmaillotté dans une veste de brocart d'or; des joues orgueilleuses, satisfaites, opulentes, paternelles, pendant largement sur la cravate; des jambes solides, monumentales et goutteuses, qui le portaient noblement d'un pas prudent, mais ferme et honorable ; une queue poudrée, enfermée dans une grande bourse qui couvrait ses rondes et larges épaules, dignes de porter, comme un monde, la charge de *Lord-Mayor.*

Tout cet homme descendit de voiture lentement et péniblement.

Tandis qu'il descendait, Kitty Bell me dit, en huit mots anglais, que M. Chatterton n'avait été si désespéré que parce que cet homme, son dernier espoir, n'était pas venu, malgré sa promesse.

— « Tout cela en huit mots! dit Stello; *la belle langue que la langue turque!* »

— Elle ajouta en quatre mots (et pas un de plus), continua le Docteur, qu'elle ne doutait pas que M. Chatterton ne revînt avec le Lord-Maire.

En effet, tandis que deux laquais tenaient de chaque côté du marchepied une grosse torche résineuse, qui ajoutait au charme du brouillard ceux d'une vapeur noire et d'une détestable odeur, et que M. Beckford faisait son entrée dans la boutique, l'ombre de tous les jours, l'ombre pâle, aux yeux bruns, se glissa le long des vitres et entra à sa suite. Je vis et contemplai avidement Chatterton.

Oui, dix-huit ans; tout au plus dix-huit! Des cheveux bruns tombant sans poudre sur les oreilles, le profil d'un jeune Lacédémonien, un front haut et large, des yeux noirs, très grands, fixes, creux et perçants, un menton relevé sous des lèvres épaisses, auxquelles le sourire ne semblait pas avoir été possible. Il s'avança d'un pas régulier, le chapeau sous le bras, et attacha ses yeux de flamme sur la figure de Kitty; elle cacha sa belle tête dans ses deux mains. Le costume de Chatterton était entièrement noir de la tête aux pieds; son habit, serré et boutonné jusqu'à la cravate, lui donnait tout ensemble l'air militaire et ecclésiastique. Il me sembla parfaitement fait et d'une taille élancée. Les deux petits enfants coururent se pendre à ses mains et à ses jambes comme accoutumés à sa bonté. Il s'avança, en jouant avec leurs cheveux, sans les regarder. Il salua gravement M. Beckford, qui lui tendit la main et la lui secoua vigoureusement, de manière à arracher le bras avec l'omoplate. Ils se toisèrent tous deux avec surprise.

Kitty Bell dit à Chatterton, du fond de son comptoir et d'une voix toute timide, qu'elle n'espérait plus le voir. Il ne répondit pas, soit qu'il n'eût pas entendu, soit qu'il ne voulût pas entendre.

Quelques personnes, femmes et hommes, étaient entrées dans la boutique, mangeaient et causaient indifféremment. Elles se rapprochèrent ensuite et firent cercle, lorsque M. Beckford prit la parole avec l'accent rude des gros hommes rouges et le ton fulminant d'un protecteur. Les voix se turent par degrés, et comme vous dites entre Poètes, les éléments semblèrent attentifs, et même le feu jeta partout des lueurs éclatantes qui sortaient des lampes allumées par Kitty Bell, heureuse jusqu'aux larmes de voir pour la première fois un homme puissant tendre la main à Chatterton. On n'entendait plus que le bruit que faisaient les dents de quelques petites Anglaises fourrées, qui sortaient timidement leurs mains de leurs manchons, pour prendre sur le comptoir des macarons, des *cracknells* et des *plumbuns* qu'elles croquaient.

M. Beckford dit donc à peu près ceci :

« Je ne suis pas Lord-Maire pour rien, mon enfant; je sais bien ce que c'est que les pauvres jeunes gens, mon garçon. Vous êtes venu m'apporter vos vers hier, et je vous les rapporte aujourd'hui, mon fils : les voilà. J'espère que je suis prompt, hein? Et je viens moi-même voir comment vous êtes logé et vous faire une petite proposition qui ne vous déplaira pas.

« Commencez par me reprendre tout cela. »

Ici l'honorable M. Beckford prit des mains d'un laquais plusieurs manuscrits de Chatterton, et les lui remit en s'asseyant lourdement et s'étalant avec ampleur. Chatterton prit ses parchemins et ses papiers avec gravité, et les mit sous son bras, regardant le gros Lord-Maire avec ses yeux de feu.

— « Il n'y a personne, continua le généreux M. Beckford, à qui il ne soit arrivé, comme à vous, de vérailler dans sa jeunesse. Eh! eh! — cela plaît aux jolies femmes. — Eh! eh! — c'est de votre âge, mon beau garçon. — Les *young Ladies* aiment cela. — N'est-il pas vrai, la belle?...»

Et il allongea le bras pour toucher le menton de Kitty Bell par-dessus le comptoir. Kitty se rejeta jusqu'au fond de son fauteuil, et regarda Chatterton avec épouvante, comme si elle se fût attendue à une explosion de colère de sa part; car vous savez ce que l'on a écrit du caractère de ce jeune homme :

He was violent and impetuous to a strange degree.

— « J'ai fait comme vous dans mon printemps, dit fièrement le gros M. Beckford, et jamais Littleton, Swift et Wilkes n'ont écrit pour les belles dames des vers plus galants et plus badins que les miens. Mais j'avais la raison assez avancée, même à votre âge, pour ne donner aux Muses que le temps perdu; et mon été n'était pas encore venu, que déjà j'étais tout aux affaires : mon automne les a vues mûrir dans mes mains, et mon hiver en recueille aujourd'hui les fruits savoureux. »

Ici l'élégant M. Beckford ne put s'empêcher de regarder autour de lui, pour lire dans les yeux des personnes qui l'entouraient la satisfaction excitée par la facilité de son élocution et la fraîcheur de ses images.

Les affaires mûrissant dans l'automne de sa vie parurent faire, sur deux ministres, un Quaker noir et un Lord rouge, qui se trouvaient là, une impression aussi profonde que celle que produisent à notre tribune de l'an 1832 les discours des bons petits vieux généraux *del signor Buonaparte,* lorsqu'ils nous demandent, en phrases de collège et d'*humanités*, nos enfants et nos petits-enfants pour en faire de grands corps d'armée, et pour nous montrer comment, parce qu'on s'est occupé, durant dix-sept ans, du débit des vins et de la tenue des livres, on saurait bien encore perdre sa petite bataille comme on faisait en l'absence du grand maître.

L'honnête M. Beckford, ayant ainsi séduit les assistants par sa bonhomie mêlée de dignité et de bonne façon, poursuivit sur un ton plus grave :

« J'ai parlé de vous, mon ami, et je veux vous tirer d'où vous êtes. On ne s'est jamais adressé en vain au Lord-Maire depuis un an ; je sais que vous n'avez rien pu faire au monde que vos maudits vers, qui sont d'un anglais inintelligible, et qui, en supposant qu'on les comprit, ne sont pas très beaux. Je suis franc, moi, et je vous parle en père, voyez-vous ; — et quand même ils seraient très beaux, — à quoi bon ? je vous le demande, à quoi bon ? »

Chatterton ne bougeait non plus qu'une statue. Le silence des sept ou huit assistants était profond et discret : mais il y avait dans leurs regards une approbation marquée de la conclusion du Lord-Maire, et ils se disaient du sourire : A quoi bon ?

Le bienfaisant visiteur continua :

« Un bon Anglais qui veut être utile à son pays doit prendre une carrière qui le mette dans une ligne honnête et profitable. Voyons, enfant, répondez-moi. — Quelle idée vous faites-vous de vos devoirs ? »

Et il se renversa de façon doctorale.

J'entendis la voix creuse et douce de Chatterton, qui fit cette singulière réponse en saccadant ses paroles et s'arrêtant à chaque phrase :

« L'Angleterre est un vaisseau : notre île en a la forme ; la proue tournée au nord, elle est comme à l'ancre au milieu des mers, surveillant le continent. Sans cesse elle tire de ses flancs d'autres vaisseaux faits à son image et qui vont la représenter sur toutes les côtes du monde. Mais c'est à bord du grand navire qu'est notre ouvrage à tous. Le Roi, les Lords, les Communes, sont au pavillon, au gouvernail et à la boussole; nous autres, nous devons tous avoir la main aux cordages, monter aux mâts, tendre les voiles et charger les canons; nous sommes tous de l'équipage, et nul n'est inutile dans la manœuvre de notre glorieux navire. »

Cela fit sensation. On s'approcha sans trop comprendre et sans savoir si l'on devait se moquer ou applaudir, situation accoutumée du vulgaire.

— « *Well, very well!* cria le gros Beckford, c'est bien, mon enfant! c'est noblement représenter notre bienheureuse patrie! *Rule Britannia!* chanta-t-il en fredonnant l'air national. Mais, mon garçon, je vous prends par vos paroles. Que diable peut faire le Poète dans la manœuvre? »

Chatterton resta dans sa première immobilité : c'était celle d'un homme absorbé par un travail intérieur qui ne cesse jamais et qui lui fait voir des ombres sur ses pas. Il leva seulement les yeux au plafond, et dit :

« Le Poète cherche aux étoiles quelle route nous montre le doigt du Seigneur. »

Je me levai, et courus, malgré moi, lui serrer la main. Je me sentais du penchant pour cette jeune tête montée, exaltée, et en extase comme est toujours la vôtre.

Le Beckford eut de l'humeur.

— « Imagination ! » dit-il...

— « Imagination ! Céleste vérité ! pouviez-vous répondre, dit Stello.

— Je sais mon *Polyeucte* comme vous, reprit le Docteur, mais je n'y songeais guère en ce moment. »

— « Imagination ! dit M. Beckford, toujours l'imagination au lieu du bon sens et du jugement ! Pour être Poète à la façon lyrique et somnambule dont vous l'êtes, il faudrait vivre sous le ciel de Grèce, marcher avec des sandales, une chlamyde et les jambes nues, et faire danser les pierres avec le psaltérion. Mais avec des bottes crottées, un chapeau à trois cornes, un habit et une veste, il ne faut guère espérer se faire suivre, dans les rues, par le moindre caillou, et exercer le plus petit pontificat ou la plus légère direction morale sur ses concitoyens.

« La Poésie est à nos yeux une étude de style assez intéressante à observer, et faite quelquefois par des gens d'esprit; mais qui la prend au sérieux ? quelque sot. Outre cela, j'ai retenu ceci de Ben-Johnson, et je vous le donne comme certain, savoir : que la plus belle Muse du monde ne peut suffire à nourrir son homme, et qu'il faut avoir ces demoiselles-là pour maîtresses, mais jamais pour femmes. Vous avez essayé de tout ce que pouvait donner la vôtre; quittez-la, mon garçon; croyez-moi, mon petit ami. D'un autre côté, nous vous avons essayé dans des emplois de finance et d'administration, où vous ne valez rien. Lisez ceci; acceptez l'offre que je vous fais, et vous vous en trouverez bien, avec de bons compagnons autour de vous. Lisez ceci, et réfléchissez mûrement; cela en vaut la peine. »

Ici, remettant un petit billet à ce sauvage enfant, le Lord-Maire se leva majestueusement.

— « C'est, dit-il en se retirant au milieu des saluts et des hommages, c'est qu'il s'agit de cent livres sterling par an. »

Kitty Bell se leva, et salua comme si elle eût été prête à lui baiser la main à genoux. Toute l'assistance suivit jusqu'à la porte le digne magistrat, qui souriait et se retournait, prêt à sortir avec l'air bénin d'un évêque qui va confirmer des petites filles. Il s'attendait à se voir suivi de Chatterton, mais il n'eut que le temps d'apercevoir le mouvement violent de son protégé. — Chatterton avait jeté les yeux sur le billet; tout à coup il prit ses manuscrits, les lança sur le feu de charbon de terre qui brûlait dans la cheminée, à la hauteur des genoux, comme une grande fournaise, et disparut de la chambre.

M. Beckford sourit avec satisfaction, et

saluant de la portière de sa voiture : « Je vois avec plaisir, cria-t-il, que je l'ai corrigé, il renonce à sa Poésie. » Et ses chevaux partirent.

— C'est à la vie, me dis-je, qu'il renonce. — Je me sentis serrer la main avec une force surnaturelle. C'était Kitty Bell, qui, les yeux baissés, et n'ayant l'air, aux yeux de tous, que de passer près de moi, m'entraînait vers une petite porte vitrée, au fond de la boutique, porte que Chatterton avait ouverte pour sortir.

On parlait bruyamment de la bienfaisance du Lord-Maire; on allait, on venait. On ne la vit pas. Je la suivis.

CHAPITRE XVIII

UN ESCALIER

AINT *Socrate, priez pour nous!* disait Érasme le savant. J'ai fait souventes fois cette prière en ma vie, continua le Docteur, mais jamais si ardemment, vous m'en pouvez croire, qu'au moment où je me trouvai seul avec cette jeune femme, dont j'entendais à peine le langage, qui ne comprenait pas le mien, et dont la situation n'était pas claire à mes yeux plus que la parole à mes oreilles.

Elle ferma vite la petite porte par laquelle

nous étions arrivés au bas d'un long escalier, et là elle s'arrêta tout court, comme si les jambes lui eussent manqué au moment de monter. Elle se retint un instant à la rampe; ensuite elle se laissa aller assise sur les marches, et, quittant ma main, qui la voulait retenir, me fit signe de passer seul.

— « *Vite! vite! allez!* » me dit-elle en français, à ma grande surprise; je vis que la crainte de parler mal avait, jusqu'alors, arrêté cette timide personne.

Elle était glacée d'effroi; les veines de son front étaient gonflées, ses yeux étaient ouverts démesurément; elle frissonnait et essayait en vain de se lever; ses genoux se choquaient. C'était une autre femme que sa frayeur me découvrait. Elle tendait sa belle tête en haut pour écouter ce qui arrivait, et paraissait sentir une horreur secrète qui l'attachait à la place où elle était tombée. J'en frémis moi-même, et la quittai brusquement pour monter. Je ne savais vraiment où j'allais, mais j'allais comme une balle qu'on a lancée violemment.

Hélas! me disais-je en gravissant au hasard l'étroit escalier, hélas! quel sera l'Esprit révélateur qui daignera jamais descendre du ciel pour apprendre aux sages à quels signes ils peuvent deviner les vrais sentiments d'une femme quelconque pour l'homme qui la domine secrètement? Au premier abord, on sent bien quelle est la puissance qui pèse sur son âme, mais qui devinera jamais jusqu'à quel degré cette femme est possédée? Qui osera interpréter hardiment ses actions et qui pourra, dès le premier coup d'œil, savoir le secours qu'il convient d'apporter à ses douleurs? Chère Kitty! me disais-je (car en ce moment je me sentais pour elle l'amour qu'avait pour Phèdre sa nourrice, son excellente nourrice, dont le sein frémissait des passions dévorantes de la fille qu'elle avait allaitée), chère Kitty! pensais-je, que ne m'avez-vous dit : *Il est mon amant?* J'aurais pu nouer avec lui une utile et conciliante amitié; j'aurais pu parvenir à sonder les plaies inconnues de son cœur; j'aurais... Mais ne sais-je pas que les sophismes et les arguments sont inutiles où le regard d'une femme aimée n'a pas réussi? Mais comment l'aime-t-elle? Est-elle plus à lui qu'il n'est à elle? N'est-ce pas le contraire? Où en suis-je? Et même je pourrais dire : Où suis-je?

En effet, j'étais au dernier étage de l'escalier, assez négligemment éclairé, et je ne savais de quel côté tourner, lorsqu'une porte d'appartement s'ouvrit brusquement. Mon regard plongea dans une petite chambre dont le parquet était entièrement couvert de papiers déchirés en mille pièces. J'avoue que la quantité en était telle, les morceaux en étaient si petits, cela supposait la destruction d'un si énorme travail, que j'y attachai longtemps les yeux avant de les reposer sur Chatterton, qui m'ouvrait la porte.

Lorsque je le regardai, je le pris vite dans mes bras par le milieu du corps; et il était temps, car il allait tomber et se balançait comme un mât coupé par le pied. — Il était devant sa porte; je l'appuyai contre cette porte, et je le retins ainsi debout, comme on soutiendrait une momie dans sa boîte. — Vous eussiez été épouvanté de cette figure. — La douce expression du sommeil était paisiblement étendue sur ses traits : mais c'était l'expression d'un sommeil de mille ans, d'un sommeil sans rêve, où le cœur ne bat plus, d'un sommeil imposé par l'excès du mal. Les yeux étaient encore entr'ouverts, mais flottants au point de ne pouvoir saisir aucun objet pour s'y arrêter : la bouche était béante, et la respiration forte, égale et lente, soulevant la poitrine, comme dans un cauchemar.

Il secoua la tête, et sourit un moment comme pour me faire entendre qu'il était inutile de m'occuper de lui. — Comme je le soutenais toujours très fermé par les épaules, il poussa du pied une petite fiole qui roula jusqu'au bas de l'escalier, sans doute jusqu'aux dernières marches où Kitty s'était assise, car j'entendis jeter un cri et monter en tremblant. — Il la devina. — Il me fit signe de l'éloigner, et s'endormit debout sur mon épaule, comme un homme pris de vin.

Je me penchai, sans le quitter, au bord de l'escalier. J'étais saisi d'un effroi qui me faisait dresser les cheveux sur la tête. J'avais l'air d'un assassin.

J'aperçus la jeune femme qui se traînait pour monter les degrés, en s'accrochant à la rampe, comme n'ayant gardé de force que dans les mains pour se hisser jusqu'à nous. Heureusement elle avait encore deux étages à gravir avant de le rencontrer.

Je fis un mouvement pour porter dans la chambre mon terrible fardeau. Chatterton s'éveilla encore à demi, — il fallait que ce jeune homme eût une force prodigieuse, car il avait bu soixante grains d'opium. — Il s'éveilla encore à demi, et employa, le croiriez-vous? — employa le dernier souffle de sa voix à me dire ceci :

« Monsieur... you... médecin... achetez-moi mon corps, et payez ma dette. »

Je lui serrai les deux mains pour consentir. — Alors il n'eut plus qu'un mouvement. Ce fut le dernier. Malgré moi, il s'élança vers l'escalier, s'y jeta sur les deux genoux, tendit les bras vers Kitty, poussa un long cri, et tomba mort, le front en avant.

Je lui soulevai la tête. — Il n'y a rien à faire, me dis-je. — A l'autre.

J'eus le temps d'arrêter la pauvre Kitty; mais elle avait vu. Je lui pris le bras, et la forçai de s'asseoir sur les marches de l'escalier. Elle obéit, et resta accroupie comme une folle, avec les yeux ouverts. Elle tremblait de tout son corps.

Je ne sais, monsieur, si vous avez le secret de faire des phrases dans ces cas-là; pour moi, qui passe ma vie à contempler ces scènes de deuil, j'y suis muet.

Pendant qu'elle voyait devant elle fixement et sans pleurer, je retournais dans mes mains la fiole qu'elle avait apportée dans la sienne; elle alors, la regardant de travers, semblait dire comme Juliette : — L'ingrat! avoir tout bu! ne pas me laisser une goutte amie!

Nous restions ainsi l'un à côté de l'autre, assis et pétrifiés : l'un consterné, l'autre frappée à mort : aucun n'osant souffler le mot, et ne le pouvant.

Tout d'un coup une voix sonore, rude et pleine, cria d'en bas:

« *Come, mistress Bell!* »

A cet appel, Kitty se leva comme par un

ressort; c'était la voix de son mari. Le tonnerre eût été moins fort d'éclat et ne lui eût pas causé, même en tombant, une plus violente et plus électrique commotion. Tout le sang se porta aux joues; elle baissa les yeux, et resta un instant debout pour se remettre.

« *Come, mistress Bell!* » répéta la terrible voix.

Un second coup la mit en marche, comme l'autre l'avait mise sur ses pieds. Elle descendit avec lenteur, droite, docile, avec l'air insensible, sourd et aveugle d'une ombre qui revient. Je la soutins jusqu'en bas; elle rentra dans sa boutique, se plaça les yeux baissés à son comptoir, tira une petite Bible de sa poche, l'ouvrit, commença une page, et resta sans connaissance, évanouie dans son fauteuil.

Son mari se mit à gronder, les femmes à l'entourer, les enfants à crier, les chiens à aboyer.

— « Et vous? s'écria Stello en se levant avec chagrin.

— Moi? je donnai à monsieur Bell trois guinées, qu'il reçut avec plaisir et sang-froid en les comptant bien. »

— « C'est, lui dis-je, le loyer de la chambre de M. Chatterton, qui est mort.

— Oh! dit-il avec l'air satisfait.

— Le corps est à moi, dis-je; je le ferai prendre.

— Oh ! » me dit-il avec un air de consentement.

Il était bien à moi, car cet étonnant Chatterton avait eu le sang-froid de laisser sur sa table un billet qui portait à peu près ceci :

« Je vends mon corps au docteur (le nom en blanc), à la condition de payer à M. Bell six mois de loyer de ma chambre, montant à la somme de trois guinées. Je désire qu'il ne reproche pas à ses enfants les gâteaux qu'ils m'apportaient chaque jour, et qui, depuis un mois, ont seuls soutenu ma vie. »

Ici le Docteur se laissa couler dans la bergère sur laquelle il était placé, et s'y enfonça jusqu'à ce qu'il se trouvât assis sur le dos et même sur les épaules.

— « Là ! — dit-il avec un air de satisfaction et de soulagement, comme ayant fini son histoire.

— Mais Kitty Bell ? Kitty, que devint-elle ? dit Stello, en cherchant à lire dans les yeux froids du Docteur-Noir.

— Ma foi, dit celui-ci, si ce n'est la douleur, le calomel des médecins anglais dut lui faire bien du mal... car, n'ayant pas été appelé, je vins, quelques jours après, visiter les gâteaux de sa boutique. Il y avait là ses deux beaux enfants qui jouaient, chantaient, en habit noir. Je m'en allai en frappant la porte de manière à la briser.

— Et le corps du Poète?

— Rien n'y toucha que le linceul et la bière. Rassurez-vous.

— Et ses poèmes?

— Il fallut dix-huit mois de patience pour réunir, coller et traduire les morceaux des manuscrits qu'il avait déchirés dans sa fureur. Quant à ceux que le charbon de terre avait brûlés, c'était la fin de la *Bataille d'Hastings*, dont on n'a que deux chants.

— Vous m'avez écrasé la poitrine avec cette histoire, » dit Stello en retombant assis.

Tous deux restèrent en face l'un de l'autre pendant trois heures quarante-quatre minutes, tristes et silencieux comme Job et ses amis. Après quoi Stello s'écria, comme en continuant :

« Mais que lui offrait donc M. Beckford dans son petit billet?

— Ah! à propos, dit le Docteur-Noir, comme en s'éveillant en sursaut...

C'était une place de premier valet de chambre chez lui. »

CHAPITRE XIX

TRISTESSE ET PITIÉ

PENDANT les longs récits et les plus longs silences du Docteur-Noir, la nuit était venue. Une haute lampe éclairait une partie de la chambre de Stello; car cette chambre était si grande, que la lueur n'en pouvait atteindre les angles ni le haut plafond. Des rideaux épais et longs, un antique ameublement, des armes jetées sur des livres, une énorme table couverte d'un tapis qui en cachait les pieds, et sur cette table deux tasses de thé :

tout cela était sombre, et brillait par intervalles de la flamme rouge d'un large feu, ou bien se laissait deviner à demi, et par reflets, sous la lueur jaunâtre de la lampe. Les rayons de cette lampe tombaient d'aplomb sur la figure impassible du Docteur-Noir et sur le large front de Stello, qui reluisait comme un crâne d'ivoire poli. Le Docteur attachait sur ce front un œil fixe, dont la paupière ne s'abaissait jamais. Il semblait y suivre en silence le passage de ses idées et la lutte qu'elles avaient à livrer aux idées de l'homme dont il avait entrepris la guérison, comme un général contemplerait, d'une hauteur, l'attaque de son corps d'armée montant à la brèche, et le combat intérieur qui lui resterait à gagner contre la garnison, au milieu de la forteresse à demi conquise.

Stello se leva brusquement et se mit à marcher à grands pas d'un bout à l'autre de la chambre. Il avait passé sa main droite sous ses habits, comme pour contenir ou déchirer son cœur. On n'entendait que le bruit de ses talons qui frappaient sourdement sur le tapis, et le sifflement monotone d'une bouilloire d'argent placée sur la table, source inépuisable d'eau chaude et de délices pour les deux causeurs nocturnes. Stello laissait échapper, en marchant vite, des exclamations douloureuses, des hésitations pénibles, des jurements étouffés, des imprécations violentes, autant que ces signes se pouvaient manifester dans un homme à qui l'usage du grand monde avait donné la retenue comme une seconde nature.

Il s'arrêta tout d'un coup et toucha de ses deux mains les mains du Docteur. — « Vous l'avez donc vu aussi ? s'écria-t-il. — Vous avez vu et tenu dans vos bras le malheureux jeune homme qui s'était dit : *Désespère et meurs*, comme souvent vous me l'avez entendu crier la nuit ! Mais j'aurais honte d'avoir pu gémir, j'aurais honte d'avoir souffert, s'il n'était vrai que les tortures que l'on se donne par les passions égalent celles que l'on reçoit par le malheur. — Oui, cela s'est dû passer ainsi ; oui, je vois chaque jour des hommes semblables à ce Beckford, qui est miraculeusement incarné d'âge en âge sous la peau blafarde des PLAIDEURS D'AFFAIRES PUBLIQUES.

O cérémonieux complimenteurs ! lents paraphraseurs de banalités sentencieuses ! fabricateurs légers de cette chaîne lourde et croissante pompeusement appelée Code, dont vous forgez les quarante mille anneaux qui s'entrelacent au hasard, sans suite, le plus souvent inégaux, comme les grains du chapelet, et ne remontant jamais à l'immuable anneau d'or d'un religieux principe. — O membres rachitiques des corps politiques, impolitiques plutôt! fibres détendues des Assemblées, dont la pensée flasque, vacillante, multiple, égarée, corrompue, effarée, sautillante, colérique, engourdie, évaporée, émerillonnée, et toujours, et sempiternellement commune et vulgaire; dont la pensée, dis-je, ne vaut pas, pour l'unité et l'accord des raisonnements, la simple et sérieuse pensée d'un Fellah jugeant sa famille, au désert, selon son cœur. N'est-ce pas assez pour vous d'être glorieusement employés à charger de tout votre poids le bât, le double bât du maître, que le pauvre âne appelle son ennemi *en bon français?* Faut-il encore que vous ayez hérité du dédain monarchique, moins sa grâce héréditaire et plus votre grossièreté élective?

Oui, noir et trop véridique Docteur! oui, ils sont ainsi. — Ce qu'il faut au Poète, dit l'un, c'est trois cents francs et un grenier! — La misère est leur Muse, dit un autre. — Bravo! — Courage! — Ce rossignol a une belle voix! crevez-lui les yeux, il chantera mieux encore! l'expérience en a été faite. Ils ont raison. Vive Dieu!

Triple divinité du ciel! que t'ont-ils donc fait, ces Poètes que tu créas les premiers des hommes, pour que les derniers des hommes les renient et les repoussent ainsi? »

Stello parlait à peu près de la sorte en marchant. Le Docteur tournait la pomme de sa canne sous son menton et souriait.

— « Où se sont envolés vos *Diables-bleus?* » dit-il.

Le malade s'arrêta, il ferma les yeux et sourit aussi, mais ne répondit pas, comme s'il n'eût pas voulu donner au Docteur le plaisir d'avouer sa maladie vaincue.

Paris était plongé dans le silence du sommeil, et l'on n'entendait au dehors que la voix rouillée d'une horloge sonnant lourdement les trois quarts d'une heure très avancée au delà de minuit. Stello s'arrêta tout à coup au milieu de l'appartement, écoutant le marteau dont le bruit parut lui plaire; il passa ses doigts dans ses cheveux comme pour s'imposer les mains à lui-même et calmer sa tête. On aurait pu dire, en l'examinant bien, qu'il ressaisissait intérieurement les rênes de son âme, et que sa volonté redevenait assez forte pour contenir la violence de ses sentiments désespérés. — Ses yeux se rouvrirent, s'arrêtèrent fixement sur les yeux du Docteur, et il se mit à parler avec tristesse, mais avec fermeté :

« Les heures de la nuit, quand elles sonnent, sont pour moi comme les voix douces de quelques tendres amies qui m'appellent et me disent, l'une après l'autre : *Qu'as-tu?*

Jamais je ne les entends avec indifférence

quand je me trouve seul, à cette place où vous êtes, dans ce dur fauteuil où vous voilà. — Ce sont les heures des Esprits, des Esprits légers qui soutiennent nos idées sur leurs ailes transparentes et les font étinceler de clartés plus vives.

Je sens que je porte la vie librement durant l'espace de temps qu'elles mesurent; elles me disent que tout ce que j'aime est endormi, qu'à présent il ne peut arriver malheur à qui m'inquiète. Il me semble alors que je suis seul chargé de veiller, et qu'il m'est permis de prendre sur ma vie ce que je voudrai du sommeil. — Certes, cette part m'appartient, je la dévore avec joie, et je n'en dois pas compte à des yeux fermés. — Ces heures m'ont fait du bien. Il est rare que ces chères compagnes ne m'apportent pas, comme un bienfait, quelque sentiment ou quelque pensée du ciel. Peut-être que le temps, invisible comme l'air, et qui se pèse et se mesure comme lui, comme lui aussi apporte aux hommes des influences inévitables. Il y a des heures néfastes. Telle est pour moi celle de l'aube humide, tant célébrée, qui ne m'amène que l'affliction et l'ennui, parce qu'elle éveille tous les cris de la foule, pour toute la démesurée longueur du jour, dont le terme me semble inespéré. Dans ce moment, si vous voyez revenir la vie dans mes regards, elle y revient par des larmes. Mais c'est la vie enfin, et c'est le calme adoré des heures noires qui me la rend.

Ah! je sens en mon âme une ineffable pitié pour ces glorieux pauvres dont vous avez vu l'agonie, et rien ne m'arrête dans ma tendresse pour ces morts bien-aimés.

J'en vois, hélas! d'aussi malheureux qui prennent de diverses sortes leur destinée amère. Il y en a chez qui le chagrin devient bouffonnerie et grosse gaîté; ce sont les plus tristes à mes yeux. Il y en a d'autres à qui le désespoir tourne sur le cœur. Il les rend méchants. Eh! sont-ils bien coupables de l'être?

En vérité, je vous le dis: l'homme a rarement tort, et l'ordre social toujours. — Quiconque y est traité comme Gilbert et Chatterton, qu'il frappe, qu'il frappe partout! — Je sens pour lui (s'attaquerait-il à moi-même) l'attendrissement d'une mère pour son fils, atteint injustement dans son berceau d'une maladie douloureuse et incurable.

— Frappe-moi! mon fils, dit-elle, mords-moi, pauvre innocent! tu n'as rien fait de mal pour mériter de tant souffrir! — Mords mon sein, cela te soulagera! — mords, enfant, cela fait du bien! »

Le Docteur sourit dans un calme profond; mais ses yeux devenaient plus sombres et plus sévères de moment en moment, et avec son inflexibilité de marbre, il répondit :

« Que m'importe, s'il vous plaît, de voir à découvert que votre cœur a d'inépuisables sources de miséricorde et d'indulgence, et que votre esprit, venant à son aide, jette incessamment sur toute sorte de criminels autant d'intérêt que Godwin en répandit sur l'assassin Falkland ? — Que m'importe cet instinct de tendresse angélique auquel vous vous livrez tout d'abord, à tout sujet ? Suis-je une femme en qui l'émotion puisse dérouter la pensée ? — Remettez-vous, monsieur, les larmes troublent la vue. »

Stello revint s'asseoir brusquement, baissa les yeux, puis les releva pour regarder son homme de travers.

— « Suivez à présent, reprit le Docteur, le cours de l'idée qui nous a conduits jusqu'où nous sommes arrivés. Suivez-la, s'il vous plaît, comme on suit un fleuve à travers ses sinuosités. Vous verrez que nous n'avons fait encore qu'un chemin très court. Nous avons trouvé sur les bords une monarchie et un gouvernement représentatif, chacun avec leur Poète historiquement maltraité et dédaigneusement livré à misère et à mort, et il ne m'a point échappé que vous espériez, en vous voyant transporté à la seconde forme du Pouvoir, y trouver les

Grands du moment plus intelligents et comprenant mieux les Grands de l'avenir. Votre espoir a été déçu, mais pas assez complètement pour vous empêcher, en ce moment même, de concevoir une vague espérance qu'une forme de Pouvoir plus populaire encore serait tout naturellement, par ses exemples, le correctif des deux autres. Je vois rouler dans vos yeux toute l'histoire des Républiques, avec ses magnanimités de collège. Épargnez-m'en les citations, je vous en supplie, car à mes yeux l'Antiquité tout entière est *hors la loi* philosophique à cause de l'Esclavage qu'elle aimait tant; et, puisque je me suis fait conteur aujourd'hui, contre ma coutume, laissez-moi dire paisiblement une troisième et dernière aventure que j'ai toujours eue sur le cœur depuis le jour où j'en fus témoin. Ne soupirez pas si profondément, comme si votre poitrine voulait repousser l'air même que frappe ma voix. — Vous savez bien que cette voix est inévitable pour vous. N'êtes-vous pas fait à ses paroles?
— Si Dieu nous a mis la tête plus haut que le cœur, c'est pour qu'elle le domine.»

Stello courba son front avec la résignation d'un condamné qui entend la lecture de son arrêt.

— « Et tout cela, s'écria-t-il, pour avoir eu, un jour de *Diables-bleus,* la mauvaise pensée de me mêler de politique? comme si cette idée, jetée au vent avec les mille paroles d'angoisse qu'arrache la maladie, valait la peine d'être combattue avec un tel acharnement! comme si ce n'était pas un regard fugitif, un coup d'œil de détresse, comme celui que jette le matelot submergé sur tous les points du rivage, ou celui...

— Poésie! poésie! ce n'est point cela! interrompit le Docteur en frappant de sa canne avec une force et une pesanteur de marteau. Vous essayez de vous tromper vous-même. Cette idée, vous ne la laissez pas sortir au hasard; cette idée vous préoccupait depuis longtemps; cette idée, vous l'aimez, vous la contemplez, vous la caressez avec un attachement secret. Elle est, à votre insu, établie profondément en vous, sans que vous en sentiez les racines plus qu'on ne sent celles d'une dent. L'orgueil et l'ambition de l'universalité d'esprit l'ont fait germer et grandir en vous, comme dans bien d'autres que je n'ai pas guéris. Seulement vous n'osiez pas vous avouer sa présence, et vous vouliez l'éprouver sur moi, en la montrant comme par hasard, négligemment et sans prétention.

O funeste penchant que nous avons tous à sortir de notre voie et des conditions de notre être! — D'où vient cela, sinon de l'envie qu'a tout enfant de s'essayer au jeu des autres, ne doutant pas de ses forces et se croyant tout possible? — D'où vient cela, sinon de la peine qu'ont les âmes les plus libres à se détacher complètement de ce qu'aime le profane vulgaire?

— D'où vient cela, sinon d'un moment de faiblesse, où l'esprit est las de se contempler, de se replier sur lui-même, de vivre de sa propre essence et de s'en nourrir pleinement et glorieusement dans sa solitude? Il cède à l'attraction des choses extérieures; il se quitte lui-même, cesse de se sentir, et s'abandonne au souffle grossier des événements communs.

Il faut, vous dis-je, que j'achève de vous relever de cet abattement, mais par degrés et en vous contraignant à suivre, malgré ses fatigues, le chemin fangeux de la vie réelle et publique, dans lequel, ce soir, nous avons été forcés de poser le pied.»

Ce fut, cette fois, avec une sombre résolution d'entendre, toute semblable aux forces que rassemble un homme qui va se poignarder, que Stello s'écria:

« Parlez, monsieur. »

Et le Docteur-Noir parla ainsi qu'il suit, dans le silence d'une nuit froide et sinistre:

CHAPITRE XX

UNE HISTOIRE DE LA TERREUR

QUATRE - VINGT - QUATORZE sonnait à l'horloge du XVIIIe siècle, quatre-vingt-quatorze, dont chaque minute fut sanglante et enflammée. L'an de terreur frappait horriblement et lentement au gré de la terre et du ciel, qui l'écoutaient en silence. On aurait dit qu'une puissance, insaisissable comme un fantôme, passait et repassait parmi les hommes, tant leurs visages étaient pâles, leurs yeux égarés, leurs têtes ramassées entre leurs épaules, reployées comme pour les cacher et les défendre. — Cependant un caractère de grandeur et de gravité sombre était empreint sur tous ces fronts menacés et jusque sur la face des enfants; c'était comme ce masque sublime que nous met la mort. Alors les hommes s'écartaient les uns des autres, ou s'abordaient brusquement comme des combattants. Leur salut ressemblait à une attaque, leur bonjour à une injure, leur sourire à une convulsion, leur habillement aux haillons d'un mendiant, leur coiffure à une guenille trempée dans le sang, leurs réunions à des émeutes, leurs familles à des repaires d'animaux mauvais et défiants, leur éloquence aux cris des halles, leurs amours aux orgies bohémiennes, leurs cérémonies publiques à de vieilles tragédies romaines manquées, sur des tréteaux de province; leurs guerres à des migrations de peuples sauvages et misérables, les noms du temps à des parodies poissardes.

Mais tout cela était grand, parce que, dans la cohue républicaine, si tout homme jouait au pouvoir, tout homme du moins jetait sa tête au jeu.

Pour cela seul, je vous parlerai des hommes de ce temps-là plus gravement que je n'ai fait des autres. Si mon premier langage était scintillant et musqué comme l'épée de bal et la poudre, si le second était pédantesques et prolongé comme la perruque et la queue d'un Alderman, je sens que ma parole doit être ici forte et brève comme le coup d'une hache qui sort fumante d'une tête tranchée.

Au temps dont je veux parler, la Démocratie régnait. Les Décemvirs, dont le premier fut Robespierre, allaient achever leur règne de trois mois. Ils avaient fauché autour d'eux toutes les idées contraires à celle de la Terreur. Sur l'échafaud des Girondins ils avaient abattu les idées d'*amour pur de la liberté;* sur celui des Hébertistes, les idées du *culte de la raison* unies à l'*obscénité* montagnarde et *républicaniste;* sur l'échafaud de Danton ils avaient tranché la dernière pensée de *modération;* restait donc LA TERREUR. Elle donna son nom à l'époque.

Le Comité de salut public marchait librement sur sa grande route, l'élargissant avec la guillotine. Robespierre et Saint-Just menaient la machine roulante : l'un la traînait en jouant le grand-prêtre, l'autre la poussait en jouant le prophète *apocalyptique*.

Comme la Mort, fille de Satan, l'épouvante lui-même, la Terreur, leur fille, s'était retournée contre eux et les pressait de son aiguillon. Oui, c'étaient leurs effrois de chaque nuit qui faisaient leurs horreurs de chaque jour.

Tout à l'heure, monsieur, je vous prendrai

par la main, et je vous ferai descendre avec moi dans les ténèbres de leur cœur; je tiendrai devant vos yeux le flambeau dont les yeux faibles détestent la lumière, l'inexorable flambeau de Machiavel, et dans ces cœurs troublés vous verrez clairement et distinctement naître et mourir des sentiments immondes, nés, à mon sens, de leur situation dans les événements et de la faiblesse de leur organisation incomplète, plus que d'une aveugle perversité dont leurs noms porteront toujours la honte et resteront les synonymes.

Ici Stello regarda le Docteur-Noir avec l'expression d'une grande surprise. L'autre continua :

— C'est une doctrine qui m'est particulière, monsieur, qu'il n'y a ni héros ni monstre. — Les enfants seuls doivent se servir de ces mots-là. — Vous êtes surpris de me voir ici de votre avis, c'est que j'y suis arrivé par le raisonnement lucide, comme vous par le sentiment aveugle. Cette différence seule est entre nous, que votre cœur vous inspire, pour ceux que les hommes qualifient de *monstres,* une profonde pitié, et ma tête me donne pour eux un profond mépris. C'est un mépris glacial, pareil à celui du passant qui écrase la limace. Car, s'il n'y a de monstres qu'aux cabinets anatomiques, toujours y a-t-il de si misérables créatures, tellement livrées et si brutalement à des instincts obscurs et bas, tellement poussées, sous le vent de leur sottise, par le vent de la sottise d'autrui, tellement enivrées, étourdies et abruties du sentiment faux de leur propre valeur et de leurs droits établis on ne sait sur quoi, que je ne me sens ni rire ni larmes pour eux, mais seulement le dégoût qu'inspire le spectacle d'une nature manquée.

Les Terroristes sont de ces gens qui souvent m'ont fait ainsi détourner la vue; mais aujourd'hui je l'y ramène pour vous, cette vue attentive et patiente que rien ne détournera de leurs cadavres jusqu'à ce que nous y ayons tout observé, jusqu'aux os du squelette.

Il n'y a pas d'année qui ait fait autant de théories sur ces hommes que n'en fait cette année 1832 en un seul de ses jours, parce qu'il n'y a pas d'époque où plus grand nombre de gens ait nourri plus d'espérances et amassé plus de probabilités de leur ressembler et de les imiter.

C'est en effet une chose toute commode aux médiocrités qu'un temps de révolution. Alors que le beuglement de la voix étouffe l'expression pure de la pensée, que la hauteur de la taille est plus prisée que la grandeur du caractère, que la harangue sur la borne fait taire l'éloquence à la tribune, que l'injure des feuilles publiques voile momentanément la sagesse durable des livres : quand un scandale de la rue fait une petite gloire et un petit nom; quand les ambitieux centenaires feignent, pour les piper, d'écouter les écoliers imberbes qui les endoctrinent; quand l'enfant se guinde sur le bout du pied pour prêcher les hommes; quand les grands noms sont secoués pêle-mêle dans des sacs de boue, et tirés à la loterie populaire par la main des pamphlétiers; quand les vieilles hontes de famille redeviennent des espèces d'honneurs, hérédité chère à bien des Capacités connues; quand les taches de sang font auréole au front, sur ma foi, c'est un bon temps.

A quelle médiocrité, s'il vous plaît, serait-il défendu de prendre un grain luisant de cette grappe du Pouvoir politique, fruit réputé si plein de richesse et de gloire? Quelle petite coterie ne peut devenir club? quels club, assemblée? quelle assemblée, comices? quels comices, sénat? et quel sénat ne peut régner? Et ont-ils pu régner sans qu'un homme y régnât? Et qu'a-t-il fallu? — Oser! — Ah! le beau mot que voilà! Quoi! c'est là tout? Oui, tout! Ceux qui l'ont fait l'ont dit. — Courage donc, vides cerveaux, criez et courez! — Ainsi font-ils.

Mais l'habitude des synthèses a été prise dès longtemps par eux sur les bancs; on en a pour tout ; on les attelle à tout : le sonnet a la sienne. Quand on veut user des morts, on peut bien leur prêter son système ; chacun s'en fait un bon ou mauvais ; selle à tous chevaux, il faut qu'elle aille. Monterez-vous le Comité de salut public ? Qu'il endosse la selle !

On a cru les membres de ce Comité farouche dévoués profondément aux intérêts du peuple et tout sacrifiant aux progrès de l'humanité, tout, jusqu'à leur sensibilité naturelle, tout, jusqu'à l'avenir de leur nom, qu'ils vouaient sciemment à l'exécration. — Système de l'année à son usage.

Il est vrai qu'on les a presque dits hydrophobes. — On les a peints comme décidés à raser de la surface de la terre toutes têtes dont les yeux avaient vu la monarchie, et gouvernant tout exprès pour se donner la joie d'égorger. — Système de trembleurs surannés.

On leur a construit un projet édifiant d'adoucissement successif dans leur pouvoir, de confiance dans le règne de la vertu, de conviction dans la moralité de leurs crimes. — Système d'honnêtes enfants qui n'ont que du blanc et du noir devant les yeux, ne rêvent qu'anges ou démons et ne savent pas quel incroyable nombre de masques hypocrites, de toute forme, de toute couleur, de toute taille, peuvent cacher les traits des hommes qui ont passé l'âge des passions dévouées, et se sont livrés sans réserve aux passions égoïstes.

Il s'en trouve qui, plus forts, font à ces gens l'honneur de leur supposer une doctrine religieuse. Ils disent :

S'ils étaient Athées et Matérialistes, peu leur importait : un meurtre impuni ne faisait qu'écraser, selon leur foi, une chose agissante.

S'ils étaient Panthéistes, peu leur importait-il, puisqu'ils ne faisaient qu'une transformation selon leur foi.

Reste donc le cas fort douteux où ils eussent été Chrétiens sincères, et alors la condamnation était réservée pour eux-mêmes, et le salut et l'indulgence pour la victime. A ce compte, il y aurait encore dévouement et service rendu à ses ennemis.

O Paradoxes ! que j'aime à vous voir sauter dans le cerceau !

— « Et vous, que dites-vous ? » interrompit Stello, passionnément attentif.

— Et moi, je vais chercher à suivre pas à pas les chemins de l'opinion publique relativement à eux.

La mort est pour les hommes le plus attachant spectacle, parce qu'elle est le plus effrayant des mystères. Or, comme il est vrai qu'un sanglant dénoûment suffit à illustrer quelque médiocre drame, à faire excuser ses défauts et vanter ses moindres beautés, de même l'histoire d'un homme public est illustrée aux yeux du vulgaire par les coups qu'il a portés et le grand nombre de morts qu'il a données, au point d'imprimer pour toujours je ne sais quel lâche respect de son nom. Dès lors ce qu'il a osé faire d'atroce est attribué à quelque faculté surnaturelle qu'il posséda. Ayant fait peur à tant de gens, cela suppose une sorte de courage pour ceux qui ne savent pas combien de fois ce fut une lâcheté. Son nom étant une fois devenu synonyme d'Ogre, on lui sait gré de tout ce qui sort un peu des habitudes du bourreau. Si l'on trouve dans son histoire qu'il a souri à un petit enfant et qu'il a mis des bas de soie, cela devient trait de bonté et d'urbanité. En général, le Paradoxe nous plaît fort. Il heurte l'idée reçue, et rien n'appelle mieux l'attention sur le parleur ou l'écrivain. — De là les apologies paradoxales des grands tueurs de gens. — La Peur, éternelle reine des masses, ayant grossi, vous dis-je, ces personnages à tous les yeux, met tellement en lumière leurs moindres actes, qu'il serait malheureux de n'y pas voir reluire quelque chose de passable. Dans l'un, ce fut tel plaidoyer hypocrite; en l'autre, telle ébauche de système, tous deux donnant un faux air d'orateur et de législateur; informes ouvrages où le style, empreint de la sécheresse et de la brusquerie du combat qui les enfantait, singe la concision et la fermeté du génie. Mais ces hommes gorgés de pouvoir et soûlés de sang, dans leur inconcevable orgie politique, étaient médiocres et étroits dans leurs conceptions, médiocres et faux dans leurs œuvres, médiocres et bas dans leurs actions. — Ils n'eurent quelques moments d'éclat que par une sorte d'énergie fiévreuse, une rage de nerfs qui leur venait de leurs craintes d'équilibristes sur la corde, et surtout du sentiment qui avait comme remplacé leur âme, je veux dire *l'émotion continue de l'assassinat.*

Cette émotion, monsieur, poursuivit le Docteur en se croisant les jambes et prenant une prise de tabac plus à son aise, *l'émotion de l'assassinat* tient de la colère, de la peur et du spleen tout à la fois. Lorsqu'un suicidé s'est manqué, si vous ne lui liez les mains, il redouble (tout médecin le sait). Il en est de même de l'assassin, il croit se défaire d'un vengeur de son premier meurtre par un second, d'un vengeur du second par un troisième, et ainsi de suite pour sa vie entière s'il garde le Pouvoir (cette chose divine et sainte à jamais à ses yeux myopes!) Il opère alors sur une nation comme sur un corps qu'il croit gangrené : il coupe, il taille, il charpente. Il poursuit la tache noire, et cette tache, c'est son ombre, c'est le mépris et la haine qu'on a de lui : il la trouve partout. Dans son chagrin mélancolique et dans sa rage, il s'épuise à remplir une sorte de tonneau de sang percé par le fond, et c'est aussi là son enfer.

Voilà la maladie qu'avaient ces pauvres gens dont nous parlons, assez aimables du reste.

Je les ai, je crois, bien connus, comme vous allez voir par les choses que je vous conterai, et je ne haïssais pas leur conversation ; elle était originale, il y avait du bon et du curieux surtout. Il faut qu'un homme voie un peu de tout pour bien savoir la vie vers la fin de la sienne, science bien utile au moment de s'en aller.

Toujours est-il que je les ai vus souvent et bien examinés; qu'ils n'avaient pas le pied fourchu, qu'ils n'avaient point de tête de tigre, de hyène et de loup, comme l'ont assuré d'illustres écrivains ; ils se coiffaient, se rasaient, s'habillaient et déjeunaient. Il y en avait dont les femmes disaient: *Qu'il est bien!* Il y en avait plus encore dont on n'eût rien dit s'ils n'eussent rien été; et les plus laids ont ici d'honnêtes grammairiens et de polis diplomates qui les surpassent en airs féroces, et dont on dit: *Laideur spirituelle!* — Idées! idées en l'air! phrases de livres que toutes ces ressemblances animales! Les hommes sont partout et toujours de simples et faibles créatures plus ou moins ballottées et contrefaites par leur destinée. Seulement les plus forts ou les meilleurs se redressent contre elle et la façonnent à leur gré au lieu de se laisser pétrir par sa main capricieuse.

Les Terroristes se laissèrent platement entraîner à l'instinct absurde de la cruauté et aux nécessités dégoûtantes de leur position. Cela leur advint à cause de leur médiocrité, comme j'ai dit.

Remarquez bien que, dans l'histoire du monde, tout homme régnant qui a manqué de grandeur personnelle a été forcé d'y suppléer en plaçant à sa droite le bourreau comme un ange gardien. Les pauvres Triumvirs dont nous parlons avaient profondément au cœur la conscience de leur dégradation morale. Chacun d'eux avait glissé dans une route meilleure, et chacun d'eux était quelque chose de manqué : l'un, avocat mauvais et plat; l'autre, médecin ignorant; l'autre demi-philosophe; un autre, cul-de-jatte, envieux de tout homme debout et entier.

Intelligences confuses et mérites avortés de corps et d'âme; chacun d'eux savait donc quel était le mépris public pour lui, et ces rois honteux, craignant les regards, faisaient luire la hache pour les éblouir et les abaisser à terre.

Jusqu'au jour où ils avaient établi leur autorité triumvirale et décemvirale, leur ouvrage n'avait été qu'une critique continuelle, calomniatrice, hypocrite et toujours féroce des pouvoirs ou des influences précédentes. Dénonciateurs, accusateurs, destructeurs infatigables, ils avaient renversé la Montagne sur la Plaine, les Danton sur les Hébert, les Desmoulins sur les Vergniaud, en présentant toujours à la Multitude régnante la Méduse des conspirations, dont toute Multitude est épouvantée, la croyant cachée dans son sang et dans ses veines. Ainsi, selon leur dire, ils avaient tiré du corps social une sueur abondante, une sueur de sang ; mais, lorsqu'il fallut le mettre debout et le faire marcher, ils succombèrent à l'essai. Impuissants organisateurs, étourdis, pétrifiés par la solitude où ils se trouvèrent tout à coup, ils ne surent que recommencer à se combattre dans leur petit troupeau souverain. Tout haletants du combat, ils s'essayaient à griffonner quelque bout de système dont ils n'entrevoyaient même pas l'application probable : puis ils retournaient à la tâche plus facile de la monstrueuse saignée. Les trois mois de leur puissance souveraine furent pour eux comme le rêve d'une nuit de malade. Ils n'eurent pas la force d'y prendre le temps de penser. Et, d'ailleurs, la Pensée, la Pensée calme, sainte, forte et pénétrante, comme je la conçois, est une chose dont ils n'étaient plus dignes. — Elle ne descend pas dans l'homme qui a horreur de soi.

Ce qui leur restait d'idée pour leur usage dans la conversation, vous l'allez entendre, comme j'en eus moi-même l'occasion. L'ensemble de leur vie et les jugements qu'on en porte ne sont pas d'ailleurs ce qui m'occupe, mais toujours l'idée première de notre conversation, leurs dispositions envers les Poëtes et tous les artistes de leur temps. Je les prends pour dernier exemple, et comme, après tout, ils furent la dernière expression du pouvoir Républicain-Démocratique, ils me seront un type excellent.

Je ne puis que gémir, avec les Républicains sincères et loyaux, du tort que tous ces hommes-là ont fait au beau nom latin de la *chose publique* : je conçois leur haine pour ces malheureux (âmes qui n'eurent pas une heure de paix), pour ces malheureux qui souillèrent aux yeux des nations leur forme gouvernementale favorite. Mais en cherchant un peu, ne pourront-ils garder la *chose* avec un autre nom? La langue est souple. J'en gémis, mais je n'y fus pour rien, je vous jure. — Je m'en lave les mains, lavez vos noms.

CHAPITRE XXI

UN BON CANONNIER

Il me souvient fort bien que le 5 thermidor an II de la République, ou 1794, ce qui m'est totalement indifférent, j'étais assis, absolument seul, près de ma fenêtre qui donnait sur la place de la Révolution, et je tournais dans mes doigts la tabatière que j'ai là, quand on vint sonner à ma porte assez violemment, vers huit heures du matin.

J'avais alors pour domestique un grand flandrin de fort douce et paisible humeur, qui avait été un terrible canonnier pendant dix ans, et qu'une blessure au pied avait mis hors de combat. Comme je n'entendis pas ouvrir, je me levai pour voir dans l'antichambre ce que faisait mon soldat. Il dormait, les jambes sur le poêle.

La longueur démesurée de ses jambes maigres ne m'avait jamais frappé aussi vivement que ce jour-là. Je savais qu'il n'avait pas moins de cinq pieds neuf pouces quand il était debout; mais je n'en avais accusé que sa taille et non ses prodigieuses jambes, qui se développaient en ce moment dans toute leur étendue, depuis le marbre du poêle jusqu'à la chaise de paille, d'où le reste de son corps et, en outre, sa tête maigre et longue s'élevaient, pour retomber en avant en forme de cerceau sur ses bras croisés. — J'oubliai entièrement la sonnette pour contempler cette innocente et heureuse créature dans son attitude accoutumée; oui, accoutumée; car, depuis que les laquais dorment dans les antichambres, et cela date de la création des antichambres et des laquais, jamais homme ne s'endormit avec une quiétude plus parfaite, ne sommeilla avec une absence plus complète de rêves et de cauchemars, et ne fut réveillé avec une égalité d'humeur aussi grande. Blaireau faisait toujours mon admiration, et le noble caractère de son sommeil était pour moi une source éternelle de curieuses observations. Ce digne homme avait dormi partout pendant dix ans, et jamais il n'avait trouvé qu'un lit fût meilleur ou plus mauvais qu'un autre. Quelquefois seulement, en été, il trouvait sa chambre trop chaude, descendait dans la cour, mettait un pavé sous sa tête et dormait. Il ne s'enrhumait jamais, et la pluie ne le réveillait pas. Lorsqu'il était debout, il avait l'air d'un peuplier prêt à tomber. Sa longue taille était voûtée, et les os de sa poitrine touchaient à l'os de son dos. Sa figure était jaune et sa peau luisante comme un parchemin. Aucune altération ne se pouvait remarquer en aucune occasion, sinon un sourire de paysan à la fois niais, fin et doux. Il avait brûlé beaucoup de poudre depuis dix ans à tout ce qu'il y avait eu d'affaires à Paris, mais jamais il ne s'était tourmenté beaucoup du point où frappait le boulet. Il servait son canon en artiste consommé, et, malgré les changements de gouvernement, qu'il ne comprenait guère, il avait conservé un dicton des anciens de son régiment, et ne cessait de dire : *Quand j'ai bien servi ma pièce, le roi n'est pas mon maître.* Il était excellent pointeur et devenu chef de pièce depuis quelques mois, quand il fut réformé pour une large entaille qu'il avait reçue au pied, de l'explosion d'un caisson sauté par maladresse au Champ-de-Mars. Rien ne l'avait plus profondément affligé que cette réforme, et ses camarades, qui l'aimaient beaucoup et le trouvaient souvent nécessaire, l'employaient toujours à Paris et le consultaient dans des occasions importantes. Le service de son artillerie s'accommodait assez avec le mien; car, étant rarement chez moi, j'avais rarement besoin de lui, et souvent, lorsque j'en avais besoin, je me servais moi-même, de peur de l'éveiller. Le citoyen Blaireau avait donc pris, depuis deux ans, l'habitude de sortir sans m'en demander permission, mais ne manquait pourtant jamais à ce qu'il nommait l'*appel du soir*, c'est-à-dire le moment où je rentrais chez moi, à minuit ou deux heures du matin. En effet, je l'y trouvais toujours endormi devant mon feu. Quelquefois il me protégeait, lorsqu'il y avait revue, ou combat, ou révolution dans la Révolution. En ma qualité de curieux, j'allais à pied dans les rues, en habit noir, comme me voici, la canne à la main, comme me voilà. Alors je cherchais de loin les canonniers (il en faut toujours un peu en révolution), et quand je les avais trouvés, j'étais sûr d'apercevoir, au-dessus de leurs chapeaux et de leurs pompons, la tête longue de mon paisible Blaireau, qui avait repris l'uniforme et me cherchait de loin avec ses yeux endormis. Il souriait en m'apercevant, et disait à tout le monde de laisser passer un citoyen de ses amis. Il me prenait sous le bras ; il me montrait tout ce qu'il y avait à voir, me nommait tous ceux qui avaient, comme on disait, gagné à la *loterie de sainte Guillotine*, et le soir nous n'en parlions pas : c'était un arrangement tacite. Il recevait ses gages, de ma main, à la fin du mois, et refusait ses appointements de canonnier de Paris. Il me servait pour son repos, et servait la nation pour l'honneur. Il ne prenait les armes qu'en grand seigneur : cela l'arrangeait fort, et moi aussi.

Tandis que je contemplais mon domestique... (ici je dois m'interrompre et vous dire que c'est pour être compris de vous que j'ai dit *domestique ;* car, en l'an II, cela s'appelait un *associé*); tandis que je le contemplais dans son sommeil, la sonnette allait toujours son train et battait le plafond avec une vigueur inusitée. Blaireau n'en dormait que mieux. Voyant cela, je pris le parti d'aller ouvrir ma porte.

— « Vous êtes peut-être au fond un excellent homme ? dit Stello.

— On est toujours bon maître quand on n'est pas le maître, » répondit le Docteur-Noir.
— J'ouvris ma porte.

CHAPITRE XXII

UN HONNÊTE VIEILLARD

E trouvai devant moi deux envoyés d'espèces différentes : un vieillard et un enfant. Le vieux était poudré assez proprement ; il portait un habit de livrée où la place des galons se voyait encore. Il m'ôta son chapeau avec beaucoup de respect, mais en même temps il jeta les yeux avec défiance autour de lui, regarda derrière moi si personne ne me suivait, et se tint à l'écart sans entrer, comme pour laisser passer avant lui le jeune garçon, qui était arrivé en même temps et qui

secouait encore le cordon de la sonnette par le pied de biche. Il sonnait sur la mesure de la *Marseillaise,* qu'il siffiait (vous savez l'air probablement, en 1832, où nous sommes); il continua de siffler en me regardant effrontément, et de sonner jusqu'à ce qu'il fût arrivé à la dernière mesure. J'attendis patiemment et je lui donnai deux sous en lui disant :

« Recommence-moi ce refrain-là, mon enfant. »

Il recommença sans se déconcerter; il avait fort bien compris l'ironie de mon présent, mais il tenait à me montrer qu'il me bravait. Il était fort joli de figure, portait sur l'oreille un petit bonnet rouge tout neuf, et le reste de son habillement déguenillé à faire soulever le cœur : les pieds nus, les bras nus, et tout à fait digne du nom de Sans-Culotte.

— « Le citoyen Robespierre est malade, me dit-il d'un ton de voix clair et très impérieux, en fronçant ses petits sourcils blonds. Faut venir à deux heures le voir. »

En même temps il jeta de toute sa force ma pièce de deux sous contre une des vitres du carré, la mit en morceaux, et descendit l'escalier à cloche-pied en sifflant : *Ça ira!*

— « Que demandez-vous ? » dis-je au vieux domestique; et, comme je vis que celui-là avait besoin d'être rassuré, je lui pris le bras par le coude et le fis entrer dans l'antichambre.

Le bonhomme referma la porte de l'escalier avec de grandes précautions, regarda autour de lui encore une fois, s'avança en rasant la muraille, et me dit à voix basse :

« C'est que... monsieur, c'est que madame la duchesse est bien souffrante aujourd'hui...

— Laquelle ? lui dis-je : voyons, parlez plus vite et plus haut. Je ne vous ai pas encore vu. »

Le pauvre homme parut un peu effrayé de ma brusquerie, et de même qu'il avait été déconcerté par la présence du petit garçon, il le fut complètement par la mienne ; ses vieilles joues pâles rougirent sur leurs pommettes ; il fut obligé de s'asseoir, et ses genoux tremblaient un peu.

— « C'est madame de Saint-Aignan, me dit-il timidement et le plus bas qu'il put.

— Eh bien, lui dis-je, du courage, je l'ai déjà soignée. J'irai la voir ce matin à la maison Lazare : soyez tranquille, mon ami. La traite-t-on un peu mieux ?

— Toujours de même, dit-il en soupirant ; il y a quelqu'un là qui lui donne un peu de fermeté, mais j'ai bien des raisons de craindre pour cette personne-là, et alors, certainement, madame succombera. Oui, telle que je la connais, elle succombera, elle n'en reviendra pas.

— Bah ! bah ! mon brave homme, les femmes facilement abattues se relèvent aisément. Je sais des idées pour soutenir bien des faibles. J'irai lui parler ce matin. »

Le bonhomme voulait bien m'en dire plus long, mais je le pris par la main et lui dis : « Tenez, mon ami, réveillez-moi mon domestique, si vous le pouvez, et dites-lui qu'il me faut un chapeau pour sortir. »

J'allais le laisser dans l'antichambre et je ne prenais plus garde à lui, lorsqu'en ouvrant la porte de mon cabinet je m'aperçus qu'il me suivait, et il entra avec moi. Il avait, en entrant, jeté un long regard de terreur sur Blaireau, qui n'avait garde de s'éveiller.

— « Eh bien lui dis-je, êtes-vou fou?

— Non monsieur, je suis *suspect*, me dit-il.

— Ah! c'est différent. C'est une position assez triste, mais respectable, repris-je. J'aurais dû vous deviner à cet amour de se déguiser en domestique qui vous tient tous. C'est une monomanie. Eh bien, monsieur, j'ai là une grande armoire vide, s'il peut vous être agréable d'y entrer. »

J'ouvris les deux battants de l'armoire, et le saluai comme lorsqu'on fait à quelqu'un les honneurs d'une chambre à coucher.

— « Je crains, ajoutai-je, que vous n'y soyez pas commodément; pourtant j'y ai déjà logé six personnes l'une après l'autre. »

C'était ma foi vrai.

Mon bonhomme prit, lorsqu'il fut seul avec moi, un air tout différent de sa première façon d'être. Il se grandit et se mit à son aise : je vis un beau vieillard, moins voûté, plus digne, mais toujours pâle. Sur mes assurances qu'il ne risquait rien et pouvait parler, il osa s'asseoir et respirer.

— « Monsieur, me dit-il en baissant les yeux pour se remettre et s'efforcer de reprendre la dignité de son rang, monsieur, je veux sur-le-champ vous mettre au fait de ma personne et de ma visite. Je suis M. de Chénier. J'ai deux fils qui, malheureusement, ont assez mal tourné : ils ont tous deux donné dans la Révolution. L'un est Représentant, j'en gémirai toute ma vie, c'est le plus mauvais; l'aîné est en prison, c'est le meilleur. Il est un peu dégrisé, monsieur, dans ce moment-ci, et je ne sais vraiment pas plus que lui pourquoi on me l'a coffré, ce pauvre garçon; car il a fait des écrits bien révolutionnaires et qui ont dû plaire à tous ces buveurs de sang...

— Monsieur, lui dis-je, je vous demanderai la permission de vous rappeler qu'il y a un de ces buveurs qui m'attend à déjeuner.

— Je le sais, monsieur, mais je croyais que c'était en qualité de docteur, profession pour laquelle j'ai la plus haute vénération; car, après les médecins de l'âme, qui sont les prêtres et tous les ecclésiastiques, généralement parlant, je ne veux excepter aucun des ordres monastiques, certainement les médecins du corps...

— — — — — — Doivent arriver à temps pour le sauver, interrompis-je encore en lui secouant le bras pour le réveiller du radotage qui commençait à l'assoupir; je connais messieurs vos fils...

— Pour abréger, monsieur, la seule chose qui me console, me dit-il, c'est que l'aîné, le prisonnier, l'officier, n'est pas poète comme celui de *Charles IX*, et par conséquent, lorsque je l'aurai tiré d'affaire, comme j'espère, avec votre aide, si vous voulez bien le permettre, il n'attirera pas les yeux sur lui par une publicité d'auteur.

— Bien jugé, dis-je, prenant mon parti d'écouter.

— N'est-ce pas, monsieur? continua cet excellent homme. André a de l'esprit, du reste, et c'est lui qui a rédigé la lettre de Louis XVI à la Convention. Si je me suis travesti, c'est par égard pour vous, qui fréquentez tous ces coquins-là, et pour ne pas vous compromettre.

— L'indépendance de caractère et le désintéressement ne peuvent jamais être compromis, dis-je en passant; allez toujours.

— Mort-Dieu! monsieur, reprit-il avec une certaine vieille chaleur militaire, savez-vous qu'il serait affreux de compromettre un galant homme comme vous, à qui l'on vient demander un service !

— J'ai déjà eu l'honneur de vous offrir... repris-je en montrant mon armoire avec galanterie.

— Ce n'est point là ce qu'il me faut, me dit-il ; je ne prétends point me cacher ; je veux me montrer, au contraire plus que jamais. Nous sommes dans un temps où il faut se remuer ; à tout âge il faut se remuer, et je ne crains pas pour ma vieille tête. Mon pauvre André m'inquiète, monsieur ; je ne puis supporter qu'il reste à cette effroyable maison de Saint-Lazare.

— Il faut qu'il reste en prison, dis-je rudement, c'est ce qu'il a de mieux à faire.

— J'irai...

— Gardez-vous d'aller.

— Je parlerai...

— Gardez-vous de parler. »

Le pauvre homme se tut tout à coup et joignit les mains entre ses deux genoux avec une tristesse et une résignation capables d'attendrir les plus durs des hommes. Il me regardait comme un criminel à la question regardait son juge dans quelque bienheureuse Époque Organique. Son vieux front nu se couvrit de rides, comme une mer paisible se couvre de vagues, et ces vagues prirent cours d'abord du bas en haut par étonnement, puis du haut en bas par affliction.

— « Je vois bien, me dit-il, que Mme de Saint-Aignan s'est trompée; je ne vous en veux point, parce que dans ces temps mauvais chacun suit sa route, mais je vous demande seulement le secret, et je ne vous importunerai plus, citoyen. »

Ce dernier mot me toucha plus que tout le reste, par l'effort que fit le bon vieillard pour le prononcer. Sa bouche sembla jurer, et jamais, depuis sa création, le mot de *citoyen* n'eut un pareil son. La première syllabe siffla longtemps, et les deux autres murmurèrent rapidement comme le coassement d'une grenouille qui barbote dans un marais. Il y avait un mépris, une douleur suffocante, un désespoir si vrai dans ce *citoyen,* que vous en eussiez frissonné, surtout si vous eussiez vu le bon vieillard se lever péniblement en appuyant ses deux mains à veines bleues sur ses deux genoux pour réussir à s'enlever du fauteuil. Je l'arrêtai au moment où il allait arriver à se tenir debout, et je le replaçai doucement sur le coussin.

— « Mme de Saint-Aignan ne vous a point trompé, lui dis-je; vous êtes devant un homme sûr, monsieur. Je n'ai jamais trahi les soupirs de personne, et j'en ai reçu beaucoup, surtout des derniers soupirs, depuis quelque temps... »

Ma dureté le fit tressaillir.

— « Je connais mieux que vous la situation des prisonniers, et surtout de celui qui vous doit la vie, et à qui vous pouvez l'ôter si vous continuez à vous *remuer*, comme vous dites. Souvenez-vous, monsieur, que dans les tremblements de terre il faut rester en place et immobile. »

Il ne répondit que par un demi-salut de résignation et de politesse réservée, et je sentis que j'avais perdu sa confiance par ma rudesse. Ses yeux étaient plus que baissés et presque fermés quand je continuai à lui recommander un silence profond et une retraite absolue. Je lui disais (le plus poliment possible cependant) que tous les âges ont leur étourderie, toutes les passions leurs imprudences, et que l'amour paternel est presque une passion.

J'ajoutai qu'il devait penser, sans attendre de moi de plus grands détails, que je ne m'avançais pas à ce point auprès de lui, dans une circonstance aussi grave, sans être certain du danger qu'il y aurait à faire la plus légère démarche; que je ne pouvais lui dire pourquoi, mais qu'enfin il me pouvait croire; que personne n'était plus avant que moi dans la confidence des chefs actuels de l'État; que j'avais souvent profité des moments favorables de leur intimité pour soustraire quelques têtes humaines à leurs griffes et les faire glisser entre leurs ongles; que, cependant, dans cette occasion, une des plus intéressantes qui se fût offerte, puisqu'il s'agissait de son fils aîné, intime ami d'une femme que j'avais vue naître et que je regardais comme mon enfant, je déclarais formellement qu'il fallait demeurer muet et laisser faire la destinée, comme un pilote sans boussole et sans étoiles laisse faire le vent quelquefois. — Non! il est dit qu'il existera toujours des caractères tellement polis, usés, énervés et débilités par la civilisation, qu'ils se referment par le froissement d'un mot comme des sensitives. Moi, j'ai parfois le toucher rude. — A présent j'avais beau parler, il consentait à tout ce que je conseillais, il tombait d'accord avec moi de tout ce que je disais; mais je sentais sa politesse à fleur d'eau et un roc au fond. — C'était l'entêtement des vieillards, ce misérable instinct d'une volonté myope qui surnage en nous quand toutes nos facultés sont englouties par le temps, comme un mauvais mât au-dessus d'un vaisseau submergé.

CHAPITRE XXIII

SUR LES HIÉROGLYPHES DU BON CANONNIER

E passe aussi rapidement d'une idée à l'autre, que l'œil de la lumière à l'ombre. Sitôt que je vis mon discours inutile, je me tus. M. de Chénier se leva, et je le reconduisis en silence jusqu'à la porte de l'escalier. Là seulement je ne pus m'empêcher de lui prendre la main et de la lui serrer cordialement. Le pauvre vieillard, il en fut ému. Il se retourna, et ajouta d'une voix douce (mais quoi de plus entêté que la douceur?) : « Je

suis bien peiné de vous avoir importuné de ma demande.

— Et moi, lui dis-je, de voir que vous ne voulez pas me comprendre, et que vous prenez un bon conseil pour une défaite. Vous y réfléchirez, j'espère. »

Il me salua profondément et sortit. Je revins me préparer à partir, en haussant les épaules. Un grand corps me ferma le passage de mon cabinet : c'était mon canonnier, c'était Blaireau, réveillé aussi bien qu'il était en lui. Vous croyez peut-être qu'il pensait à me servir? — point; — à ouvrir les portes? — pas le moins du monde; — à s'excuser? — encore moins! Il avait ôté une manche de son habit de canonnier de Paris, et s'amusait gravement à terminer, de la main droite, avec une aiguille, un dessin symbolique sur son bras gauche. Il se piquait jusqu'au sang, semait de la poudre dans les piqûres, l'enflammait, et se trouvait *tatoué* pour toujours. C'est un vieil usage des soldats, comme vous le savez mieux que moi. Je ne pus m'empêcher de perdre encore trois minutes à considérer cet original.

— Je lui pris le bras : il se dérangea un peu, et me l'abandonna avec complaisance et une satisfaction secrète. Il se regardait le bras avec douceur et vanité.

— « Eh! mon garçon, m'écriai-je, ton bras

est un almanach de la cour et un calendrier républicain. »

Il se frotta le menton avec un rire de finesse : c'était son geste favori, et il cracha loin de lui, en mettant sa main devant sa bouche par politesse. Cela remplaçait chez lui tous les discours inutiles : c'était son signe de consentement ou d'embarras, de réflexion ou de détresse, manie de corps de garde, tic de régiment. Je contemplais sans opposition ce bras héroïque et sentimental. — La dernière inscription qu'il y avait faite était un bonnet phrygien, placé sur un cœur, et autour : *Indivisibilité ou la mort.*

« Je vois bien, lui dis-je, que tu n'es pas fédéraliste comme les Girondins. »

Il se gratta la tête. — « Non, non, me dit-il, ni la citoyenne Rose non plus. »

Et il me montrait finement une petite rose dessinée avec soin, à côté du cœur, sous le bonnet.

— « Ah! ah! je vois pourquoi tu boites si longtemps, lui dis-je; mais je ne te dénoncerai pas à ton capitaine.

— Ah! dame! me dit-il, pour être canonnier on n'est pas de pierre, et Rose est fille d'une dame tricoteuse, et son père est geôlier à Lazare. — Fameux emploi! » ajouta-t-il avec orgueil.

J'eus l'air de ne pas entendre ce raisonnement, dont je fis mon profit : il avait l'air aussi de me donner cet avis par mégarde. Nous nous entendions ainsi parfaitement, toujours selon notre arrangement tacite.

Je continuai à examiner ses hiéroglyphes de caserne avec l'attention d'un peintre en miniature. Immédiatement au-dessus du cœur républicain et amoureux, on voyait peint en bleu un grand sabre, tenu par un petit blaireau debout, ou comme on eût dit en langue héraldique, un blaireau rampant, et au-dessus en gros caractères : *Honneur à Blaireau, le bourreau des crânes!*

Je levai vite la tête, comme on ferait pour voir si un portrait est ressemblant.

— « Ceci, c'est toi, n'est-ce pas? Ceci n'est plus pour la politique, mais pour la gloire? »

Un léger sourire rida la longue figure jaune de mon canonnier, et il me dit paisiblement:

« Oui, oui, c'est moi. Les crânes sont les six maîtres d'armes à qui j'ai fait passer l'arme à gauche.

— Cela veut dire tuer, n'est-ce pas?

— Nous disons ça comme ça, » reprit-il avec la même innocence.

En effet, cet homme primitif, habile sans le savoir, à la manière des héros d'Otaïti, avait gravé sur son bras jaune, au bout du sabre du blaireau, six fleurets renversés qui semblaient l'adorer...

Je voulais passer outre et remonter au-dessus du coude; mais je vis qu'il faisait quelque difficulté de relever sa manche.

— « Oh! ça, me dit-il, c'est quand j'étais recrue : ça ne compte plus à présent. »

Je compris sa pudeur en apercevant une fleur de lis colossale, et au dessus : *Vivent les Bourbons et sainte Barbe! et amour éternel à Madeleine!*

— « Porte toujours des manches longues, mon enfant, lui dis-je, pour garder ta tête. Je te conseille aussi de n'ouvrir que des bras bien couverts à la citoyenne Rose.

— Bah! bah! reprit-il d'un air de niaiserie affectée, pourvu que son père m'ouvre les verrous, quelquefois, entre les heures du guichet, c'est tout ce qu'il faut pour... »

Je l'interrompis, afin de n'être pas forcé de le questionner.

— « Allons, lui dis-je en le frappant sur le bras, tu es un prudent garçon, tu n'as rien fait de mal depuis que je t'ai mis ici; tu ne commenceras pas à présent. Accompagne-moi ce matin où je vais : j'aurai peut-être besoin de toi. Tu me suivras de loin dans le chemin, et tu n'entreras dans les maisons que si cela te plaît. Que je te retrouve du moins dans la rue. »

Il s'habilla en bâillant encore deux ou trois fois, se frotta les yeux et me laissa sortir avant lui, tout disposé à me suivre, son chapeau à trois cornes sur l'oreille et tenant en main une baguette blanche aussi longue que lui.

CHAPITRE XXIV

LA MAISON LAZARE

AINT-LAZARE est une vieille maison couleur de boue. Ce fut jadis un Prieuré. Je crois ne me tromper guère en disant qu'on n'acheva de la bâtir qu'en 1465, à la place de l'ancien monastère de Saint-Laurent, dont parle Grégoire de Tours, comme vous le savez parfaitement, au sixième livre de son Histoire, chapitre neuvième. Les rois de France y faisaient halte deux fois : à leur entrée à Paris, ils s'y reposaient; à leur sortie, on les

y déposait en les portant à Saint-Denis. En face le Prieuré était, à cet effet, un petit hôtel dont il ne reste pas pierre sur pierre, et qui se nommait le Logis du Roi. Le Prieuré devint caserne, prison d'État et maison de correction pour les moines, les soldats, les *conspirateurs* et les filles; on a tour à tour agrandi, élargi, barricadé et verrouillé ce bâtiment sale, où tout était alors d'un aspect gris, maussade et maladif. Il me fallut quelque temps pour me rendre de la place de la Révolution à la rue du Faubourg-Saint-Denis, où est située cette prison. Je la reconnus de loin à une sorte de guenille bleue et rouge, toute mouillée de pluie, attachée à un grand bâton noir planté au-dessus de la porte. Sur un marbre noir, en grosses lettres blanches, était gravée l'inscription générale de tous les monuments, l'inscription qui me semblait l'épitaphe de toute la nation :

Unité, Indivisibilité de la République.
Égalité, Fraternité ou la Mort.

Devant la porte du corps de garde infect, des Sans-Culottes, assis sur des bancs de chêne, aiguisaient leurs piques dans le ruisseau, jouaient à la drogue, chantaient *la Carmagnole,* et ôtaient la lanterne d'un réverbère pour la remplacer par un homme qu'on voyait amené du haut du faubourg par des poissardes qui hurlaient le *Ça ira!*

On me connaissait, on avait besoin de moi, j'entrai. Je frappai à une porte épaisse, placée à droite sous la voûte. La porte s'ouvrit à moitié, comme d'elle-même, et comme j'hésitais, attendant qu'elle s'ouvrît tout à fait, la voix du geôlier me cria : « Allons donc! entrez donc! »

Et dès que j'eus mis le pied dans l'intérieur, je sentis le froissement de la porte sur mes talons, et je l'entendis se refermer violemment, comme pour toujours, de tout le poids de ses ais massifs, de ses clous épais, de ses garnitures de fer et de ses verrous.

Le geôlier riait dans les trois dents qui lui restaient.

Ce vieux coquin était accroupi dans un grand fauteuil noir, de ceux qu'on nomme à crémaillère, parce qu'ils ont de chaque côté des crans de fer qui soutiennent le dossier et mesurent sa courbe lorsqu'il se renverse pour servir de lit. Là, dormait et veillait, sans se déranger jamais, l'immobile portier. Sa figure ridée, jaune, ironique, s'avançait au-dessus de ses genoux, et s'y appuyait par le menton. Ses deux jambes passaient à droite et à gauche par-dessus les deux bras du fauteuil, pour se délasser d'être assis à la manière accoutumée, et il tenait de la main droite ses clefs, de la gauche la serrure de la porte massive. Il l'ouvrait et la fermait comme par ressort et sans fatigue. — Je vis derrière son fauteuil une jeune fille debout, les mains dans les poches de son petit tablier. Elle était toute ronde, grasse et fraîche, un petit nez retroussé, des lèvres d'enfant, de grosses hanches, des bras blancs, et une propreté rare en cette maison. Robe d'étoffe rouge relevée dans les poches, et bonnet blanc orné d'une grande cocarde tricolore.

Je l'avais déjà remarquée en passant, mais jamais avec attention. Cette fois, tout rempli des demi-confidences de mon canonnier Blaireau, je reconnus sa bonne amie Rose avec ce sentiment inné qui fait qu'on se dit, sans se tromper, d'un inconnu que l'on désirait voir : C'est lui.

Cette belle fille avait un air de bonté et de prestance tout à la fois, qui faisait, à la voir là, l'effet de redoubler la tristesse du lieu, pour lequel elle ne semblait pas faite. Toute cette fraîche personne sentait si bien le grand air de la campagne, le village, le thym et le serpolet, que je mets en fait qu'elle devait arracher un soupir à chaque prisonnier par sa présence, en leur rappelant les plaines et les blés.

— « C'est une cruauté, dis-je en m'arrêtant,

une cruauté véritable que de montrer cette enfant-là aux détenus. »

Elle ne comprit pas plus que si j'eusse parlé grec, et je ne prétendais pas être compris. Elle fit de grands yeux, montra les plus belles dents du monde, et cela sans sourire, en ouvrant ses lèvres, qui s'épanouirent comme un œillet que l'on presse du doigt.

Le père grogna. Mais il avait la goutte et il ne me dit rien. J'entrai dans les corridors en tâtant la pierre avec ma canne devant mes pieds, parce que, alors, les larges et longues avenues humides étaient sombres et mal éclairées, en plein jour, par des réverbères rouges et infects.

Aujourd'hui que tout devient propre et poli, si vous alliez visiter Saint-Lazare, vous verriez une belle infirmerie, des cellules neuves et bien rangées, des murs blanchis, des carreaux lavés, de la lumière, de l'air, de l'ordre partout. Les geôliers, les guichetiers, les porte-clefs d'aujourd'hui se nomment directeurs, conducteurs, correcteurs, surveillants, portent uniforme bleu à boutons d'argent, parlent d'une voix douce, et ne connaissent que par ouï-dire leurs anciens noms, qu'ils trouvent *ridicules*.

Mais en 1794, cette noire *Maison Lazare* ressemblait à une grande cage d'animaux féroces. Il n'existait là que le vieux bâtiment gris qu'on y voit encore, bloc énorme et carré. Quatre étages de prisonniers gémissaient et hurlaient l'un sur l'autre. Au dehors, on voyait aux fenêtres des grilles, des barreaux énormes, formant en largeur des anneaux, en hauteur des piques de fer, et entrelaçant de si près la lance et la chaîne, que l'air y pouvait à peine pénétrer. Au dedans, trois larges corridors mal éclairés divisaient chaque étage, coupés eux-mêmes par quarante portes de loges dignes d'enfermer des loups, et souvent pénétrées d'une odeur de tanière; de lourdes grilles de fer massives et noires au bout de chaque corridor, et à toutes les portes des loges de petites ouvertures carrées et grillées, que l'on nomme guichets, et que les geôliers ouvrent en dehors pour surprendre et surveiller le prisonnier à toute heure.

Je traversai, en entrant, la grande cour vide où l'on rangeait d'ordinaire les terribles chariots destinés à emporter des charges de victimes. Je grimpai sur le perron à demi détruit par lequel elles descendaient pour monter dans leur dernière voiture.

Je passai un lieu abominable, humide et sinistre, usé par le frottement des pieds, brisé et marqué sur les murs, comme s'il s'y passait chaque jour quelque combat. Une sorte d'auge pleine d'eau, d'une mauvaise odeur, en était le seul meuble. Je ne sais ce qu'on y faisait, mais ce lieu se nommait et se nomme encore *Casse-Gueule.*

J'arrivai au préau, large et laide cour enchâssée dans de hautes murailles; le sol y jette quelquefois un rayon triste, du haut d'un toit. Une énorme fontaine de pierre est au milieu, quatre rangées d'arbres autour. Au fond, tout au fond, un Christ blanc sur une croix rouge, rouge d'un rouge de sang.

Deux femmes étaient au pied de ce grand Christ, l'une très jeune, et l'autre très âgée. La plus jeune priait à deux genoux, à deux mains, la tête baissée, et fondant en larmes; elle ressemblait tant à la belle princesse de Lamballe, que je détournai la tête. Ce souvenir m'était odieux.

La plus âgée arrosait deux vignes qui poussaient lentement au pied de la croix. Les vignes y sont encore. Que de gouttes et de larmes ont arrosé leurs grappes, rouges et blanches comme le sang et les pleurs!

Un guichetier lavait son linge, en chantant, dans la fontaine du milieu. J'entrai dans les corridors, et à la douzième loge du rez-de-chaussée, je m'arrêtai. Un porte-clefs vint, me toisa, me reconnut, mit sa patte grossière sur la main plus élégante du verrou, et l'ouvrit. — J'étais chez Mme la duchesse de Saint-Aignan.

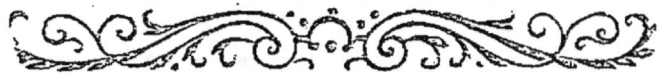

CHAPITRE XXV

UNE JEUNE MÈRE

OMME le porte-clefs avait ouvert brusquement la porte, j'entendis un petit cri de femme, et je vis que Mme de Saint-Aignan était surprise et honteuse de l'être. Pour moi, je ne fus étonné que d'une chose à laquelle je ne pouvais m'accoutumer : c'était la grâce parfaite et la noblesse de son maintien, son calme, sa résignation douce, sa patience d'ange et sa timidité imposante. Elle se faisait obéir, les yeux baissés, par un ascendant que je n'ai

vu qu'à elle. Cette fois, elle était déconcertée de notre entrée; mais elle s'en tira à merveille, et voici comment.

Sa cellule était petite et brûlante, exposée au midi, et thermidor était, je vous assure, tout aussi chaud que l'eût été juillet à sa place... Mme de Saint-Aignan n'avait d'autre moyen de se garantir du soleil, qui tombait d'aplomb dans sa pauvre petite chambre, que de suspendre à la fenêtre un grand châle, le seul, je pense, qu'on lui eût laissé. Sa robe très simple était fort décolletée, ses bras étaient nus, ainsi que tout ce que laisserait voir une robe de bal, mais rien de plus que cela. C'était peu pour moi, mais beaucoup trop pour elle. Elle se leva en disant : « Eh! mon Dieu! » et croisa ses deux bras sur sa poitrine, comme une baigneuse surprise l'aurait pu faire. Tout rougit en elle, depuis le front jusqu'au bout des doigts, et ses yeux se mouillèrent un instant.

Ce fut une impression très passagère. Elle se remit bientôt en voyant que j'étais seul, et, jetant sur ses épaules une sorte de peignoir blanc, elle s'assit sur le bord de son lit pour m'offrir une chaise de paille, le seul meuble de sa prison. — Je m'aperçus alors qu'un de ses pieds était nu, et qu'elle tenait à la main un petit bas de soie noir et brodé à jour.

— « Bon Dieu! dis-je; si vous m'aviez fait dire un mot de plus...

— La pauvre reine en a fait autant! » dit-elle vivement, et elle sourit avec une assurance et une dignité charmantes, en levant ses grands yeux sur moi; mais bientôt sa bouche reprit une expression grave, et je remarquai sur son noble visage une altération profonde et nouvelle, ajoutée à sa mélancolie accoutumée.

— « Asseyez-vous! asseyez-vous! me dit-elle en parlant vite, d'une voix altérée et avec une prononciation saccadée. Depuis que ma grossesse a été déclarée, grâce à vous, et je vous en dois...

— C'est bon, c'est bon, dis-je en l'interrompant à mon tour, par aversion pour les phrases.

— J'ai un sursis, continua-t-elle; mais il va, dit-on, arriver des chariots aujourd'hui, et ils ne partiront pas vides pour le tribunal révolutionnaire. »

Ici ses yeux s'attachèrent à la fenêtre, et me parurent un peu égarés.

— « Les chariots, les terribles chariots! dit-elle. Leurs roues ébranlent tous les murs de Saint-Lazare! Le bruit de leurs roues m'ébranle tous les nerfs. Comme ils sont légers et bruyants quand ils roulent sous la voûte en entrant, et comme ils sont lents et lourds en sortant avec leur charge! — Hélas! ils vont venir se remplir d'hommes, de femmes et d'enfants aujourd'hui, à ce que j'ai entendu dire. C'est Rose qui l'a dit dans la cour, sous ma fenêtre, en chantant. La bonne Rose a une voix qui fait du bien à tous les prisonniers. Cette pauvre petite ! »

Elle se remit un peu, se tut un moment, passa sa main sur ses yeux qui s'attendrissaient, et, reprenant son air noble et confiant :

« Ce que je voulais vous demander, me dit-elle en appuyant légèrement le bout de ses doigts sur la manche de mon habit noir, c'est un moyen de préserver de l'influence de mes peines et de mes souffrances l'enfant que je porte dans mon sein. J'ai peur pour lui... »

Elle rougit ; mais elle continua malgré la pudeur, et la soumit à entendre ce qu'elle voulait me dire...

Elle s'animait en parlant.

— « Vous autres hommes, et vous, tout docteur que vous êtes, vous ne savez pas ce que c'est que cette fierté et cette crainte que ressent une femme dans cet état. Il est vrai que je n'ai vu aucune femme pousser aussi loin que moi ces terreurs. »

Elle leva les yeux au ciel.

— « Mon Dieu ! quel effroi divin ! quel étonnement toujours nouveau ! Sentir un autre cœur battre dans mon cœur, une âme angélique se mouvoir dans mon âme troublée, et y vivre d'une vie mystérieuse qui ne lui sera jamais comptée, excepté par moi qui la partage! Penser que tout ce qui est agitation pour moi est peut-être souffrance pour cette créature vivante et invisible, que mes craintes peuvent lui être des douleurs, mes douleurs des angoisses, mes angoisses la mort! — Quand j'y pense, je n'ose plus remuer ni respirer. J'ai peur de mes idées, je me reproche d'aimer comme de haïr, de crainte d'être émue. — Je me vénère, je me redoute comme si j'étais une sainte. — Voilà mon état. »

Elle avait l'air d'un ange en parlant ainsi, et elle pressait ses deux bras croisés sur sa ceinture, qui commençait à peine à s'élargir depuis deux mois.

— « Donnez-moi une idée qui me reste toujours présente là, dans l'esprit, poursuivit-elle en me regardant fixement, et qui m'empêche de faire mal à mon fils. »

Ainsi, comme toutes les jeunes mères que j'ai connues, elle disait d'avance *mon fils*, par un désir inexplicable et une préférence instinctive. Cela me fit sourire malgré moi.

— « Vous avez pitié de moi, dit-elle; je le vois bien, allez! — Vous savez que rien ne peut cuirasser notre pauvre cœur au point de l'empêcher de bondir, de faire tressaillir tout notre être, de marquer au front nos enfants pour le moindre de nos désirs.

« Cependant, poursuivit-elle en laissant tomber sa belle tête, avec abandon, sur sa poitrine, il est de mon devoir d'amener mon enfant jusqu'au jour de sa naissance, qui sera la veille de ma mort. — On ne me laisse sur la terre que pour cela, je ne suis bonne qu'à cela, je ne suis rien que la frêle coquille qui le conserve, et qui sera brisée après qu'il aura vu le jour. Je ne suis pas autre chose! pas autre chose, monsieur! Croyez-vous... (et elle me prit la main), croyez-vous qu'on me laisse au moins quelques bonnes heures pour le regarder quand il sera né? — S'ils vont me tuer tout de suite, ce sera bien cruel, n'est-ce pas? — Eh bien, si j'ai seulement le temps de l'entendre crier et de l'embrasser tout un jour, je leur pardonnerai, je crois, tant je désire ce moment-là! »

Je ne pouvais que lui serrer les mains; je les baisai avec un respect religieux et sans rien dire, crainte de l'interrompre.

Elle se mit à sourire avec toute la grâce d'une jolie femme de vingt-quatre ans, et ses larmes parurent joyeuses un moment.

— « Il me semble toujours que vous savez tout, vous. Il me semble qu'il n'y a qu'à dire: Pourquoi? et que vous allez répondre, vous. —

Pourquoi, dites-moi, une femme est-elle tellement mère qu'elle est moins toute autre chose? moins amie, moins fille, moins épouse même, et moins vaine, moins délicate, et peut-être moins pensante? — Qu'un enfant qui n'est rien soit tout! — Que ceux qui vivent soient moins que lui! c'est injuste, et cela est. Pourquoi cela est-il? — Je me le reproche.

— Calmez-vous! calmez-vous! lui dis-je; vous avez un peu de fièvre, vous parlez vite et haut. Calmez-vous.

— Eh! mon Dieu! cria-t-elle, celui-là, je ne le nourrirai pas! »

En disant cela, elle me tourna le dos tout d'un coup, et se jeta la figure sur son petit lit, pour y pleurer quelque temps sans se contraindre devant moi : son cœur débordait.

Je regardais avec attention cette douleur si franche qui ne cherchait point à se cacher, et j'admirais l'oubli total où elle était de la perte de ses biens, de son rang, des recherches délicates de la vie. Je retrouvais en elle ce qu'à cette époque j'eus souvent occasion d'observer; c'est que ceux qui perdent le plus sont toujours aussi ceux qui se plaignent le moins.

L'habitude du grand monde et d'une continuelle aisance élève l'esprit au-dessus du luxe que l'on voit tous les jours, et ne plus le voir est à peine une privation. Une éducation élégante donne le dédain des souffrances physiques, et ennoblit, par un doux sourire de pitié, les soins minutieux et misérables de la vie; apprend à ne compter pour quelque chose que les peines de l'âme, à voir sans surprise une chute mesurée d'avance par l'instruction, les méditations religieuses, et même toutes les conversations des familles et des salons, et surtout à se mettre au-dessus de la puissance des événements par le sentiment de ce qu'on vaut.

Mme de Saint-Aignan avait, je vous assure, autant de dignité en cachant sa tête sur la couverture de laine de son lit de sangle, que je lui en avais vu lorsqu'elle appuyait son front sur ses meubles de soie. La dignité devient à la longue une qualité qui passe dans le sang, et de là dans tous les gestes qu'elle ennoblit. Il ne serait venu à la pensée de personne de trouver ridicule ce que je vis mieux que jamais en ce moment, c'est-à-dire le joli petit pied nu que j'ai dit, croisé sur l'autre que chaussait un bas de soie noir. Je n'y pense même à présent que parce qu'il y a des traits caractéristiques dans tous les tableaux de ma vie qui ne s'effacent jamais de ma mémoire. Malgré moi, je la revois ainsi. Je la peindrais dans cette attitude.

Comme on ne pleure guère une journée de

suite, je regardai mes deux montres : je vis à l'une dix heures et demie, à l'autre onze heures précises ; je pris le terme moyen, et jugeai qu'il devait être dix heures trois quarts. J'avais du temps, et je me mis à considérer la chambre, et particulièrement ma chaise de paille.

CHAPITRE XXVI

UNE CHAISE DE PAILLE

OMME j'étais placé de côté sur cette chaise, ayant le dossier sous le bras gauche, je ne pus m'empêcher de le considérer. Ce dossier fort large était devenu noir et luisant, non à force d'être bruni et ciré, mais par la quantité de mains qui s'y étaient posées, qui l'avaient frotté dans les crispations de leur désespoir; par la quantité de pleurs qui avaient humecté le bois, et par les morsures de la dent même des prisonniers. Des entailles profondes, de petites coches, des marques d'ongles, sillon-

naient ce dos de chaise. Des noms, des croix, des lignes, des signes, des chiffres, y étaient gravés au couteau, au canif, au clou, au verre, au ressort de montre, à l'aiguille, à l'épingle.

Ma foi! je devins si attentif à les examiner, que j'en oubliai presque ma pauvre petite prisonnière. Elle pleurait toujours; moi, je n'avais rien à lui dire, si ce n'est : Vous avez raison de pleurer; car lui prouver qu'elle avait tort m'eût été impossible, et, pour m'attendrir avec elle, il aurait fallu pleurer encore plus fort. Non, ma foi!

Je la laissai donc continuer, et je continuai, moi, la lecture de ma chaise.

C'étaient des noms, charmants quelquefois, quelquefois bizarres, rarement communs, toujours accompagnés d'un sentiment ou d'une idée. De tous ceux qui avaient écrit là, pas un n'avait en ce moment sa tête sur ses épaules. C'était un *album* que cette planche! Les voyageurs qui s'y étaient inscrits étaient tous au seul port où nous soyons sûrs d'arriver, et tous parlaient de leur traversée avec mépris et sans beaucoup de regrets, sans espoir non plus d'une vie meilleure, ou seulement d'une vie nouvelle, ou d'une autre vie où l'on se sente vivre. Ils paraissaient s'en peu soucier. Aucune foi dans leurs inscriptions, aucun athéisme non plus;

mais quelques élans de passions, de passions cachées, secrètes, profondes, indiquées vaguement par le prisonnier présent au prisonnier à venir, dernier legs du mort au mourant.

Quand la foi est morte au cœur d'une nation vieillie, ses cimetières (et ceci en était un) ont l'aspect d'une décoration païenne. Tel est votre *Père-Lachaise*. Amenez-y un Indou de Calcutta, et demandez-lui : — Quel est ce peuple dont les morts ont sur leur poussière des jardins tout petits remplis de petites urnes, de colonnes d'ordre dorique ou corinthien, de petites arcades de fantaisie à mettre sur sa cheminée comme pendules curieuses; le tout bien badigeonné, marbré, doré, enjolivé, vernissé; avec des grillages tout autour, pareils aux cages des serins et des perroquets; et, sur la pierre, des phrases semi-françaises de sensiblerie *Riccobonienne*, tirées des romans qui font sangloter les portières et dépérir toutes les brodeuses?

L'Indou sera embarrassé; il ne verra ni pagodes de Brahma, ni statues de Wichnou aux trois têtes, aux jambes croisées et aux sept bras; il cherchera le *Lingam*, et ne le trouvera pas; il cherchera le turban de Mahomet, et ne le trouvera pas; il cherchera la Junon des morts, et ne la trouvera pas; il cherchera la Croix, et ne la trouvera pas, ou, la démêlant avec peine à quelques détours d'allées, enfouie dans des bosquets, et honteuse comme une violette, il comprendra bien que les Chrétiens font exception dans ce grand peuple; il se grattera la tête en la balançant et jouant avec ses boucles d'oreilles en les faisant tourner rapidement comme un jongleur. Et, voyant des noces bourgeoises courir, en riant, dans les chemins sablés, et danser sous les fleurs et sur les fleurs des morts, remarquant l'urne qui domine le tombeau; n'ayant vu que rarement : *Priez pour lui, priez pour son âme,* il vous répondra : Très certainement ce peuple brûle ses morts et enferme leurs cendres dans ces urnes. Ce peuple croit qu'après la mort du corps tout est dit pour l'homme. Ce peuple a coutume de se réjouir de la mort de ses pères, et de rire sur leurs cadavres, parce qu'il hérite enfin de leurs biens, ou parce qu'il les félicite d'être délivrés du travail et de la souffrance.

Puisse Siwa, aux boucles dorées et au col d'azur, adoré de tous les lecteurs du Véda, me préserver de vivre parmi ce peuple qui, pareil à la fleur *dou-rouy,* a comme elle deux faces trompeuses !

Oui, le dossier de la chaise qui m'occupait et qui m'occupe encore était tout pareil à nos cimetières. Une idée religieuse pour mille indifférentes, une croix sur mille urnes.

J'y lus :

> Mourir ? — Dormir.
> ROUGEOT DE MONTCRIF.
> *Garde du corps.*

Il avait apporté, me dis-je, la moitié d'une idée d'Hamlet. C'est toujours penser.

> Frailty thy name is woman !
> J.-F. GAUTHIER.

A quelle femme pensait celui-là ? me demandai-je. C'est bien le moment de se plaindre de leur fragilité ! — Eh ! Pourquoi pas ? me dis-je ensuite en lisant sur la liste des prisonniers sur le mur : « *âgé de vingt-six ans, ex-page du tyran.* » — Pauvre page ! une jalousie d'amour le suivait à Saint-Lazare ! Ce fut peut-être le plus heureux des prisonniers. Il ne pensait pas à lui-même. Oh ! le bel âge où l'on rêve d'amour sous le couteau !

Plus bas, entouré de festons et de lacs d'amour, un nom d'imbécile :

> Ici a gémi dans les fers Agricola-Adorable Franconville, de la section Brutus, bon patriote, ennemi du Négociantisme, ex-huissier, ami du Sans-Culottisme. Il ira au néant avec un Républicanisme sans tache.

Je détournai un moment la tête à demi pour voir si ma douce prisonnière était un peu remise de son trouble; mais comme j'entendais toujours ses pleurs, je ne voulus pas les voir, décidé à ne pas l'interroger, de peur de redoublement; il me parut d'ailleurs qu'elle m'avait oublié et je continuai.

Une petite écriture de femme, bien fine et déliée :

Dieu protège le roi Louis XVII et mes pauvres parents.
MARIE DE SAINT-CHAMANS,
Agée de quinze ans.

Pauvre enfant, j'ai retrouvé hier son nom, et vous le montrerai sur une liste annotée de la main de Robespierre. Il y a en marge :

« *Beaucoup* prononcée en fanatisme et contre la liberté, quoique très jeune. »

Quoique très jeune! Il avait eu un moment de pudeur, le galant homme!

En réfléchissant, je me retournai. Mme de Saint-Aignan, entièrement et toujours abandonnée à son chagrin, pleurait encore. Il est vrai que trois minutes m'avaient suffi, comme vous pensez bien, pour lire, et lire lentement, ce qu'il me faut bien plus de temps pour me rappeler et vous raconter.

Je trouvai pourtant qu'il y avait une sorte d'obstination ou de timidité à conserver cette attitude aussi longtemps. Quelquefois on ne sait par quel chemin revenir d'un éclat de douleur, surtout en présence des caractères puissants et contenus, qu'on appelle froids parce qu'ils renferment des pensées et des sensations hors de la mesure commune, et qui ne tiendraient pas dans des dialogues ordinaires. Quelquefois aussi on ne veut pas en revenir, à moins que l'interlocuteur ne fasse quelque question sentimentale. Moi, cela m'embarrasse. Je me retournai encore, comme pour suivre l'histoire de ma chaise et de ceux qui y avaient veillé, pleuré, blasphémé, prié ou dormi.

CHAPITRE XXVII

*UNE FEMME
EST TOUJOURS UN ENFANT*

'EUS le temps de lire encore ceci, qui vous fera battre le cœur :

Souffre, ô Cœur gros de haine, affamé de justic
Toi, Vertu, pleure si je meurs.

Point de signature, et plus bas :

J'ai vu sur d'autres yeux qu'amour faisait sourire,
Ses doux regards s'attendrir et pleurer ;
Et du miel le plus doux que sa bouche respire
Un autre s'enivrer.

Comme j'approchais minutieusement les yeux de l'écriture, y portant aussi la main, je sentis sur mon épaule une main qui n'était point pesante. Je me retournai : c'était la gracieuse prisonnière, le visage encore humide, les joues moites, les lèvres humectées, mais ne pleurant plus. Elle venait à moi, et je sentis, à je ne sais quoi, que c'était pour s'arracher du cœur quelque chose de difficile à dire et que je n'y avais pas voulu prendre.

Il y avait dans ses regards et sa tête penchée quelque chose de suppliant qui disait tout bas : — Mais interrogez-moi donc !

— « Eh bien, quoi ? lui dis-je tout haut en détournant la tête seulement.

— N'effacez pas cette écriture-là, dit-elle d'une voix douce et presque musicale, en se penchant tout à fait sur mon épaule. Il était dans cette cellule; on l'a transféré dans une autre chambre, dans l'autre cour. M. de Chénier est tout à fait de nos amis, et je suis bien aise de conserver ce souvenir de lui pendant le temps qui me reste. »

Je me retournai, et je vis une sorte de sourire effleurer sa bouche sérieuse.

— « Que pourraient vouloir dire ces derniers vers ? continua-t-elle. On ne sait vraiment pas quelle jalousie ils expriment.

— Ne furent-ils pas écrits avant qu'on vous eût séparée de M. le duc de Saint-Aignan ? » lui dis-je avec indifférence.

Depuis un mois, en effet, son mari avait été transféré dans le corps de logis le plus éloigné d'elle.

Elle sourit sans rougir.

— « Ou bien, poursuivis-je sans le remarquer, seraient-ils faits pour Mlle de Coigny ? »

Elle rougit sans sourire cette fois, et retira ses bras de mon épaule avec un peu de dépit. Elle fit un tour dans la chambre.

— « Qui peut, dit-elle, vous faire soupçonner cela ? Il est vrai que cette petite est bien coquette; mais c'est un enfant. Et, poursuivit-elle avec un air de fierté, je ne sais pas comment on peut penser qu'un homme d'esprit comme M. de Chénier soit occupé d'elle à ce point-là.

— Ah! jeune femme, pensai-je en l'écoutant, je sais bien ce que tu veux que l'on te dise; mais j'attendrai. Fais encore un pas vers moi. »

Voyant ma froideur, elle prit un grand air et vint à moi comme une reine.

— « J'ai une très haute idée de vous, monsieur, me dit-elle, et je veux vous le prouver en vous confiant cette boîte qui renferme un médaillon précieux. Il est question, dit-on, de fouiller une seconde fois les prisons. Nous fouiller, c'est nous dépouiller. Jusqu'à ce que cette inquiétude soit passée, soyez assez bon pour garder ceci. Je vous le redemanderai quand je me croirai en sûreté pour tout; hormis pour la vie, dont je ne parle pas.

— Bien entendu, dis-je.

— Vous êtes franc au moins, dit-elle en riant malgré qu'elle en eût, mais vous vous adressez bien, et je vous remercie de me connaître assez de courage pour qu'on puisse me parler gaîment de ma mort. »

Elle prit sous son chevet une petite boîte de maroquin violet, dans laquelle un ressort ouvert me fit entrevoir une peinture. Je pris la boîte, et, la serrant avec le pouce, je la refermai à dessein. Je baissais les yeux, je faisais la moue, je balançais la tête d'un air de président; enfin j'avais l'air doctoral et distrait d'un homme qui, par délicatesse, ne veut même pas savoir ce qu'il se charge de conserver en dépôt. — Je l'attendais là.

— « Mon Dieu, dit-elle, que n'ouvrez-vous cette boîte? je vous le permets.

— Eh! madame la duchesse, lui dis-je, croyez bien que la nature du dépôt ne peut influer sur ma discrétion et ma fidélité. Je ne veux pas savoir ce que renferme la boîte. »

Elle prit un autre ton un peu bref, absolu et vif.

— « Ah çà! je ne veux point que vous pensiez que ce soit un mystère : c'est la chose la plus simple du monde. Vous savez que M. de Saint-Aignan, à vingt-sept ans, est à peu près du même âge que M. de Chénier. Vous avez pu remarquer qu'ils ont beaucoup d'attachement l'un pour l'autre. M. de Chénier s'est fait peindre ici : il nous a fait promettre de conserver ce souvenir si nous lui survivions. C'est un quine à la loterie, mais enfin nous avons promis ; et j'ai voulu garder moi-même ce portrait, qui certainement serait celui d'un grand homme si on connaissait les choses qu'il m'a lues.

— Quoi donc ? » dis-je d'un air surpris.

Elle fut bien aise de mon étonnement, et prit à son tour un air de discrétion en se reculant un peu.

— « Il n'y a que moi, absolument que moi, qui aie la confidence de ses idées, dit-elle, et j'ai donné ma parole de n'en rien révéler à qui que ce soit, même à vous. Ce sont des choses d'un ordre très élevé. Il se plaît à en causer avec moi.

— Et quelle autre femme pourrait l'entendre ? » dis-je en courtisan véritable ; car depuis longtemps une autre femme et M. de Pange m'en avaient donné des fragments.

Elle me tendit la main : c'était tout ce qu'elle voulait. Je baisai le bout effilé de ses doigts blancs, et je ne pus empêcher mes lèvres de dire sur sa main en l'effleurant : « Hélas ! madame, ne dédaignez pas mademoiselle de Coigny, car une femme est toujours un enfant. »

CHAPITRE XXVIII

LE RÉFECTOIRE

N m'avait enfermé, selon l'usage, avec la gracieuse prisonnière; comme je tenais encore sa main, les verrous s'ouvrirent, un guichetier cria : « Bérenger, femme Aignan! — Allons! hé! au réfectoire! Ho hé!

— Voilà, me dit-elle avec une voix bien douce et un sourire très fin, voilà mes gens qui m'annoncent que je suis servie. »

Je lui donnai le bras, et nous entrâmes dans une grande salle au rez-de-chaussée, en baissant la tête pour passer les portes basses et les guichets.

Une table large et longue, sans linge, chargée de couverts de plomb, de verres d'étain, de cruches de grès, d'assiettes de faïence bleue; des bancs de bois de chêne noir, luisant, usé, rocailleux et sentant le goudron; des pains ronds entassés dans des paniers; des piliers grossièrement taillés posant leurs pieds lourds sur des dalles fendues, et supportant de leur tête informe un plancher enfumé; autour de la salle, des murs couleur de suie, hérissés de piques mal montées et de fusils rouillés, tout cela éclairé par quatre gros réverbères à fumée noire, et rempli d'un air de cave humide qui faisait tousser en entrant : voilà ce que je trouvai.

Je fermai les yeux un instant pour mieux voir ensuite. Ma résignée prisonnière en fit autant. Nous vîmes, en les ouvrant, un cercle de quelques personnes qui s'entretenaient à l'écart. Leur voix douce et leur ton poli et réservé me firent deviner des gens bien élevés. Ils me saluèrent de leur place et se levèrent quand ils aperçurent la duchesse de Saint-Aignan. Nous passâmes plus loin.

A l'autre bout de la table était un autre groupe plus nombreux, plus jeune, plus vif, tout remuant, bruyant et riant; un groupe pareil à un grand quadrille de la cour en négligé, le lendemain du bal. C'étaient des jeunes personnes assises à droite et à gauche de leur grand'tante; c'étaient des jeunes gens chuchotant, se parlant à l'oreille, se montrant du doigt avec ironie ou jalousie; on entendait des demi-rires, des chansonnettes, des airs de danse, des glissades, des pas, des claquements de doigts remplaçant castagnettes et triangles; on s'était formé en cercle, on regardait quelque chose qui se passait au milieu d'un groupe nombreux. Ce quelque chose causait d'abord un moment d'attente et de silence, puis un éclat bruyant de blâme ou d'enthousiasme, des applaudissements ou des murmures de mécontentement, comme après une scène bonne ou mauvaise. Une tête s'élevait tout à coup, et tout à coup on ne la voyait plus.

— « C'est quelque jeu innocent, dis-je en faisant lentement le tour de la grande table longue et carrée. »

M#me# de Saint-Aignan s'arrêta, s'appuya sur la table et quitta mon bras pour presser sa ceinture de l'autre main, son geste accoutumé.

— « Eh! mon Dieu, n'approchons pas! c'est encore leur horrible jeu, me dit-elle; je les avais tant priés de ne plus recommencer! mais les conçoit-on! C'est d'une dureté inouïe! — Allez voir cela, je reste ici. »

Je la laissai s'asseoir sur le banc, et j'allai voir.

Cela ne me déplut pas tant qu'à elle, moi. J'admirai, au contraire, ce jeu de prison, comparable aux exercices des gladiateurs. Oui, monsieur, sans prendre les choses aussi pesamment et gravement que l'antiquité, la France a autant de philosophie quelquefois. Nous sommes latinistes de père en fils pendant notre première jeunesse, et nous ne cessons de faire des stations et d'adorer devant les mêmes images où ont prié nos pères. Nous avons tous, à l'école, crié miracle sur cette étude de *mourir avec grâce* que faisaient les esclaves du peuple romain. Eh bien, monsieur, j'en vis faire là tout autant, sans prétention, sans apparat, en riant, en plaisantant, en disant mille mots moqueurs aux esclaves du peuple souverain.

— « A vous, madame de Périgord, dit un jeune homme en habit de soie bleue rayée de blanc, voyons comment vous monterez.

— Et ce que vous montrerez, dit un autre.

— A l'amende, cria-t-on, voilà qui est trop libre et de mauvais ton.

— Mauvais ton tant qu'il vous plaira, dit l'accusé; mais le jeu n'est pas fait pour autre chose que pour voir laquelle de ces dames montera le plus décemment.

— Quel enfantillage! dit une femme fort

agréable, d'environ trente ans; moi, je ne monterai pas si la chaise n'est pas mieux placée.

— Oh! oh! c'est une honte, madame de Périgord, dit une femme; la liste de nos noms porte Sabine Vériville devant le vôtre : montez en Sabine, voyons!

— Je n'en ai pas le costume, fort heureusement. Mais où mettre le pied? » dit la jeune femme embarrassée.

On rit. Chacun s'avança, chacun se baissa, chacun gesticula, montra, décrivit :

« Il y a une planche ici. — Non, là. — Haute de trois pieds. — De deux seulement. — Pas plus haute que la chaise. — Moins haute. — Vous vous trompez. — Qui vivra verra. — Au contraire, qui mourra verra. »

Nouveau rire.

— « Vous gâtez le jeu, dit un homme grave, sérieusement dérangé, et lorgnant les pieds de la jeune femme.

— Voyons. Faisons bien les conditions, reprit Mme de Périgord au milieu du cercle. Il s'agit de monter sur la machine.

— Sur le théâtre, interrompit une femme.

— Enfin sur ce que vous voudrez, continua-t-elle, sans laisser sa robe s'élever à plus de deux pouces au-dessus de la cheville du pied. M'y voilà. »

En effet, elle avait volé sur la chaise, où elle resta debout.

On applaudit.

— « Et puis après? dit-elle gaiement.

— Après? cela ne vous regarde plus, dit l'un.

— Après? la bascule, dit un gros guichetier en riant.

— Après? N'allez pas haranguer le peuple, dit une chanoinesse de quatre-vingts ans; il n'y a rien qui soit de plus mauvais goût.

— Et plus inutile, » dis-je.

M. de Loiserolles lui offrit la main pour descendre de la chaise; le marquis d'Usson, M. de Micault, conseiller au parlement de Dijon, les deux jeunes Trudaine, le bon M. de Vergennes, qui avait soixante-seize ans, s'avancèrent aussi pour l'aider. Elle ne donna la main à personne et sauta comme pour descendre de voiture, aussi décemment, aussi gracieusement, aussi simplement.

— « Ah! ah! nous allons voir à présent! » s'écria-t-on de tous côtés.

Une jeune, très jeune personne, s'avançait avec l'élégance d'une fille d'Athènes, pour aller au milieu du cercle; elle dansa en marchant, à la manière des enfants, puis s'en aperçut, s'efforça d'aller tranquillement et marcha en dansant, en se soulevant sur les pieds, comme un oiseau qui sent ses ailes. Ses cheveux noirs en bandeaux, rejetés en arrière en couronne, tressés avec une chaîne d'or, lui donnaient l'air de la plus jeune des muses : c'était une mode grecque, qui commençait à remplacer la poudre. Sa taille aurait pu, je crois, avoir pour ceinture le bracelet de bien des femmes. Sa tête, petite, penchée en avant avec grâce, comme celle des gazelles et des cygnes; sa poitrine faible et ses épaules un peu courbées, à la manière des jeunes personnes qui grandissent, ses bras minces et longs, tout lui donnait l'aspect élégant et intéressant à la fois. Son profil régulier, sa bouche sérieuse, ses yeux tout noirs, ses sourcils sévères et arqués, comme ceux des Circassiennes, avaient quelque chose de déterminé et d'original qui étonnait et charmait la vue. C'était Mlle de Coigny; c'était elle que j'avais vue priant Dieu dans le préau.

Elle avait l'air de penser avec plaisir à tout ce qu'elle faisait, et non à ceux qui la regardaient faire. Elle s'avança avec les étincelles de la joie dans les yeux. J'aime cela à l'âge de seize ou dix-sept ans; c'est la meilleure innocence possible. Cette joie, pour ainsi dire innée, électrisait le visage des prisonniers. C'était bien la jeune captive qui ne veut pas mourir encore :

Son air disait :

Ma bienvenue au jour me rit dans tous les yeux,

et :

L'illusion féconde habite dans mon sein.

Elle allait monter.
— « Oh ! pas vous ! pas vous ! dit un jeune homme en habit gris, que je n'avais pas remarqué et qui sortit de la foule. Ne montez pas, vous ! je vous en supplie. »

Elle s'arrêta, fit un petit mouvement des épaules, comme un enfant qui boude, et mit ses doigts sur sa bouche avec embarras. Elle regrettait sa chaise et la regardait de côté.

En ce moment-là quelqu'un dit : « Mais madame de Saint-Aignan est là. » Aussitôt, avec une vive présence d'esprit et une délicatesse de très bonne grâce, on enleva la chaise, on rompit le cercle, et l'on forma une petite contredanse pour lui cacher cette singulière répétition du drame de la place de la Révolution.

Les femmes allèrent la saluer et l'entourèrent de manière à lui voiler ce jeu, qu'elle haïssait et qui pouvait la frapper dangereusement. C'étaient les égards, les attentions que la jeune duchesse eût reçus à Versailles. Le bon langage ne s'oublie pas. En fermant les yeux, rien n'était changé : c'était un salon.

Je remarquai, à travers ces groupes, la figure pâle, un peu usée, triste et passionnée de ce jeune homme qui errait silencieusement à travers tout le monde, la tête basse et les bras croisés. Il avait quitté sur-le-champ Mlle de Coigny, et marchait à grands pas, rôdant autour des piliers et lançant sur les murailles et les barreaux de fer les regards d'un lion enfermé. Il y avait dans son costume, dans cet habit gris taillé en uniforme, dans ce col noir et ce gilet croisé, un air d'officier. Costume et visage, cheveux noirs et plats, yeux noirs, tout était très ressemblant. C'était le portrait que j'avais sur moi, c'était André de Chénier. Je ne l'avais pas encore vu.

Mme de Saint-Aignan nous rapprocha l'un de l'autre. Elle l'appela, il vint s'asseoir près d'elle, il lui prit la main avec vitesse, la baisa sans rien dire, et se mit à regarder partout avec agitation. De ce moment aussi, elle ne nous répondit plus, et suivit ses yeux avec inquiétude.

Nous formions un petit groupe dans l'ombre, au milieu de la foule qui parlait, marchait et bruissait doucement. On s'éloigna de nous peu à peu, et je remarquai que Mlle de Coigny nous évitait. Nous étions assis tous trois sur le banc de bois de chêne, tournant le dos à la table et nous y appuyant. Mme de Saint-Aignan, entre nous deux, se reculait comme pour nous laisser causer, parce qu'elle ne voulait pas parler la première. André de Chénier, qui ne voulait pas non plus lui parler de choses indifférentes, s'avança vers moi, par-devant elle. Je vis que je lui rendrais service en prenant la parole.

— « N'est-ce pas un adoucissement à la prison que cette réunion au réfectoire?

— Cela réjouit, comme vous voyez, tous les prisonniers, excepté moi, dit-il avec tristesse; je m'en défie, j'y sens quelque chose de funeste, cela ressemble au repas libre des martyrs. »

Je baissai la tête. J'étais de son avis et ne voulais pas le dire.

— « Allons, ne m'effrayez pas, lui dit Mme de Saint-Aignan, j'ai assez de raisons de chagrins et de craintes : que je ne vous entende pas dire d'imprudences. »

Et, se penchant à mon oreille, elle ajouta à demi-voix :

« Il y a ici des espions partout, empêchez-le de se compromettre; je ne puis en venir à bout, il me fait trembler pour lui, tous les jours, par ses accès de mauvaise humeur. »

Je levai les yeux au ciel involontairement et

sans répondre. Il y eut un moment de silence entre nous trois. Pauvre jeune femme! pensais-je; qu'elles sont donc belles et riantes ces illusions dorées dont nous escorte la jeunesse, puisque tu les vois à tes côtés, dans cette triste maison d'où l'on enlève chaque jour sous tes yeux une *fournée* de malheureux!

André Chénier (puisque son nom est demeuré ainsi façonné par la voix publique, et ce qu'elle fait est immuable) me regarda et pencha la tête de côté avec pitié et attendrissement. Je compris ce geste, et il vit que je le comprenais. Entre gens qui sentent, rien de superflu comme les paroles. — Je suis certain qu'il eût signé la traduction que je fis intérieurement de ce signe :

« Pauvre petite! voulait-il dire, qui croit que je peux encore me compromettre! »

Pour ne pas sortir brusquement de la conversation, maladresse grande devant une personne d'esprit comme Mme de Saint-Aignan, je pris le parti de rester dans les idées tracées, mais de les rendre générales.

— « J'ai toujours pensé, dis-je à André Chénier, que les poètes avaient des révélations de l'avenir. »

D'abord son œil brilla et sympathisa avec le mien, mais ce ne fut qu'un éclair; il me regarda ensuite avec défiance.

— « Pensez-vous ce que vous dites là ? me dit-il ; moi, je ne sais jamais si les gens du monde parlent sérieusement ou non : car le mal français, c'est le persiflage.

— Je ne suis point seulement un homme du monde, lui dis-je, et je parle toujours sérieusement.

— Eh bien, reprit-il, je vous avoue naïvement que j'y crois. Il est rare que ma première impression, mon premier coup d'œil, mon premier pressentiment, m'aient trompé.

— Ainsi, interrompit Mme de Saint-Aignan en s'efforçant de sourire et pour tourner court sur-le-champ, ainsi vous avez deviné que Mlle de Coigny se ferait mal au pied en montant sur la chaise ? »

Je fus surpris moi-même de cette promptitude d'un coup d'œil féminin, qui percerait les murailles quand un peu de jalousie l'anime.

Un salon, avec ses rivalités, ses coteries, ses lectures, ses futilités, ses prétentions, ses grâces et ses défauts, son élévation et ses petitesses, ses aversions et ses inclinations, s'était formé dans cette prison, comme sur un marais dont l'eau est verdâtre et croupie se forme lentement une petite île de fleurs que le moindre vent submergera.

André Chénier me sembla seul sentir cette situation qui ne frappait pas les autres détenus.

La plus grande partie des hommes s'accoutume à l'oubli du péril, et y prend position comme les habitants du Vésuve dans des cabanes de lave. Ces prisonniers s'étourdissaient sur le sort de leurs compagnons enlevés successivement; peut-être étaient-ils relâchés, peut-être étaient-ils mieux à la Conciergerie; puis ils avaient pris la mort en plaisanterie par bravade d'abord, ensuite par habitude; puis, n'y pensant plus, ils s'étaient mis à songer à autre chose et à recommencer la vie, et leur vie élégante, avec son langage, ses qualités et ses défauts.

— « Ah! j'espérais bien, dit André Chénier avec un ton grave et prenant dans ses deux mains l'une des mains de Mme de Saint-Aignan, j'espérais bien que nous vous avions caché ce cruel jeu. Je craignais qu'il ne se prolongeât, c'était là mon inquiétude. Et cette belle enfant...

— Enfant, si vous voulez, dit la duchesse en retirant sa main vivement; elle a sur votre esprit plus d'influence que vous ne le croyez vous-même, elle vous fait dire mille imprudences avec son étourderie, et elle est d'une coquetterie qui serait bien effrayante pour sa mère, si elle la voyait. Tenez, regardez-la seulement avec tous ces hommes. »

En effet, Mlle de Coigny passait devant

nous étourdiment, entre deux hommes à qui elle donnait le bras, et qui riaient de ses propos; d'autres la suivaient ou la précédaient en marchant à reculons. Elle allait en glissant et en regardant ses pieds, s'avançait en cadence et comme pour se préparer à danser, et dit en passant à M. de Trudaine, comme une suite de conversation :

« ... Puisqu'il n'y a plus que les femmes qui sachent tuer avant de mourir, je trouve très naturel que les hommes meurent très humblement, comme vous allez tous faire un de ces jours... »

André de Chénier continuait de parler; mais, comme il rougit et se mordit les lèvres, je vis qu'il avait entendu, et que la jeune captive savait se venger sûrement d'une conversation qu'elle trouvait trop intime.

Et pourtant, avec une délicatesse de femme, Mme de Saint-Aignan lui parlait haut, de peur qu'il n'entendît, de peur qu'il ne prît le reproche pour lui, de peur qu'il ne fût piqué d'honneur et ne se laissât emporter à d'imprudents propos.

Je voyais s'approcher de nous de mauvaises figures qui rôdaient derrière les piliers; je voulus couper court à tout ce petit manège qui me donnait de l'humeur, à moi qui venais du dehors et voyais mieux qu'eux tous l'ensemble de leur situation.

— « J'ai vu monsieur votre père ce matin, » dis-je brusquement à Chénier.

Il recula d'étonnement.

— « Monsieur, me dit-il, je l'ai vu aussi à dix heures.

— Il sortait de chez moi, m'écriai-je; que vous a-t-il dit?

— Quoi! dit André Chénier en se levant, c'est monsieur qui... »

Le reste fut dit à l'oreille de sa belle voisine.

Je devinai quelles préventions ce pauvre homme avait données à son fils contre moi.

Tout à coup André se leva, marcha vivement, revint, et, se plaçant debout devant Mme de Saint-Aignan et moi, croisa les bras, et dit d'une voix haute et violente:

« Puisque vous connaissez ces misérables qui nous déciment, citoyen, vous pouvez leur répéter de ma part tout ce qui m'a fait arrêter et conduire ici, tout ce que j'ai dit dans le *Journal de Paris*, et ce que j'ai crié aux oreilles de ces sbires déguenillés qui venaient arrêter mon ami chez lui. Vous pouvez leur dire ce que j'ai écrit là, là...

— Au nom du ciel! ne continuez pas, » dit la jeune femme arrêtant son bras. Il tira, malgré elle, un papier de sa poche, et le montra en frappant dessus.

— « Qu'ils sont des bourreaux *barbouilleurs*

de lois; que puisqu'*il est écrit que jamais une épée n'étincellera dans mes mains,* il me reste ma plume, *mon cher trésor;* que, si je vis un jour encore, ce sera pour *cracher sur leurs noms,* pour *chanter leur supplice* qui viendra bientôt, pour *hâter le triple fouet* déjà levé sur ces triumvirs, et que je vous ai dit cela au milieu de mille autres *moutons comme moi, qui, pendus aux crocs sanglants du charnier populaire, seront servis au peuple-roi.* »

Aux éclats de sa voix, les prisonniers s'étaient assemblés autour de lui, comme autour du bélier les moutons du troupeau malheureux auquel il les comparait. Un incroyable changement s'était fait en lui. Il me parut avoir grandi tout à coup; l'indignation avait doublé ses yeux et ses regards : il était beau.

Je me tournai du côté de M. de Lagarde, officier aux gardes-françaises. — « Le sang est trop ardent aux veines de cette famille, dis-je; je ne puis réussir à l'empêcher de couler. »

En même temps je me levai en haussant les épaules et me retirai à quelques pas.

Le mot de *réussir* l'avait sans doute frappé, car il se tut sur-le-champ et s'appuya contre un pilier en se mordant les lèvres. Mme de Saint-Aignan n'avait cessé de le regarder comme on regarderait une éruption de l'Etna, sans rien dire et sans tenter de s'y opposer.

Un de ses amis, M. de Roquelaure, qui avait été colonel du régiment de Beauce, vint lui taper sur l'épaule.

— « Eh bien, lui dit-il, tu te fâches encore contre cette canaille régnante. Il vaut mieux siffler ces mauvais acteurs, jusqu'à ce que le rideau tombe sur nous d'abord et sur eux ensuite. »

Là-dessus il fit une pirouette, et se mit à table en fredonnant : *La vie est un voyage.*

Une crécelle bruyante annonça le moment du déjeuner. Une sorte de poissarde, qu'on nommait, je crois, la femme Semé, vint s'établir au milieu de la table pour en faire les honneurs : c'était la femelle de l'animal appelé geôlier, accroupi à la porte d'entrée.

Les prisonniers de cette partie du bâtiment se mirent à table : ils étaient cinquante environ. Saint-Lazare en contenait sept cents. Dès qu'ils furent assis, leur ton changea. Ils s'entre-regardèrent et devinrent tristes. Leurs figures, éclairées par quatre gros réverbères rouges et enfumés, avaient des reflets lugubres comme ceux des mineurs dans leurs souterrains ou des damnés dans leurs cavernes. La rougeur était noire, la pâleur était enflammée, la fraîcheur était bleuâtre, les yeux flamboyaient. Les conversations devinrent particulières et à demi-voix.

Debout derrière ces convives, s'étaient rangés des guichetiers, des porte-clefs, des agents de police et des sans-culottes amateurs, qui venaient jouir du spectacle. Quelques *dames* de la Halle, portant et traînant leurs enfants, avaient eu le privilège d'assister à cette fête d'un goût tout démocratique. J'eus la révélation de leur entrée par une odeur de poisson qui se répandit et empêcha quelques femmes de manger devant ces princesses du ruisseau et de l'égout.

Ces gracieux spectateurs avaient à la fois l'air farouche et hébété : ils semblaient s'être attendus à autre chose qu'à ces conversations paisibles, à ces apartés décents, que les gens bien élevés ont à table, partout et en tout temps. Comme on ne leur montrait pas le poing, ils ne savaient que dire. Ils gardèrent un silence idiot, et quelques-uns se cachèrent en reconnaissant à cette table ceux dont ils avaient servi et volé les cuisiniers.

Mlle de Coigny s'était fait un rempart de cinq ou six jeunes gens qui s'étaient placés en cercle autour d'elle pour la garantir du souffle de ces harengères, et, prenant un bouillon debout, comme elle aurait pu faire au bal, elle se moquait de la galerie avec son air accoutumé d'insouciance et de hauteur.

Mme de Saint-Aignan ne déjeunait pas, elle

grondait André Chénier, et je vis qu'elle me montrait à plusieurs reprises, comme pour lui dire qu'il avait fait une sortie fort déplacée avec un de ses amis. Il fronçait le sourcil et baissait la tête avec un air de douceur et de condescendance. Elle me fit signe d'approcher; je revins.

— « Voici M. de Chénier, me dit-elle, qui prétend que la douceur et le silence de tous ces jacobins ont de mauvais symptômes. Empêchez-le donc de tomber dans ses accès de colère. »

Ses yeux étaient suppliants; je voyais qu'elle voulait nous rapprocher. André Chénier l'y aida avec grâce et me dit le premier, avec assez d'enjouement.

— « Vous avez vu l'Angleterre, monsieur; si vous y retournez jamais et que vous rencontriez Edmund Burke, vous pouvez bien l'assurer que je me repens de l'avoir critiqué : car il avait bien raison de nous prédire le règne des portefaix. Cette commission vous est, j'espère, moins désagréable que l'autre. — Que voulez-vous! la prison n'adoucit pas le caractère. »

Il me tendit la main, et, à la manière dont je la serrai, il me sentit son ami.

En ce moment même, un bruit pesant, rauque et sourd, fit trembler les plats et les verres, trembler les vitres et trembler les femmes.

Tout se tut. C'était le roulement des chariots. Leur son était connu, comme celui du tonnerre l'est de toute oreille qui l'a une fois entendu; leur son n'était pas celui des roues ordinaires, il avait quelque chose du grincement des chaînes rouillées et du bruit de la dernière pelletée de terre sur nos bières. Leur son me fit mal à la plante des pieds.

— « Hé! mangez donc, les citoyennes! » dit la grossière voix de la femme Semé.

Ni mouvement ni réponse. — Nos bras étaient restés dans la position où les avait saisis ce roulement fatal. Nous ressemblions à ces familles étouffées de Pompéia et d'Herculanum que l'on trouva dans l'attitude où la mort les avait surprises.

La Semé avait beau redoubler d'assiettes, de fourchettes et de couteaux, rien ne remuait, tant était grand l'étonnement de cette cruauté. Leur avoir donné un jour de réunion à table, leur avoir permis des embrassements et des épanchements de quelques heures, leur avoir laissé oublier la tristesse, les misères d'une prison solitaire, leur avoir laissé goûter la confidence, savourer l'amitié, l'esprit et même un peu d'amour, et tout cela pour faire voir et entendre à tous la mort de chacun! — Oh! c'était trop! c'était vraiment là un jeu d'hyènes affamées ou de jacobins hydrophobes.

Les grandes portes du réfectoire s'ouvrirent avec bruit, et vomirent trois commissaires en habits sales et longs, en bottes à revers, en écharpes rouges, suivis d'une nouvelle troupe de bandits à bonnets rouges, armés de longues piques. Ils se ruèrent en avant avec des cris de joie, en battant des mains, comme pour l'ouverture d'un grand spectacle. Ce qu'ils virent les arrêta tout court, et les égorgés déconcertèrent encore les égorgeurs par leur contenance; car leur surprise ne dura qu'un instant, l'excès du mépris leur vint donner à tous une force nouvelle. Ils se sentirent tellement au-dessus de leurs ennemis, qu'ils en eurent presque de la joie, et tous leurs regards se portaient avec fermeté et curiosité même sur celui des commissaires qui s'approcha, un papier à la main, pour faire une lecture. C'était un appel nominal. Dès qu'un nom était prononcé, deux hommes s'avançaient et enlevaient de sa place le prisonnier désigné. Il était remis aux gendarmes à cheval au dehors, et on le chargeait sur un des chariots. L'accusation était d'avoir conspiré dans la prison contre le peuple et d'avoir projeté l'assassinat des représentants et du comité de salut public. La première personne accusée fut une femme de quatre-vingts ans, l'abbesse de Montmartre, Mme de Montmorency : elle se leva avec peine, et, quand elle fut debout, salua avec un sourire paisible tous les convives. Les plus proches lui baisèrent la main. Personne ne pleura, car, à cette époque, la vue du sang rendait les yeux secs. — Elle sortit en disant : « Mon Dieu, pardonnez-leur, car ils ne savent ce qu'ils font. » Un morne silence régnait dans la salle.

On entendit au dehors des huées féroces qui annoncèrent qu'elle paraissait devant la foule, et des pierres vinrent frapper les fenêtres et les murs, lancées sans doute contre la première prisonnière. Au milieu de ce bruit, je distinguai même l'explosion d'une arme à feu. Quelquefois la gendarmerie était obligée de résister pour conserver aux prisonniers vingt-quatre heures de vie.

L'appel continua. Le deuxième nom fut celui d'un jeune homme de vingt-trois ans, M. de Coatarel, autant que je puis me souvenir de son nom, lequel était accusé d'avoir un fils émigré qui portait les armes contre la patrie. L'accusé n'était même pas marié. Il éclata de rire à cette lecture, serra la main à ses amis et partit. — Mêmes cris au dehors.

Même silence à la table sinistre d'où l'on arrachait les assistants un à un; ils attendaient à leur poste comme des soldats attendent le boulet. Chaque fois qu'un prisonnier partait, on enlevait son couvert, et ceux qui restaient s'approchaient de leurs nouveaux voisins en souriant amèrement.

André Chénier était resté debout près de Mme de Saint-Aignan, et j'étais près d'eux. Comme il arrive que, sur un navire menacé de naufrage, l'équipage se presse spontanément autour de l'homme qu'on sait le plus puissant en génie et en fermeté, les prisonniers s'étaient d'eux-mêmes groupés autour de ce jeune homme. Il restait les bras croisés et les yeux élevés au ciel, comme pour se demander s'il était possible que le ciel souffrît de telles choses, à moins que le ciel ne fût vide.

Mlle de Coigny voyait, à chaque appel, se retirer un de ses gardiens, et peu à peu elle se trouva presque seule à l'autre bout de la salle. Alors elle vint en suivant le bord de la table, qui devenait déserte; et, s'appuyant sur ce bord, elle arriva jusqu'où nous étions et s'assit à notre ombre, comme une pauvre enfant délaissée qu'elle était. Son noble visage avait conservé sa fierté; mais la nature succombait en elle, et ses faibles bras tremblaient comme ses jambes sous elle. La bonne Mme de Saint-Aignan lui tendit la main. Elle vint se jeter dans ses bras et fondit en larmes malgré elle.

La voix rude et impitoyable du commissaire continuait son appel. Cet homme prolongeait le supplice par son affectation à prononcer lentement et à suspendre longtemps les noms de baptême, syllabe par syllabe : puis il laissait tout à coup tomber le nom de famille comme une hache sur le cou.

Il accompagnait le passage du prisonnier d'un jurement qui était le signal des huées prolongées. — Il était rouge de vin et ne me parut pas solide sur ses jambes.

Pendant que cet homme lisait, je remarquai une tête de femme qui s'avançait à sa droite dans la foule et presque sous son bras, et, fort au-dessus de cette tête, une longue figure d'homme qui lisait facilement d'en haut. C'était Rose d'un côté, et de l'autre mon canonnier Blaireau. Rose me paraissait curieuse et joyeuse comme les commères de la Halle qui lui donnaient le bras. Je la détestai profondément. Pour Blaireau, il avait son air de somnolence ordinaire, et son habit de canonnier me parut lui valoir une grande considération parmi les gens à pique et à bonnet qui l'environnaient. La liste que tenait le commissaire était composée de plusieurs papiers mal griffonnés, et que ce digne agent ne savait pas mieux lire qu'on n'avait su les écrire. Blaireau s'avança avec zèle, comme pour l'aider, et lui prit par égard son chapeau, qui le gênait. Je crus m'apercevoir qu'en même temps Rose ramassait quelque papier par terre; mais le mouvement fut si prompt et l'ombre était si noire dans cette partie du réfectoire, que je ne fus pas sûr de ce que j'avais vu.

La lecture continuait. Les hommes, les femmes, les enfants mêmes, se levaient et passaient comme des ombres. La table était presque vide, et devenait énorme et sinistre par tous les convives absents. Trente-cinq venaient de passer : les quinze qui restaient, disséminés un à un, deux à deux, avec huit ou dix places entre eux, ressemblaient à des arbres oubliés dans l'abatis d'une forêt. Tout à coup le commissaire se tut. Il était au bout de sa liste, on respirait. Je poussai, pour ma part, un soupir de soulagement.

André Chénier dit : « Continuez donc, je suis là. »

Le commissaire le regarda d'un œil hébété. Il chercha dans son chapeau, dans ses poches, à sa ceinture, et, ne trouvant rien, dit qu'on appelât l'huissier du tribunal révolutionnaire. Cet huissier vint. Nous étions en suspens. L'huissier était un homme pâle et triste comme les cochers du corbillard.

— « Je vais compter le troupeau, dit-il au commissaire; si tu n'as pas toute la *fournée*, tant pis pour toi.

— Ah! dit le commissaire troublé, il y a encore Beauvilliers Saint-Aignan, ex-duc, âgé de vingt-sept ans... »

Il allait répéter tout le signalement, lorsque l'autre l'interrompit en lui disant qu'il se trompait de logement et qu'il avait trop bu. En effet, il avait confondu, dans son *recrutement des ombres,* le second bâtiment avec le premier, où la jeune femme avait été laissée seule depuis un mois. Là-dessus ils sortirent, l'un en menaçant, l'autre en chancelant. La cohue poissarde les suivit. La joie retentit au dehors et éclata par des coups de pierres et de bâton.

Les portes refermées, je regardai la salle déserte, et je vis que Mme de Saint-Aignan ne quittait pas l'attitude qu'elle avait prise pendant la dernière lecture : ses bras appuyés sur la table, sa tête sur ses bras. — Mlle de Coigny releva et ouvrit ses yeux humides comme une belle nymphe qui sort des eaux. André Chénier me dit tout bas en désignant la jeune duchesse :

« J'espère qu'elle n'a pas entendu le nom de son mari; ne lui parlons pas, laissons-la pleurer.

— Vous voyez, lui dis-je, que monsieur votre frère, qu'on accuse d'indifférence, se conduit bien en ne remuant pas. Vous avez été arrêté sans mandat, il le sait, il se tait; il fait bien : votre nom n'est sur aucune liste. Si on le prononçait, ce serait l'y faire inscrire. C'est un temps à passer, votre frère le sait.

— Oh! mon frère! » dit-il. Et il secoua longtemps la tête en la baissant avec un air de doute et de tristesse. Je vis pour la seule fois une larme rouler entre les cils de ses yeux et y mourir.

Il sortit de là brusquement.

— « Mon père n'est pas si prudent, dit-il avec ironie. Il s'expose, lui. Il est allé ce matin lui-même chez Robespierre demander ma liberté.

— Ah! grand Dieu! m'écriai-je en frappant des mains, je m'en doutais. »

Je pris vivement mon chapeau. Il me saisit le bras.

— « Restez donc, cria-t-il; elle est sans connaissance. »

En effet, Mme de Saint-Aignan était évanouie.

Mlle de Coigny s'empressa. Deux femmes qui restaient encore vinrent les aider. La geôlière même s'en mêla pour un louis que je lui glissai. Elle commençait à revenir. Le temps pressait. Je partis sans dire adieu à personne et laissant tout le monde mécontent de moi, comme cela m'arrive partout et toujours. Le dernier mot que j'entendis fut celui de Mlle de Coigny, qui dit d'un air de pitié forcée et un peu maligne à la petite baronne de Soyecourt :

— « Ce pauvre monsieur Chénier! que je le plains d'être si dévoué à une femme mariée et si profondément attachée à son mari et à ses devoirs. »

CHAPITRE XXIX

LE CAISSON

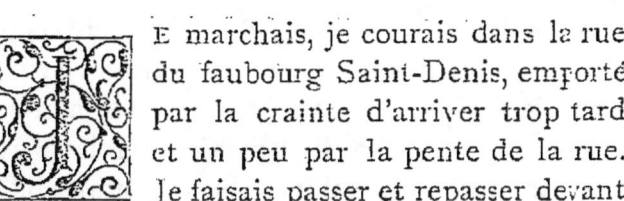E marchais, je courais dans la rue du faubourg Saint-Denis, emporté par la crainte d'arriver trop tard et un peu par la pente de la rue. Je faisais passer et repasser devant mes yeux les tableaux qu'ils venaient de voir. Je les resserrais en mon âme, je les résumais, je les plaçais entre le point de vue et le point de distance. Je commençai sur eux ce travail d'optique philosophique auquel je soumets toute la vie. J'allais vite, ma tête et ma canne en avant. Les verres de mon optique étaient

arrangés. Mon idée générale enveloppait de toutes parts les objets que je venais de voir et que j'y rangeais avec un ordre sévère. Je construisais intérieurement un admirable système sur les voies de la Providence qui avait réservé un poète pour un temps meilleur et avait voulu que sa mission sur la terre fût entièrement accomplie; que son cœur ne fût pas déchiré par la mort de l'une de ces faibles femmes, toutes deux enivrées de sa poésie, éclairées de sa lumière, animées par son souffle, émues par sa voix, dominées par son regard, et dont l'une était aimée, dont l'autre le serait peut-être un jour. Je sentais que c'était beaucoup d'avoir gagné une journée dans ces temps de meurtre, et je calculais les chances du renversement du triumvirat et du comité de salut public. Je lui comptais peu de jours de vie; et je pensais bien pouvoir faire durer mes trois chers prisonniers plus que cette bande gouvernante. De quoi s'agissait-il? de les faire oublier. Nous étions au 5 thermidor. Je réussirais bien à occuper d'autre chose que d'eux mon second malade, Robespierre, quand je devrais lui faire croire qu'il était plus mal encore, pour le ramener à lui-même. Il s'agissait, pour tout cela, d'arriver à temps.

Je cherchais inutilement une voiture des yeux. Il y en avait peu dans les rues, cette année-là. Malheur à qui eût osé s'y faire rouler sur le pavé brûlant de l'an II de la république! Cependant j'entendis derrière moi le bruit de deux chevaux et de quatre roues qui me suivaient et s'arrêtèrent. Je me retournai, et je vis planer au-dessus de ma tête la bénigne figure de Blaireau.

— « O figure endormie, figure longue, figure simple, figure dandinante, figure désœuvrée, figure jaune! que me veux-tu? m'écriai-je.

— Pardon si je vous dérange, me dit-il en ricanant, mais j'ai là un petit papier pour vous. C'est la citoyenne Rose qui l'a trouvé, comme ça, sous son pied. »

Et il s'amusait, en parlant, à frotter son grand soulier dans le ruisseau.

Je pris le papier avec humeur, et je lus avec joie et avec l'épouvante si grande du danger passé :

« Suite :

« C.-L.-S. Soyecourt, âgée de trente ans, née à Paris, ex-baronne, veuve d'Inisdal, rue du Petit-Vaugirard.

« F.-C.-L. Maillé, âgé de dix-sept ans, fils de l'ex-vicomte.

« André Chénier, âgé de trente et un ans, né à Constantinople, homme de lettres, rue de Cléry.

« Créquy de Montmorency, âgé de soixante

ans, né à Chitzlembert, en Allemagne, ex-noble.

« M. Bérenger, âgée de vingt-quatre ans, femme Beauvilliers-Saint-Aignan, rue de Grenelle-Saint-Germain.

« L.-J. Dervilly, quarante-trois ans, épicier, rue Mouffetard.

« F. Coigny, seize ans et huit mois, fille de l'ex-noble du nom, rue de l'Université.

« C.-J. Dorival, ex-ermite. »

Et vingt autres noms encore. Je ne continuai pas : c'était le reste de la liste, c'était la liste perdue, la liste que l'imbécile commissaire avait cherchée dans son chapeau d'ivrogne.

Je la déchirai, je la broyai, je la mis en mille pièces entre mes doigts, et je mangeai les pièces entre mes dents. Ensuite, regardant mon grand canonnier, je lui serrai la main avec... oui, ma foi, je puis le dire, oui, vraiment, avec... attendrissement.

— « Bah! dit Stello en se frottant les yeux.

— Oui, avec attendrissement. Et lui, il se grattait la tête comme un grand niais désœuvré, et me dit en ayant l'air de s'éveiller :

« C'est drôle! il paraît que l'huissier, le grand pâle, s'est fâché contre le commissaire, le gros rouge, et l'a mis dans sa charrette à la place des autres détenus. C'est drôle!

— Un mort supplémentaire! c'est juste, dis-je. Où vas-tu ?

— Ah! je conduis ce caisson-là au Champ de Mars.

— Tu me mèneras bien, dis-je, rue Saint-Honoré?

— Ah! mon Dieu! montez! Qu'est-ce que ça me fait? Aujourd'hui le roi n'est pas... »

C'était son mot; mais il ne l'acheva pas et se mordit la bouche.

Le soldat du train attendait son camarade. Le camarade Blaireau retourna, en boitant, au caisson, en ôta la poussière avec la manche de son habit, commença par monter et se placer dessus à cheval, me tendit la main, me mit derrière lui en croupe sur le caisson, et nous partîmes au galop.

J'arrivai en dix minutes rue Saint-Honoré, chez Robespierre, et je ne comprends pas encore comment il s'est fait que je n'y sois pas arrivé écartelé.

CHAPITRE XXX

LA MAISON DE MONSIEUR DE ROBESPIERRE AVOCAT AU PARLEMENT

ANS cette maison grise où j'allais entrer, maison d'un menuisier nommé Duplay, autant qu'il m'en souvient, maison très simple d'apparence, que l'ex-avocat en Parlement occupait depuis longtemps, et qu'on peut voir encore, je crois, rien ne faisait deviner la demeure du maître passager de la France, si ce n'était l'abandon même dans lequel elle semblait être. Tous les volets en étaient fermés du haut en bas. La porte cochère fermée, les persiennes de tous les étages fermées. On

n'entendait sortir aucune voix de cette maison. Elle semblait aveugle et muette.

Des groupes de femmes, causant devant les portes, comme toujours à Paris durant les troubles, se montraient de loin cette maison et se parlaient à l'oreille. De temps à autre, la porte s'ouvrait pour laisser sortir un gendarme, un sans-culotte ou un espion (souvent femelle). Alors les groupes se séparaient et les parleurs rentraient vite chez eux. Les voitures faisaient un demi-cercle et passaient au pas devant la porte. On avait jeté de la paille sur le pavé. On eût dit que la peste y était.

Aussitôt que j'eus posé la main sur le marteau, la porte fut ouverte et le portier accourut avec frayeur, craignant que son marteau ne fût retombé trop lourdement. Je lui demandai sur-le-champ s'il n'était pas venu un vieillard de telle et telle façon, décrivant M. de Chénier de mon mieux. Le portier prit une figure de marbre avec une promptitude de comédien. Il secoua la tête négativement.

— « Je n'ai pas vu ça, » me dit-il.

J'insistai; je lui dis : « Souvenez-vous bien de tous ceux qui sont venus ce matin. » Je le pressai, je l'interrogeai, je le retournai en tous sens.

— « Je n'ai pas vu ça. »

Voilà tout ce que j'en pus tirer. Un petit

garçon déguenillé se cachait derrière lui, et s'amusait à jeter des cailloux sur mes bas de soie. Je reconnus celui qu'on m'avait envoyé à son air méchant. Je montai chez l'*incorruptible* par un escalier assez obscur. Les clefs étaient sur toutes les portes; on allait de chambre en chambre sans trouver personne. Dans la quatrième seulement, deux nègres assis et deux secrétaires écrivant éternellement sans lever la tête. Je jetai un coup d'œil, en passant, sur leurs tables. Il y avait là terriblement de listes nominales. Cela me fit mal à la plante des pieds, comme la vue du sang et le bruit des chariots.

Je fus introduit en silence, après avoir marché silencieusement sur un tapis silencieux aussi, quoique fort usé.

La chambre était éclairée par un jour blafard et triste. Elle donnait sur la cour, et de grands rideaux d'un vert sombre en atténuaient encore la lumière, en assourdissaient l'air, en épaississaient les murailles. Le reflet du mur de la cour, frappé de soleil, éclairait seul cette grande chambre. Sur un fauteuil de cuir vert, devant un grand bureau d'acajou, mon second malade de la journée était assis, tenant un journal anglais d'une main, de l'autre faisant fondre le sucre dans une tasse de camomille avec une petite cuiller d'argent.

Vous pouvez très bien vous représenter Robespierre. On voit beaucoup d'hommes de bureau qui lui ressemblent, et aucun grand caractère de visage n'apportait l'émotion avec sa présence. Il avait trente-cinq ans, la figure écrasée entre le front et le menton, comme si deux mains eussent voulu les rapprocher de force au-dessus du nez. Ce visage était d'une pâleur de papier, mate et comme plâtrée. La grêle de la petite vérole y était profondément empreinte. Le sang ni la bile n'y circulaient. Ses yeux petits, mornes, éteints, ne regardaient jamais en face, et un clignotement perpétuel et déplaisant les rapetissait encore, quand, par hasard, ses lunettes vertes ne les cachaient pas entièrement. Sa bouche était contractée convulsivement par une sorte de grimace souriante, pincée et ridée, qui le fit comparer par Mirabeau à *un chat qui a bu du vinaigre*. Sa chevelure était pimpante, pompeuse et prétentieuse. Ses doigts, ses épaules, son cou, étaient continuellement et involontairement crispés, secoués et tordus lorsque de petites convulsions nerveuses et irritées venaient le saisir. Il était habillé dès le matin, et je ne le surpris jamais en négligé. Ce jour-là, un habit de soie jaune rayée de blanc, une veste à fleurs, un jabot, des bas de soie blancs, des souliers à boucles, lui donnaient un air fort galant.

Il se leva avec sa politesse accoutumée, et fit deux pas vers moi, en ôtant ses lunettes vertes, qu'il posa gravement sur sa table. Il me salua en homme comme il faut, s'assit encore et me tendit la main.

Moi, je ne la pris pas comme d'un ami, mais comme d'un malade, et, relevant ses manchettes, je lui tâtai le pouls.

— « De la fièvre, dis-je.

— Cela n'est pas impossible, » dit-il en pinçant les lèvres. Et il se leva brusquement; il fit deux tours dans la chambre avec un pas ferme et vif, en se frottant les mains; puis il dit : « Bah! » et il s'assit.

— « Mettez-vous là, dit-il, citoyen, et écoutez cela. N'est-ce pas étrange? »

A chaque mot il me regardait par-dessus ses lunettes vertes.

— « N'est-ce pas singulier? qu'en pensez-vous? Ce petit duc d'York qui me fait insulter dans ses papiers! »

Il frappait de la main sur la gazette anglaise et ses longues colonnes.

— Voilà une fausse colère, me dis-je; mettons-nous en garde.

— « Les tyrans, poursuivit-il d'une voix aigre et criarde, les tyrans ne peuvent supposer la liberté nulle part. C'est une chose humiliante pour l'humanité. Voyez cette expression répétée à chaque page. Quelle affectation ? »

Et il jeta devant moi la gazette.

— « Voyez, continua-t-il en me montrant du doigt le mot indiqué, voyez: *Robespierre's army. Robespierre's troops!* Comme si j'avais des armées! comme si j'étais roi, moi! comme si la France était Robespierre! comme si tout venait de moi et retournait à moi! *Les troupes de Robespierre!* Quelle injustice! Quelle calomnie! Hein ? »

Puis, reprenant sa tasse de camomille et relevant ses lunettes vertes pour m'observer en dessous :

« J'espère qu'ici on ne se sert jamais de ces incroyables expressions? Vous ne les avez jamais entendues, n'est-ce pas? — Cela se dit-il dans la rue? — Non! c'est Pitt lui-même qui dicte cette opinion injurieuse pour moi! — Qui me fait donner le nom de dictateur en France? les contre-révolutionnaires, les anciens Dantonistes et les Hébertistes qui restent encore à la Convention; les fripons comme l'Hermina, que je dénoncerai à la tribune; des valets de Georges d'Angleterre, des conspirateurs qui veulent me faire haïr par le peuple, parce qu'ils savent la pureté de mon civisme et que je dénonce leurs vices tous les jours; des Verrès, des Catilina, qui n'ont cessé d'attaquer le gouvernement républicain, comme Desmoulins, Ronsin et Chaumette.— Ces animaux immondes qu'on nomme des rois sont bien insolents de vouloir me mettre une couronne sur la tête! Est-ce pour qu'elle tombe comme la leur un jour? Il est dur qu'ils soient obéis ici par de faux républicains, par des voleurs qui me font des crimes de mes vertus. — Il y a six semaines que je suis malade, vous le savez bien, et que je ne parais plus au comité de salut public. Où donc est ma dictature? N'importe! La coalition qui me poursuit la voit partout; je suis un surveillant trop incommode et trop intègre. Cette coalition a commencé dès le moment de la naissance du gouvernement. Elle réunit tous les fripons et les scélérats. Elle a osé faire publier dans les rues que j'étais arrêté. Tué! oui; mais arrêté? je ne le serai pas. — Cette coalition a dit toutes les absurdités; que Saint-Just voulait sauver l'aristocratie, parce qu'il est né noble. — Eh! qu'importe comment il est né, s'il vit et meurt avec les bons principes? N'est-ce pas lui qui a proposé et fait passer à la Convention le décret du bannissement des ex-nobles, en les déclarant ennemis irréconciliables de la Révolution? Cette coalition a voulu ridiculiser la fête de l'Être-Suprême et l'histoire de Catherine Théot; cette coalition contre moi seul m'accuse de toutes les morts, ressuscite tous les stratagèmes des Brissotins : ce que j'ai dit le jour de la fête valait cependant mieux que les doctrines de Chaumette et de Fouché, n'est-ce pas ? »

Je fis un signe de tête; il continua.

— « Je veux, moi, qu'on ôte des tombeaux leur maxime impie que la mort est un sommeil, pour y graver : *La mort est le commencement de l'immortalité.* »

Je vis dans ces phrases le prélude d'un discours prochain. Il en essayait les accords sur moi dans la conversation, à la façon de bien des discoureurs de ma connaissance.

Il sourit avec satisfaction, et but sa tasse. Il la replaça sur son bureau avec un air d'orateur à la tribune; et, comme je n'avais pas répondu à son idée, il y revint par un autre chemin, parce qu'il lui fallait absolument réponse et flatterie.

— « Je sais que vous êtes de mon avis, citoyen, quoique vous ayez bien des choses des hommes d'autrefois. Mais vous êtes pur, c'est beaucoup. Je suis bien sûr au moins que vous n'aimeriez pas plus que moi le Despotisme militaire; et, si l'on ne m'écoute pas, vous le verrez arriver : il prendra les rênes de la Révolution si je les laisse flotter, et renversera la représentation avilie.

— Ceci me paraît très juste, citoyen, »

répondis-je. En effet, ce n'était pas si mal, et c'était prophétique.

Il fit encore son sourire de chat.

— « Vous aimeriez encore mieux mon Despotisme, à moi, j'en suis sûr, hein ? »

Je dis en grimaçant aussi : « Eh!... mais!... » avec tout le vague qu'on peut mettre dans ces mots flottants.

— « Ce serait, continua-t-il, celui d'un citoyen, d'un homme votre égal, qui y serait arrivé par la route de la vertu, et n'a jamais eu qu'une crainte, celle d'être souillé par le voisinage impur des hommes pervers qui s'introduisent parmi les sincères amis de l'humanité. »

Il caressait de la langue et des lèvres cette jolie petite longue phrase comme un miel délicieux.

— « Vous avez, dis-je, beaucoup moins de voisins à présent, n'est-ce pas ? On ne vous coudoie guère. »

Il se pinça les lèvres, et plaça ses lunettes vertes droit sur les yeux pour cacher le regard.

— « Parce que je vis dans la retraite, dit-il, depuis quelque temps. Mais je n'en suis pas moins calomnié. »

Tout en parlant, il prit un crayon et griffonna quelque chose sur un papier. J'ai appris cinq jours après que ce papier était une liste de guillotine, et ce quelque chose... mon nom.

Il sourit, et se pencha en arrière.

— « Hélas! oui, calomnié, poursuivit-il; car, à parler sans plaisanterie, je n'aime que l'égalité, comme vous le savez, et vous devez le voir plus que jamais à l'indignation que m'inspirent ces papiers émanés des arsenaux de la tyrannie. »

Il froissa et foula avec un air tragique ces grands journaux anglais; mais je remarquai bien qu'il se gardait de les déchirer.

— Ah! Maximilien, me dis-je, tu les reliras seul plus d'une fois, et tu baiseras ardemment ces mots superbes et magiques pour toi : *les troupes de Robespierre!*

Après sa petite comédie et la mienne, il se leva et marcha dans sa chambre en agitant convulsivement ses doigts, ses épaules et son cou.

Je me levai et marchai à côté de lui.

— « Je voudrais vous donner ceci à lire avant de vous parler de ma santé, dit-il, et en causer avec vous. Vous connaissez mon amitié pour l'auteur. C'est un projet de Saint-Just. Vous verrez. Je l'attends ce matin; nous en causerons. Il doit être arrivé à Paris à présent, ajouta-t-il en tirant sa montre; je vais le savoir. Asseyez-vous, et lisez ceci. Je reviendrai. »

Il me donna un gros cahier chargé d'une

écriture hardie et hâtée, et sortit brusquement, comme s'il se fût enfui. Je tenais le cahier, mais je regardais la porte par laquelle il était sorti, et je réfléchissais à lui. Je le connaissais de longue date. Aujourd'hui je le voyais étrangement inquiet. Il allait entreprendre quelque chose ou craignait quelque entreprise. J'entrevis, dans la chambre où il passait, des figures d'agents secrets que j'avais vues plusieurs fois à ma suite, et je remarquai un bruit de pas comme des gens qui montaient et descendaient sans cesse depuis mon arrivée. Les voix étaient très basses. J'essayai d'entendre, mais vainement, et je renonçai à écouter. J'avoue que j'étais plus près de la crainte que de la confiance. Je voulus sortir de la chambre par où j'étais entré; mais, soit méprise, soit précaution, on avait fermé la porte sur moi : j'étais enfermé.

Quand une chose est décidée, je n'y pense plus. Je m'assis, et je parcourus ce brouillon avec lequel Robespierre m'avait laissé en tête-à-tête.

CHAPITRE XXXI

UN LÉGISLATEUR

E n'était rien moins, monsieur, que des institutions immuables, éternelles, qu'il s'agissait de donner à la France, et lestement préparées pour elle par le citoyen Saint-Just, âgé de vingt-six ans.

Je lus d'abord avec distraction; puis les idées me montèrent aux yeux, et je fus stupéfait de ce que je voyais.

— O naïf massacreur! ô candide bourreau! m'écriai-je involontairement, que tu es un charmant enfant! Eh! d'où viens-tu, beau berger?

serait-ce pas de l'Arcadie? de quels rochers descendent tes chèvres, ô Alexis?

Et en parlant ainsi je lisais :

« On laisse les enfants à la nature.

« Les enfants sont vêtus de toile en toutes les saisons.

« Ils sont nourris en commun et ne vivent que de racines, de fruits, de légumes et de laitage.

« Les hommes qui auront vécu sans reproche porteront une écharpe blanche à soixante ans.

« L'homme et la femme qui s'aiment sont époux.

« S'ils n'ont point d'enfants, ils peuvent tenir leur engagement secret.

« Tout homme âgé de vingt et un ans est tenu de déclarer dans le temple quels sont ses amis.

« Les amis porteront le deuil l'un de l'autre.

« Les amis creusent la tombe l'un de l'autre.

« Les amis sont placés les uns près des autres dans les combats.

« Celui qui dit qu'il ne croit pas à l'amitié, ou qui n'a pas d'ami, est banni.

« Un homme convaincu d'ingratitude est banni. »

— Quelles émigrations! dis-je.

« Si un homme commet un crime, ses amis sont bannis.

« Les meurtriers sont vêtus de noir toute leur vie, et seront mis à mort s'ils quittent cet habit. »

— Ame innocente et douce, m'écriai-je, que nous sommes ingrats de t'accuser! Tes pensées sont pures comme une goutte de rosée sur une feuille de rose, et nous nous plaignons pour quelques charretées d'hommes que tu envoies au couteau chaque jour à la même heure! Et tu ne les vois seulement pas, ni ne les touches, bon jeune homme! Tu écris seulement leurs noms sur du papier! — moins que cela : tu vois une liste, et tu signes! — moins que cela encore : tu ne la lis pas, et tu signes!

Ensuite je ris longtemps et beaucoup, du rire joyeux que vous savez, en parcourant ces institutions dites républicaines, et que vous pourrez lire quand vous voudrez; ces lois de l'âge d'or, auxquelles ce béat cruel voulait ployer de force notre âge d'airain. Robe d'enfant dans laquelle il voulait faire tenir cette nation grande et vieillie. Pour l'y fourrer, il coupait la tête et les bras.

Lisez cela, vous le pourrez plus à votre aise que je ne le pouvais dans la chambre de Robespierre; et si vous pensez, avec votre habituelle pitié, que ce jeune homme était à plaindre, en vérité vous me trouverez de votre avis cette fois, car la folie est la plus grande des infortunes.

Hélas! il y a des folies sombres et sérieuses, qui ne jettent les hommes dans aucun discours insensé, qui ne les sortent guère du ton accoutumé du langage des autres, qui laissent la vue claire, libre et précise de tout, hors celle d'un point sombre et fatal. Ces folies sont froides, ces folies sont posées et réfléchies. Elles singent le sens commun à s'y méprendre, elles effrayent et imposent, elles ne sont pas facilement découvertes, leur masque est épais, mais elles sont.

Et que faut-il pour les donner? Un rien, un petit déplacement imprévu dans la position d'un rêveur trop précoce.

Prenez au hasard, au fond d'un collège, quelque grand jeune homme de dix-huit à dix-neuf ans, tout plein de ses Spartiates et de ses Romains délayés dans de vieilles phrases, tout roide de son droit ancien et de son droit moderne, ne connaissant du monde actuel et de ses mœurs que ses camarades et leurs mœurs, bien irrité de voir passer des voitures où il ne monte pas, méprisant les femmes parce qu'il ne connaît que les plus viles, et confondant les faiblesses de l'amour tendre et élégant avec les dévergondages crapuleux de la rue;

jugeant tout un corps d'après un membre, tout un sexe d'après un être, et s'étudiant à former dans sa tête quelque synthèse universelle bonne à faire de lui un sage profond pour toute sa vie; prenez-le dans ce moment, et faites-lui cadeau d'une petite guillotine en lui disant :

« Mon petit ami, voici un instrument au moyen duquel vous vous ferez obéir de toute la nation; il ne s'agit que de tirer cela et de pousser ceci. C'est bien simple. »

Après avoir un peu réfléchi, il prendra d'une main son papier d'écolier et de l'autre le joujou; et voyant qu'en effet on a peur, il tirera et poussera jusqu'à ce qu'on l'écrase lui et sa mécanique.

Et à peine s'il sera un méchant homme. — Non; il sera même, à la rigueur, un homme vertueux. Mais c'est qu'il aura tant lu dans de beaux livres : *juste sévérité; salutaire massacre;* et : *de vos plus chers parents saintement homicides,* et : *périsse l'univers plutôt qu'un principe!* et surtout : *la vertu expiatrice de l'effusion du sang;* idée monstrueuse, fille de la crainte, que, ma foi! il croit en lui, et tout en répétant en lui-même : *Justum et tenacem propositi virum,* il arrive à l'impassibilité des douleurs d'autrui, il prend cette impassibilité pour grandeur et courage, et... il exécute.

Tout le malheur sera dans le tour de roue de la Fortune qui l'aura mis en haut et lui aura trop tôt donné cette chose fatale entre toutes : LE POUVOIR.

CHAPITRE XXXII

SUR LA SUBSTITUTION DES SOUFFRANCES EXPIATOIRES

ICI le Docteur-Noir s'interrompit, et reprit après un moment de stupeur et de réflexion :

— Un des mots que ma bouche vient de prononcer m'a tout à coup arrêté, monsieur, et me force de contempler avec effroi deux pensées extrêmes qui viennent de se toucher et de s'unir devant moi, sur mes pas.

En ce temps-là même dont je parle, au temps du vertueux Saint-Just (car il était, dit-on, sans vices, sinon sans crimes), vivait et écrivait un autre homme vertueux, implacable adversaire de la Révolution. Cet autre Esprit sombre, Esprit falsificateur, je ne dis pas faux, car il avait conscience du vrai; cet Esprit obstiné, impitoyable, audacieux et subtil, armé comme le sphinx, jusqu'aux ongles et jusqu'aux dents, de sophismes métaphysiques et énigmatiques, cuirassé de dogmes de fer, empanaché d'oracles nébuleux et foudroyants; cet autre Esprit grondait comme un orage prophétique et menaçant, et tournait autour de la France. Il avait nom : Joseph de Maistre.

Or, parmi beaucoup de livres sur l'avenir de la France, deviné phrase par phrase; sur le gouvernement temporel de la Providence, sur le principe générateur des constitutions, sur le Pape, sur les décrets de l'injustice divine et sur l'inquisition : voulant démontrer, sonder, dévoiler aux yeux des hommes les sinistres fondations qu'il donnait (problème éternel!) à l'Autorité de l'homme sur l'homme, voici en substance ce qu'il écrivait :

La chair est coupable, maudite, et ennemie de Dieu. — Le sang est un fluide vivant. Le ciel ne peut être apaisé que par le sang. — L'innocent peut payer pour le coupable. Les anciens croyaient que les dieux accouraient partout où le sang coulait sur les autels; les premiers docteurs chrétiens crurent que les anges accouraient partout où coulait le sang de la véritable victime. — L'effusion du sang est expiatrice. Ces vérités sont innées. — La Croix atteste le SALUT PAR LE SANG.

Et, depuis, Origène a dit justement qu'il y avait deux Rédemptions : celle du Christ qui racheta l'univers, et les *Rédemptions diminuées,* qui rachètent par leur sang celui des nations. Ce sacrifice sanglant de quelques hommes pour tous se *perpétuera jusqu'à la fin du monde.* Et les nations pourront se racheter éternellement par la *substitution des souffrances expiatoires.*

C'était ainsi qu'un homme doué d'une des plus hardies et des plus trompeuses imaginations philosophiques qui jamais aient fasciné l'Europe, était arrivé à rattacher au pied même de la Croix le premier anneau d'une chaîne effrayante et interminable de sophismes ambitieux et impies, qu'il semblait adorer consciencieusement, et qu'il avait fini peut-être par regarder du fond du cœur comme les rayons d'une sainte vérité. C'était à genoux sans doute et en se frappant la poitrine qu'il s'écriait :

« La terre, continuellement imbibée de sang, n'est qu'un autel immense où tout ce qui vit doit être immolé sans fin jusqu'à l'extinction du mal ! — Le bourreau est la pierre angulaire de la société : sa mission est sacrée. —

L'inquisition est bonne, douce et conservatrice.

« La bulle *In cœna Domini* est de source divine; c'est elle qui excommunie les hérétiques et les appelants aux futurs conciles. Eh! pourquoi un concile, grand Dieu! quand le pilori suffit!

« Le sentiment de la terreur d'une puissance irritée a toujours subsisté.

« La guerre est divine : elle doit régner éternellement pour purger le monde. — Les races sauvages sont dévouées et frappées d'anathème. J'ignore leur crime, ô Seigneur! mais, puisqu'elles sont malheureuses et insensées, elles sont criminelles et justement punies de quelque faute d'un ancien chef. Les Européens, au siècle de Colomb, eurent raison de ne pas les compter dans l'espèce humaine comme leurs semblables.

« La Terre est un autel qui doit être éternellement imbibé de sang. »

O Pieux Impie! qu'avez-vous fait?

Jusqu'à cet Esprit falsificateur, l'idée de la Rédemption de la race coupable s'était arrêtée au Calvaire. Là, Dieu immolé par Dieu avait lui-même crié : *Tout est consommé.*

N'était-ce pas assez du sang divin pour le salut de la chair humaine?

Non. — L'orgueil humain sera éternellement

tourmenté du désir de trouver au Pouvoir temporel absolu une base incontestable, et il est dit que toujours les sophistes tourbillonneront autour de ce problème, et s'y viendront brûler les ailes. Qu'ils soient tous absous, excepté ceux qui osent toucher à la vie! la vie, le feu sacré, le feu trois fois saint, que le Créateur lui seul a le droit de reprendre! droit terrible de la peine sinistre, que je conteste même à la justice!

Non. — Il a fallu à l'impitoyable sophistiqueur souffler, comme un alchimiste patient, sur la poussière des premiers livres, sur les cendres des premiers docteurs, sur la poudre des bûchers indiens et des repas anthropophages, pour en faire sortir l'étincelle incendiaire de la fatale idée. — Il lui a fallu trouver et écrire en relief les paroles de cet Origène, qui fut un Abeilard volontaire : première immolation et premier sophisme, dont il crut découvrir aussi le principe dans l'Évangile; cet obscur et paradoxal Origène, docteur en l'an 190 de J.-C., dont les *principes* à demi platoniciens furent loués depuis sa mort par six saints (parmi eux saint Athanase et saint Chrysostome), et condamnés par trois saints, un empereur et un pape (parmi eux saint Jérôme et Justinien). — Il a fallu que le cerveau de l'un des derniers catholiques fouillât bien avant dans le crâne de l'un des premiers chrétiens pour en tirer cette fatale théorie de la *réversibilité* et du *salut par le sang*. Et cela pour replâtrer l'édifice démantelé de l'Église romaine et l'organisation démembrée du moyen âge ! Et cela tandis que l'inutilité du sang pour la fondation des systèmes et des pouvoirs se démontrait tous les jours en place publique de Paris ! Et cela tandis qu'avec les mêmes axiomes *quelques scélérats,* lui-même l'écrivait, *renversaient quelques scélérats* en disant aussi : l'Éternel, la Vertu, la Terreur !

Armez de couteaux aussi tranchants ces deux *Autorités,* et dites-moi laquelle imbibera l'*autel* avec le plus large arrosoir de sang !

Et prévoyait-il, le prophète orthodoxe, que de son temps même croîtrait et se multiplierait à l'infini la monstrueuse famille de ses Sophismes, et que, parmi les petits de cette tigresse race, il s'en trouverait dont le cri serait celui-ci :

« Si la *substitution des souffrances expiatoires* est juste, ce n'est pas assez, pour le salut des peuples, des substitutions et des dévouements *volontaires* et très rares. L'innocent immolé pour le coupable sauve sa nation ; donc il est juste et bon qu'il soit immolé par elle et pour elle ; et lorsque cela fut, cela fut bien. »

Entendez-vous le cri de la bête carnassière,

sous la voix de l'homme? — Voyez-vous par quelles courbes, partis de deux points opposés, ces purs idéologues sont arrivés d'en bas et d'en haut à un même point où ils se touchent : à l'échafaud? Voyez-vous comme ils honorent et caressent le Meurtre? — Que le Meurtre est beau, que le Meurtre est bon, qu'il est facile et commode, pourvu qu'il soit bien interprété! Comme le Meurtre peut devenir joli en des bouches bien faites et quelque peu meublées de paroles impudentes et d'arguties philosophiques! Savez-vous s'il se naturalise moins sur ces langues parleuses que sur celles qui lèchent le sang? Pour moi je ne le sais pas.

Demandez-le (si cela s'évoque) aux massacreurs de tous les temps. Qu'ils viennent de l'Orient et de l'Occident! Venez en haillons, venez en soutane, venez en cuirasse, venez, tueurs d'un homme et tueurs de cent mille; depuis la Saint-Barthélemy jusqu'aux septembrisades, de Jacques Clément et de Ravaillac à Louvel, de des Adrets et Montluc à Marat et Schneider; venez, vous trouverez ici des amis, mais je n'en serai pas.

Ici le Docteur-Noir rit longtemps; puis il soupira en se recueillant, et reprit :

— Ah! monsieur, c'est ici surtout qu'il faut, comme vous, prendre en pitié.

Dans cette violente passion de tout rattacher, à tout prix, à une cause, à une *synthèse*, de laquelle on descend à tout, et par laquelle tout s'explique, je vois encore l'extrême faiblesse des hommes qui, pareils à des enfants qui vont dans l'ombre, se sentent tous saisis de frayeur, parce qu'ils ne voient pas le fond de l'abîme que ni Dieu créateur ni Dieu sauveur n'ont voulu nous faire connaître. Ainsi je trouve que ceux-là mêmes qui se croient les plus forts, en construisant le plus de systèmes, sont les plus faibles et les plus effrayés de l'*analyse*, dont ils ne peuvent supporter la vue, parce qu'elle s'arrête à des effets certains, et ne contemple qu'à travers l'ombre, dont le ciel a voulu l'envelopper, la Cause... la Cause pour toujours incertaine.

Or, je vous le dis, ce n'est pas dans l'Analyse que les esprits justes, les seuls dignes d'estime, ont puisé et puiseront jamais les idées durables, les idées qui frappent par le sentiment de bien-être que donne la rare et pure présence du vrai.

L'Analyse est la destinée de l'éternelle ignorante, l'Ame humaine.

L'Analyse est une sonde. Jetée profondément dans l'Océan, elle épouvante et désespère le Faible; mais elle rassure et conduit le Fort, qui la tient fermement en main.

Ici le Docteur-Noir, passant les doigts sur son front et ses yeux, comme pour oublier, effacer, ou suspendre ses méditations intérieures, reprit ainsi le fil de son récit.

CHAPITRE XXXIII

LA PROMENADE CROISÉE

J'AVAIS fini par m'amuser des *Institutions* de Saint-Just, au point d'oublier totalement le lieu où j'étais. Je me plongeai avec délices dans une distraction complète, ayant dès longtemps fait l'abnégation totale d'une vie qui fut toujours triste. Tout à coup la porte par laquelle j'étais entré s'ouvrit encore. Un homme de trente ans environ, d'une belle figure, d'une taille haute, l'air militaire et orgueilleux, entra sans beaucoup de cérémonie. Ses bottes à l'écuyère, ses éperons sa cravache, son large gilet blanc ouvert, sa cravate noire dénouée, l'auraient fait prendre pour un jeune général.

— « Ah! tu ne sais donc pas si on peut lui parler? dit-il en continuant de s'adresser au nègre qui lui avait ouvert la porte. Dis-lui que c'est l'auteur de *Caïus Gracchus* et de *Timoléon*. »

Le nègre sortit, ne répondit rien et l'enferma avec moi. L'ancien officier de dragons en fut quitte pour sa fanfaronnade, et entra jusqu'à la cheminée en frappant du talon.

— « Y a-t-il longtemps que tu attends, citoyen? me dit-il. J'espère que, comme représentant, le citoyen Robespierre me recevra bientôt et m'expédiera avant les autres. Je n'ai qu'un mot à lui dire, moi. »

Il se retourna et arrangea ses cheveux devant la glace. « Je ne suis pas un solliciteur, moi. — Moi je dis tout haut ce que je pense, et, sous le régime des tyrans Bourbons comme sous celui-ci, je n'ai pas fait mystère de mes opinions, moi. »

Je posai mes papiers sur la table, et je le regardai avec un air de surprise qui lui en donna un peu à lui-même.

— « Je n'aurais pas cru, lui dis-je sans me déranger, que vous vinssiez ainsi pour votre plaisir. »

Il quitta tout d'un coup son air de matador, et se mit dans un fauteuil près de moi :

« Ah çà! franchement, me dit-il à voix basse, êtes-vous appelé comme je le suis, je ne sais pourquoi? »

Je remarquai en cette occasion ce qui arrivait souvent alors, c'est que le tutoiement était une sorte de langage de comédie qu'on récitait comme un rôle, et que l'on quittait pour parler sérieusement.

— « Oui, lui dis-je, je suis appelé, mais comme les médecins le sont souvent : cela m'inquiète peu, pour moi, du moins, ajoutai-je en appuyant sur ces derniers mots.

— Ah! pour vous! » me dit-il en époussetant ses bottes avec sa cravache.

Puis il se leva et marcha dans la chambre en toussant avec un peu de mauvaise humeur.

Il revint.

— « Savez-vous s'il est en affaire? me dit-il.

— Je le suppose, répondis-je, citoyen Chénier. »

Il me prit la main impétueusement.

— Çà, me dit-il, vous ne m'avez pas l'air d'un espion. Qu'est-ce que l'on me veut ici? Si vous savez quelque chose, dites-le-moi. »

J'étais sur les épines; je sentais qu'on allait entrer, que peut-être on voyait, que certainement on écoutait. La Terreur était dans l'air, partout, et surtout dans cette chambre. Je me levai et marchai, pour qu'au moins on entendît de longs silences, et que la conversation ne parût pas suivie. Il me comprit et marcha dans la chambre dans le sens opposé. Nous allions d'un pas mesuré, comme deux soldats en faction qui se croisent; chacun de nous prit, aux yeux de l'autre, l'air de réfléchir en lui-même, et disant un mot en passant, l'autre répondait en passant.

Je me frottai les mains.

— « Il se pourrait, dis-je assez bas, en ne faisant semblant de rien et allant de la porte à la cheminée, qu'on nous eût réunis à dessein. » Et très haut : « Joli appartement! »

Il revint de la cheminée à la porte, et, en me rencontrant au milieu, dit :

« Je le crois. » Puis en levant la tête : « Cela donne sur la cour. »

Je passai.

— « J'ai vu votre père et votre frère, ce matin, » dis-je. Et en criant : « Quel beau temps il fait! »

Il repassa.

— « Je le savais; mon père et moi nous ne nous voyons plus, et j'espère qu'André ne sera pas longtemps là. — Un ciel magnifique. »

Je le croisai encore.

— « Tallien, dis-je, Courtois, Barras, Clauzel, sont de bons citoyens. » Et avec enthousiasme : « C'est un beau sujet que Timoléon ! »

Il me croisa en revenant.

— « Et Barras, Collot-d'Herbois, Loiseau, Bourdon, Barrère, Boissy-d'Anglas... — J'aimais encore mieux mon Fénelon. »

Je hâtai la marche.

— « Ceci peut durer encore quelques jours. — On dit les vers bien beaux. »

Il vint à grands pas et me coudoya.

— « Les triumvirs ne passeront pas quatre jours. — Je l'ai lu chez la citoyenne Vestris. »

Cette fois je lui serrai la main en traversant.

— « Gardez-vous de nommer votre frère, on n'y pense pas. — On dit le dénoûment bien beau. »

A la dernière passe, il me reprit chaudement la main.

— « Il n'est sur aucune liste; je ne le nommerai pas. — Il faut faire le mort. Le 9, je l'irai délivrer de ma main. — Je crains qu'il ne soit trop prévu. »

Ce fut la dernière traversée. On ouvrit; nous étions aux deux bouts de la chambre.

CHAPITRE XXXIV

UN PETIT DIVERTISSEMENT

OBESPIERRE entra, il tenait Saint-Just par la main; celui-ci, vêtu d'une redingote poudreuse, pâle et défait, arrivait à Paris. Robespierre jeta sur nous deux un coup d'œil rapide sous ses lunettes, et la distance où il nous vit l'un de l'autre me parut lui plaire ; il sourit en pinçant les lèvres.

— « Citoyens, voici un voyageur de votre connaissance, dit-il. »

Nous nous saluâmes tous trois, Joseph Chénier en fronçant le sourcil, Saint-Just avec un signe de tête brusque et hautain, moi gravement comme un moine.

Saint-Just s'assit à côté de Robespierre ; celui-ci sur son fauteuil de cuir, devant son bureau, nous en face. Il y eut un long silence. Je regardai les trois personnages tour à tour. Chénier se renversait et se balançait avec un air de fierté, mais un peu d'embarras, sur sa chaise, comme rêvant à mille choses étrangères. Saint-Just, l'air parfaitement calme, penchait sur l'épaule sa belle tête mélancolique, régulière et douce, chargée de cheveux châtains flottants et bouclés ; ses grands yeux s'élevaient au ciel, et il soupirait. Il avait l'air d'un jeune saint. — Les persécuteurs prennent souvent des manières de victimes. Robespierre nous regardait comme un chat ferait de trois souris qu'il aurait prises.

— « Voilà, dit Robespierre d'un air de fête, notre ami Saint-Just qui revient de l'armée. Il y a écrasé la trahison, il en fera autant ici. C'est une surprise, on ne l'attendait pas, n'est-ce pas, Chénier ? »

Et il le regarda de côté, comme pour jouir de sa contrainte.

— « Tu m'as fait demander, citoyen ? dit Marie-Joseph Chénier avec humeur ; si c'est pour affaire, dépêchons-nous, on m'attend à la Convention.

— Je voulais, dit Robespierre d'un air empesé en me désignant, te faire rencontrer avec cet excellent homme, qui porte tant d'intérêt à ta famille. »

J'étais pris. Marie-Joseph et moi nous nous regardâmes, et nous nous révélâmes toutes nos craintes par ce coup d'œil. Je voulus rompre les chiens.

— « Ma foi, dis-je, j'aime les lettres, moi, et *Fénelon*...

— Ah! à propos, interrompit Robespierre, je te fais compliment, Chénier, du succès de ton *Timoléon* dans les ci-devant salons où tu en fais la lecture. — Tu ne connais pas cela toi? » dit-il à Saint-Just avec ironie.

Celui-ci sourit d'un air de mépris, et se mit à secouer la poussière de ses bottes avec le pan de sa longue redingote, sans daigner répondre.

— « Bah! bah! dit Joseph Chénier en me regardant, c'est trop peu de chose pour lui. »

Il voulait dire cela avec indifférence, mais le sang d'auteur lui monta aux joues.

Saint-Just, aussi parfaitement calme qu'à l'ordinaire, leva les yeux sur Chénier, et le contempla comme avec admiration.

— « Un membre de la Convention qui s'amuse à cela en l'an II de la République me paraît un prodige, dit-il.

— Ma foi, quand on n'a pas la haute main dans les affaires, dit Joseph Chénier, c'est encore ce qu'on peut faire de mieux pour la nation. »

Saint-Just haussa les épaules.

Robespierre tira sa montre, comme attendant quelque chose, et dit d'un air pédant :

« Tu sais, citoyen Chénier, mon opinion sur les écrivains. Je t'excepte, parce que je connais tes vertus républicaines ; mais, en général, je les regarde comme les plus dangereux ennemis de la patrie. Il faut une volonté *une*. Nous en sommes là. Il la faut républicaine, et pour cela il ne faut que des écrivains républicains : le reste corrompt le peuple. Il faut le rallier ce peuple, et vaincre les bourgeois, de qui viennent nos dangers intérieurs. Il faut que le peuple s'allie à la Convention et elle à lui ; que les sans-culottes soient payés et *colérés*, et restent dans les villes. Qui s'oppose à mes vues ? Les écrivains, les faiseurs de vers qui font du dédain rimé, qui crient : *O mon âme! fuyons dans les déserts;* ces gens-là découragent. La Convention doit traiter tous ceux qui ne sont pas utiles à la République comme des contre-révolutionnaires.

— C'est bien sévère, dit Marie-Joseph assez effrayé, mais plus piqué encore.

— Oh! je ne parle pas pour toi, poursuivit

Robespierre d'un ton mielleux et radouci ; toi, tu as été un guerrier, tu es législateur, et, quand tu ne sais que faire, Poëte.

— Pas du tout ! pas du tout ! dit Joseph, singulièrement vexé ; je suis au contraire né Poëte, et j'ai perdu mon temps à l'armée et à la Convention. »

J'avoue que, malgré la gravité de la situation, je ne pus m'empêcher de sourire de son embarras.

Son frère aurait pu parler ainsi ; mais Joseph, selon moi, se trompait un peu sur lui-même ; aussi l'Incorruptible, qui était au fond de mon avis, poursuivit pour le tourmenter :

« Allons ! allons ! dit-il avec une galanterie fausse et fade, allons, tu es trop modeste, tu refuses deux couronnes de Laurier, pour une couronne de Roses pompon.

— Mais il me semblait que tu aimais ces fleurs-là toi-même autrefois, citoyen ! dit Chénier ; j'ai lu de toi des couplets fort agréables sur une coupe et un festin. Il y avait :

O Dieux ! que vois-je, mes amis ?
Un crime trop notoire.
O malheur affreux !
O scandale honteux !
J'ose le dire à peine ;
Pour vous j'en rougis,
Pour moi j'en gémis,
Ma coupe n'est pas pleine.

« Et puis un certain madrigal où il y avait :

> Garde toujours ta modestie ;
> Sur le pouvoir de tes appas
> Demeure toujours alarmée :
> Tu n'en seras que mieux aimée
> Si tu crains de ne l'être pas.

« C'était joli ! et nous avons aussi deux discours sur la peine de mort, l'un contre, l'autre pour ; et puis un éloge de Gresset, où il y avait cette belle phrase, que je me rappelle encore tout entière :

— Oh ! lisez le *Vert-Vert,* vous qui aspirez au mérite de badiner et d'écrire avec grâce ; lisez-le, vous qui ne cherchez que l'amusement, et vous connaîtrez de nouvelles sources de plaisirs. Oui, tant que la langue française subsistera, le *Vert-Vert* trouvera des admirateurs. Grâce au pouvoir du génie, les aventures d'un perroquet occuperont encore nos derniers neveux. Une foule de héros est restée plongée dans un éternel oubli, parce qu'elle n'a point trouvé une plume digne de célébrer ses exploits ; mais toi, heureux *Vert-Vert,* ta gloire passera à la postérité la plus reculée ! O Gresset ! tu fus le plus grand des poètes ! — répandons des fleurs, etc , etc., etc.

« C'était fort agréable.
« J'ai encore cela chez moi, imprimé sous le

nom de *M. de Robespierre, avocat en parlement.* »

L'homme n'était pas commode à persifler. Il fit de sa face de chat une face de tigre, et crispa les ongles.

Saint-Just, ennuyé, et voulant l'interrompre, lui prit le bras.

— « A quelle heure t'attend-on aux Jacobins ?

— Plus tard, dit Robespierre avec humeur; laisse-moi, je m'amuse. »

Le rire dont il accompagna ce mot fit claquer ses dents.

— « J'attends quelqu'un, ajouta-t-il. — Mais toi, Saint-Just, que fais-tu des Poètes ?

— Je te l'ai lu, dit Saint-Just, ils ont un dixième chapitre de mes institutions.

— Eh bien ! qu'y font-ils ? »

Saint-Just fit une moue de mépris, et regarda autour de lui à ses pieds, comme s'il eût cherché une épingle perdue sur le tapis.

— « Mais... dit-il... des hymnes qu'on leur commandera le premier jour de chaque mois, en l'honneur de l'Éternel et des bons citoyens, comme le voulait Platon. Le 1er de Germinal, ils célébreront la nature et le peuple; en Floréal, l'amour et les époux; en Prairial, la Victoire; en Messidor, l'adoption; en Thermidor, la jeunesse; en Fructidor, le bonheur; en Vendémiaire, la vieillesse; en Brumaire, l'âme immortelle; en Frimaire, la sagesse; en Nivôse, la patrie; en Pluviôse, le Travail, et en Ventôse, les amis. »

Robespierre applaudit.

— « C'est parfaitement réglé, dit-il.

— Et : L'inspiration ou la mort, » dit Joseph Chénier en riant.

Saint-Just se leva gravement.

— « Eh! pourquoi pas, dit-il, si leurs vertus patriotiques ne les enflamment pas! Il n'y a que deux principes : la Vertu ou la Terreur. »

Ensuite il baissa la tête, et demeura tranquillement le dos à la cheminée, comme ayant tout dit, et convaincu dans sa conscience qu'il savait toutes choses. Son calme était parfait, sa voix inaltérable, et sa physionomie candide, extatique et régulière.

— « Voilà l'homme que j'appellerais un Poète, dit Robespierre en le montrant, il voit en grand, lui; il ne s'amuse pas à des formes de style plus ou moins habiles; il jette des mots comme des éclairs dans les ténèbres de l'avenir, et il sent que la destinée des hommes secondaires qui s'occupent du détail des idées est de mettre en œuvre les nôtres ; que nulle race n'est plus dangereuse pour la liberté, plus ennemie de l'égalité, que celle des aristocrates de l'intelligence, dont les réputations isolées exercent une influence partielle, dangereuse, et contraire à l'*unité* qui doit tout régir. »

Après sa phrase, il nous regarda. — Nous nous regardions. — Nous étions stupéfaits. Saint-Just approuvait du geste, et caressait ces opinions jalouses et dominatrices, opinions que se feront toujours les pouvoirs qui s'acquièrent par l'action et le mouvement, pour tâcher de dompter ces puissances mystérieuses et indépendantes qui ne se forment que par la méditation qui produit leurs œuvres, et l'admiration qu'elles excitent.

Les parvenus, favoris de la fortune, seront éternellement irrités, comme Aman, contre ces sévères Mardochées qui viennent s'asseoir, couverts de cendre, sur les degrés de leurs palais, refusant seuls de les adorer, et les forçant parfois de descendre de leur cheval et de tenir en main la bride du leur.

Joseph Chénier ne savait comment revenir de l'étonnement où il était d'entendre de pareilles choses. Enfin le caractère emporté de sa famille prit le dessus.

— « Au fait, me dit-il, j'ai connu dans ma vie des poètes à qui il ne manquait pour l'être qu'une chose, c'était la poésie. »

Robespierre cassa une plume dans ses doigts et prit un journal, comme n'ayant pas entendu.

Saint-Just, qui était au fond assez naïf et

tout d'une pièce comme un écolier non dégrossi, prit la chose au sérieux, et il se mit à parler de lui-même avec une satisfaction sans bornes et une innocence qui m'affligeait pour lui :

« Le citoyen Chénier a raison, dit-il en regardant fixement le mur devant lui, sans voir autre chose que son idée : je sens bien que j'étais poète, moi, quand j'ai dit :

« *Les grands hommes ne meurent pas dans leur lit.* — Et — *Les circonstances ne sont difficiles que pour ceux qui reculent devant le tombeau.* — Et — *Je méprise la poussière qui me compose, et qui vous parle.* — Et — *La société n'est pas l'ouvrage de l'homme.* — Et — *Le bien même est souvent un moyen d'intrigue; soyons ingrats si nous voulons sauver la patrie.*

— Ce sont, dis-je, belles maximes et paradoxes plus ou moins spartiates et non plus ou moins connus, mais non de la poésie. »

Saint-Just me tourna le dos brusquement et avec humeur.

Nous nous tûmes tous quatre.

La conversation en était arrivée à ce point où l'on ne pouvait plus ajouter un mot qui ne fût un coup, et Marie-Joseph et moi n'étions pas les plus accoutumés à frapper.

Nous sortîmes d'embarras d'une manière imprévue, car tout à coup Robespierre prit une petite clochette sur son bureau et sonna vivement. Un nègre entra et introduisit un homme âgé, qui, à peine laissé dans la chambre, resta saisi d'étonnement et d'effroi.

— « Voici encore quelqu'un de votre connaissance, dit Robespierre; je vous ai préparé à tous une petite entrevue. »

C'était M. de Chénier en présence de son fils. Je frémis de tout mon corps. Le père recula. Le fils baissa les yeux, puis me regarda. Robespierre riait. Saint-Just le regardait pour deviner.

Ce fut le vieillard qui rompit le silence le premier. Tout dépendait de lui, et personne ne pouvait plus le faire taire ou le faire parler. Nous attendîmes, comme on attend un coup de hache.

Il s'avança avec dignité vers son fils.

— « Il y a longtemps que je ne vous ai vu, monsieur, dit-il; je vous fais l'honneur de croire que vous venez pour le même motif que moi. »

Ce Marie-Joseph Chénier, si hautain, si grand, si fort, si farouche, était ployé en deux par la contrainte et la douleur.

— « Mon père, dit-il lentement, en pesant sur chaque syllabe, mon Dieu! mon père, avez-vous bien réfléchi à ce que vous allez dire? »

Le père ouvrit la bouche, le fils se hâta de parler haut pour étouffer sa voix.

— « Je sais... je devine... à peu près... à peu de chose près l'affaire... »

Et se tournant vers Robespierre en souriant :

« Affaire bien légère, futile, en vérité... »

Et à son père :

« Dont vous voulez parler. Mais je crois que vous auriez pu me la remettre entre les mains. Je suis député... moi... Je sais...

— Monsieur, je sais ce que vous êtes, dit M. de Chénier...

— Non, en vérité, dit Joseph en s'approchant, vous n'en savez rien, absolument rien. Il y a si longtemps, citoyens, qu'il n'a voulu me voir, mon pauvre père ! Il ne sait pas seulement ce qui se passe dans la République. Je suis sûr que ce qu'il vient de vous dire, il n'en est pas même bien certain. »

Et il lui marcha sur le pied. Mais le vieillard se recula de lui.

— « C'est votre devoir, monsieur, que je veux remplir moi-même, puisque vous ne le faites pas.

— Oh ! Dieu du ciel et de la terre ! s'écria Marie-Joseph au supplice.

— Ne sont-ils pas curieux tous les deux ? dit Robespierre à Saint-Just d'une voix aigre et en jouissant horriblement. Qu'ont-ils donc à crier tant ?

— J'ai, dit le vieux père en s'avançant vers

Robespierre, j'ai le désespoir dans le cœur en voyant... »

Je me levai pour l'arrêter par le bras.

— « Citoyen, dit Joseph Chénier à Robespierre, permets-moi de te parler en particulier, ou d'emmener mon père d'ici un moment. Je le crois malade et un peu troublé.

— Impie, dit le vieillard, veux-tu être aussi mauvais fils que mauvais...?

— Monsieur, dis-je en lui coupant la parole, il était inutile de me consulter ce matin.

— Non, non! dit Robespierre avec sa voix aiguë et son incroyable sang-froid; non, ma foi, je ne veux pas que ton père me quitte, Chénier! Je lui ai donné audience; il faut bien que j'écoute. — Et pourquoi donc veux-tu qu'il s'en aille? — Que crains-tu donc qu'il m'apprenne? — Ne sais-je pas à peu près tout ce qui se passe, et même tes ordonnances du matin, docteur?

— C'est fini! » dis-je en retombant accablé sur ma chaise.

Marie-Joseph, par un dernier effort, s'avança hardiment et se plaça de force entre son père et Robespierre.

— « Après tout, dit-il à celui-ci, nous sommes égaux, nous sommes frères, n'est-ce pas? Eh bien, moi, je puis te dire, citoyen, des choses que tout autre qu'un représentant à la Convention nationale n'aurait pas droit de te dire, n'est-ce pas? — Eh bien, je te dis que mon bon père que voici, mon bon vieux père, qui me déteste à présent, parce que je suis député, va te conter quelque affaire de famille bien au-dessous de tes graves occupations, vois-tu, citoyen Robespierre! Tu as de grandes affaires, toi, tu es seul, tu marches seul; toutes ces choses d'intérieur, ces petites brouilleries, tu les ignores, heureusement pour toi. Tu ne dois pas t'en occuper. »

Et il le pressait par les deux mains.

— « Non je ne veux pas absolument que tu l'écoutes, vois-tu; je ne veux pas. » Et, faisant le rieur: « Mais c'est que ce sont de vraies niaiseries qu'il va te dire. »

Et en bavardant plus bas:

« Quelque plainte de ma conduite passée, de vieilles, vieilles idées monarchiques qu'il a. Je ne sais quoi, moi. Écoute, mon ami, toi, notre grand citoyen, notre maître, — oui, je le pense franchement, notre maître! — va, va à tes affaires, à l'Assemblée où l'on t'écoute; — ou plutôt, tiens, renvoie-nous. — Oui, tiens, franchement, mets-nous à la porte: nous sommes de trop. — Messieurs, nous sommes indiscrets, partons. »

Il prenait son chapeau, pâle et haletant, couvert de sueur, tremblant.

— « Allons, docteur; allons, mon père, j'ai à vous parler. Nous sommes indiscrets. — Et Saint-Just, donc, qui arrive de si loin pour le voir! de l'armée du Nord! N'est-il pas vrai, Saint-Just? »

Il allait, il venait, il avait les larmes aux yeux; il prenait Robespierre par le bras, son père par les épaules : il était fou.

Robespierre se leva, et, avec un air de bonté perfide, tendit la main au vieillard par devant son fils. — Le père crut tout sauvé; nous sentîmes tout perdu. M. de Chénier s'attendrit de ce seul geste, comme font les vieillards faibles.

— « Oh! vous êtes bon! s'écria-t-il. C'est un système que vous avez, n'est-ce pas? c'est un système qui fait qu'on vous croit mauvais. Rendez-moi mon fils aîné, monsieur de Robespierre! Rendez-le-moi, je vous en conjure; il est à Saint-Lazare. C'est bien le meilleur des deux, allez; vous ne le connaissez pas! il vous admire beaucoup, et il admire tous ces messieurs aussi; il m'en parle souvent. Il n'est point exagéré du tout, quoi qu'on ait pu vous dire. Celui-ci a peur de se compromettre, et ne vous a pas parlé; mais moi, qui suis père, monsieur, et qui suis bien vieux, je n'ai pas peur. D'ailleurs, vous êtes un homme comme il faut, il ne s'agit que de voir votre air et vos manières; et avec un homme comme vous on s'entend toujours, n'est-ce pas ? »

Puis à son fils :

« Ne me faites point de signes ! ne m'interrompez pas ! vous m'importunez ! laissez monsieur agir selon son cœur : il s'entend un peu mieux que vous en gouvernement, peut-être ! Vous avez toujours été jaloux d'André, dès votre enfance. Laissez-moi, ne me parlez pas. »

Le malheureux frère ! il n'aurait pas parlé, il était muet de douleur, et moi aussi.

— Ah ! dit Robespierre en s'asseyant et ôtant ses lunettes paisiblement et avec soulagement ; voilà donc leur grande affaire ! Dis donc, Saint-Just ! ne s'imaginaient-ils pas que j'ignorais l'emprisonnement du petit frère ? Ces gens-là me croient fou, en vérité. Seulement il est bien vrai que je ne me serais pas occupé de lui d'ici à quelques jours. Eh bien, ajouta-t-il en prenant sa plume et griffonnant, on va faire passer l'affaire de ton fils.

— Voilà ! dis-je en étouffant.

— Comment ! passer ? dit le père interdit.

— Oui, citoyen, dit Saint-Just en lui expliquant froidement la chose, passer au tribunal révolutionnaire, où il pourra se défendre.

— Et André ? dit M. de Chénier.

— Lui ! répondit Saint-Just, à la Conciergerie.

— Mais il n'y avait pas de mandat d'arrêt contre André! dit son père.

— Eh bien, il dira cela au tribunal, répondit Robespierre; tant mieux pour lui. »

Et en parlant il écrivait toujours.

— « Mais à quoi bon l'y envoyer? disait le pauvre vieillard.

— Pour qu'il se justifie, répondait aussi froidement Robespierre, écrivant toujours.

— Mais l'écoutera-t-on? » dit Marie-Joseph.

Robespierre mit ses lunettes et le regarda fixement : ses yeux luisaient sous leurs yeux verts comme ceux des hiboux.

— « Soupçonnes-tu l'intégrité du tribunal révolutionnaire? » dit-il.

Marie-Joseph baissa la tête, et dit :

« Non! » en soupirant profondément.

Saint-Just dit gravement :

« Le tribunal absout quelquefois.

— Quelquefois! dit le père tremblant et debout.

— Dis donc, Saint-Just, reprit Robespierre en recommançant à écrire, sais-tu que c'est aussi un Poète, celui-là? Justement nous parlions d'eux, et ils parlent de nous; tiens, voilà une gentillesse de sa façon. C'est tout nouveau, n'est-il pas vrai, Docteur? Dis donc, Saint-Just, il nous appelle *bourreaux, barbouilleurs de lois.*

— Rien que cela! » dit Saint-Just en prenant le papier, que je ne reconnus que trop, et qu'il avait fait dérober par ses merveilleux espions.

Tout à coup Robespierre tira sa montre, se leva brusquement et dit : « *Deux heures!* »

Il nous salua, et courut à la porte de sa chambre par laquelle il était entré avec Saint-Just. Il l'ouvrit, entra le premier et à demi dans l'autre appartement, où j'aperçus des hommes, et laissant sa main sur la clef comme avec une sorte de crainte et prêt à nous fermer la porte au nez, dit d'une voix aigre, fausse et ferme :

« Ceci est seulement pour vous faire voir que je sais tout ce qui se passe assez promptement. »

Puis, se tournant vers Saint-Just, qui le suivait paisiblement avec un sourire ineffable de douceur :

« Dis donc, Saint-Just, je crois que je m'entends aussi bien que les Poètes à composer des scènes de famille.

— Attends! Maximilien! cria Marie-Joseph en lui montrant le poing et en s'en allant par la porte opposée, qui, cette fois, s'ouvrit d'elle-même, je vais à la Convention avec Tallien!

— Et moi aux Jacobins, dit Robespierre avec sécheresse et orgueil.

— Avec Saint-Just, » ajouta Saint-Just d'une voix terrible.

En suivant Marie-Joseph pour sortir de la tanière :

« Reprenez votre second fils, dis-je au père ; car vous venez de tuer l'aîné. »

Et nous sortîmes sans oser nous retourner pour le voir.

CHAPITRE XXXV

UN SOIR D'ÉTÉ

MA première action fut de cacher Joseph Chénier. Personne alors, malgré la terreur, ne refusait son toit à une tête menacée. Je trouvai vingt maisons. J'en choisis une pour Marie-Joseph. Il s'y laissa conduire en pleurant comme un enfant. Caché le jour, il courait la nuit chez tous les représentants, ses amis, pour leur donner du courage. Il était navré de douleur, il ne parlait plus que pour hâter le renversement de Robespierre, de Saint-Just et de Couthon. Il ne vivait plus que de cette idée. Je m'y livrai comme lui, comme lui je me cachai. J'étais partout, excepté chez moi. Quand Joseph Chénier se rendait à la Convention, il entrait et sortait entouré d'amis et de représentants auxquels on n'osait toucher. Une fois dehors, on le faisait disparaître, et la troupe même des espions de Robespierre, la plus subtile volée de sauterelles qui jamais se soit abattue sur Paris comme une plaie, ne put trouver sa trace. La tête d'André Chénier dépendait d'une question de temps.

Il s'agissait de savoir ce qui mûrirait le plus vite, ou la colère de Robespierre, ou la colère des conjurés. Dès la première nuit qui suivit cette triste scène, du 5 au 6 Thermidor, nous visitâmes tous ceux qu'on nomma depuis *thermidoriens*, tous, depuis Tallien jusqu'à Barras, depuis Lecointre jusqu'à Vadier. Nous les unissions d'intention sans les rassembler.— Chacun était décidé, mais tous ne l'étaient pas.

Je revins triste. Voici le résultat de ce que j'ai vu :

La République était minée et contre-minée. La mine de Robespierre partait de l'Hôtel de Ville : la contre-mine de Tallien, des Tuileries. Le jour où les mineurs se rencontreraient serait le jour de l'explosion. Mais il y avait unité du côté de Robespierre, désunion dans les conventionnels qui attendaient son attaque.

Nos efforts pour les presser de commencer n'aboutirent cette nuit et la nuit suivante, du 6 au 7, qu'à des conférences timides et partielles. Les Jacobins étaient prêts dès longtemps. La Convention voulait attendre les premiers coups. Le 7, quand le jour vint, on en était là.

Paris sentait la terre remuer sous lui. L'événement futur se respirait dans les carrefours, comme il arrive toujours ici. Les places étaient encombrées de parleurs. Les portes étaient béantes. Les fenêtres questionnaient les rues.

Nous n'avions rien pu savoir de Saint-Lazare. Je m'y étais montré. On m'avait fermé la porte avec fureur, et presque arrêté. J'avais perdu la journée en recherches vaines. Vers six heures du soir, des groupes couraient les places publiques. Des hommes agités jetaient une nouvelle dans les rassemblements et s'enfuyaient. On disait : Les Sections vont prendre les armes. On conspire à la Convention. — Les Jacobins conspirent. — La Commune suspend les décrets de la Convention. — Les canonniers viennent de passer.

On criait :

« Grande pétition des Jacobins à la Convention en faveur du peuple. »

Quelquefois toute une rue courait et s'enfuyait sans savoir pourquoi, comme balayée par le vent. Alors les enfants tombaient, les femmes criaient, les volets des boutiques se fermaient, et puis le silence régnait pour un peu de temps, jusqu'à ce qu'un nouveau trouble vînt tout remuer.

— Le soleil était voilé comme par un commenment d'orage. La chaleur était étouffante. Je rôdai autour de ma maison de la place de la Révolution, et, pensant tout d'un coup qu'après deux nuits ce serait là qu'on me chercherait le moins, je passai l'arcade, et j'entrai. Toutes les portes étaient ouvertes ; les portiers dans les rues. Je montai, j'entrai seul ; je trouvai tout comme je l'avais laissé : mes livres épars et un peu poudreux, mes fenêtres ouvertes. Je me reposai un moment près de la fenêtre qui donnait sur la place.

Tout en réfléchissant, je regardais d'en haut ces Tuileries éternellement régnantes et tristes, avec leurs marronniers verts, et la longue maison sur la longue terrasse des Feuillants ; les arbres des Champs-Élysées, tout blancs de poussière ; la place toute noire de têtes d'hommes, et, au milieu, l'une devant l'autre, deux choses de bois peint : la statue de la Liberté et la Guillotine.

Cette soirée était pesante. Plus le soleil se cachait derrière les arbres et sous le nuage lourd et bleu en se couchant, plus il lançait des rayons obliques et coupés sur les bonnets rouges et les chapeaux noirs, lueurs tristes qui donnaient à cette foule agitée l'aspect d'une mer sombre tachetée par des flaques de sang. Les voix confuses n'arrivaient plus à la hauteur de mes fenêtres les plus voisines du toit que comme la voix des vagues de l'Océan, et le roulement lointain du tonnerre ajoutait à cette sombre illusion. Les murmures prirent tout à coup un accroissement prodigieux; et je vis toutes les têtes et les bras se tourner vers les boulevards, que je ne pouvais apercevoir. Quelque chose qui venait de là excitait les cris et les huées, le mouvement et la lutte. Je me penchai inutilement, rien ne paraissait, et les cris ne cessaient pas. Un désir invincible de voir me fit oublier ma situation : je voulus sortir, mais j'entendis sur l'escalier une querelle qui me fit bientôt fermer la porte. Des hommes voulaient monter, et le portier, convaincu de mon absence, leur montrait, par ses clefs doubles, que je n'habitais plus la maison. Deux voix nouvelles survinrent et dirent que c'était vrai, qu'on avait tout retourné il y avait une heure. J'étais arrivé à temps. On descendait avec grand regret. A leurs imprécations je reconnus de quelle part étaient venus ces hommes. Force me fut de retourner tristement à ma fenêtre, prisonnier chez moi.

Le grand bruit croissait de minute en minute, et un bruit supérieur s'approchait de la place, comme le bruit des canons au milieu de la fusillade. Un flot immense de peuple armé de piques enfonça la vaste mer du peuple désarmé de la place, et je vis enfin la cause de ce tumulte sinistre.

C'était une charrette, mais une charrette peinte de rouge et chargée de plus de quatre-vingts corps vivants. Ils étaient tous debout, pressés l'un contre l'autre. Toutes les tailles, tous les âges étaient liés en faisceau. Tous avaient la tête découverte, et l'on voyait des cheveux blancs, des têtes sans cheveux, de petites têtes blondes à hauteur de ceinture, des robes blanches, des habits de paysans, d'officiers, de prêtres, de bourgeois; j'aperçus même deux femmes qui portaient leur enfant à la mamelle et nourrissaient jusqu'à la fin, comme pour léguer à leurs fils tout leur lait, tout leur sang et toute leur vie, qu'on allait prendre. Je vous l'ai dit, cela s'appelait une *fournée*.

La charge était si pesante, que trois chevaux ne pouvaient la traîner. D'ailleurs, et c'était la cause du bruit, à chaque pas on arrêtait la voiture, et le peuple jetait de grands cris. Les chevaux reculaient l'un sur l'autre, et la charrette était comme assiégée. Alors, par-dessus leurs gardes, les condamnés tendaient les bras à leurs amis.

On eût dit une nacelle surchargée qui va faire naufrage et que du bord on veut sauver. A chaque essai des gendarmes et des Sans-Culottes pour marcher en avant, le peuple jetait un cri immense et refoulait le cortège avec toutes ses poitrines et toutes ses épaules; et, interposant devant l'arrêt son tardif et terrible *veto,* il criait d'une voix longue, confuse, croissante, qui venait à la fois de la Seine, des ponts, des quais, des avenues, des arbres, des bornes et des pavés :

Non! non! non!

A chacune de ces grandes marées d'hommes, la charrette se balançait sur ses roues comme un vaisseau sur ses ancres, et elle était presque soulevée avec toute sa charge. J'espérais toujours la voir verser. Le cœur me battait violemment. J'étais tout entier hors de ma fenêtre, enivré, étourdi par la grandeur du spectacle. Je ne respirais pas. J'avais toute l'âme et toute la vie dans les yeux.

Dans l'exaltation où m'élevait cette grande vue, il me semblait que le ciel et la terre y étaient acteurs. De temps à autre venait du nuage un petit éclair, comme un signal. La face noire des Tuileries devenait rouge et sanglante, les deux grands carrés d'arbres se renversaient en arrière comme ayant horreur. Alors le peuple gémissait; et, après sa grande voix, celle du nuage reprenait et roulait tristement.

L'ombre commençait à s'étendre, celle de l'orage avant celle de la nuit. Une poussière sèche volait au-dessus des têtes et cachait souvent à mes yeux tout le tableau. Cependant je ne pouvais arracher ma vue de cette charrette ballottée. Je lui tendais les bras d'en haut, je jetais des cris inentendus; j'invoquais le peuple! Je lui disais : « Courage! » et ensuite je regardais si le ciel ne ferait pas quelque chose.

Je m'écriai :

« Encore trois jours! encore trois jours! ô Providence! ô Destin! ô Puissances à jamais inconnues! ô vous le Dieu! vous les Esprits! vous les Maîtres! les Éternels! si vous entendez, arrêtez-les pour trois jours encore! »

La charrette allait toujours pas à pas, lentement, heurtée, arrêtée, mais, hélas! en avant. Les troupes s'accroissaient autour d'elle. Entre la Guillotine et la Liberté, des baïonnettes luisaient en masse. Là semblait être le port où la chaloupe était attendue. Le peuple, las du sang, le peuple irrité, murmurait davantage, mais il agissait moins qu'en commençant. Je tremblai, mes dents se choquèrent.

Avec mes yeux j'avais vu l'ensemble du

tableau; pour voir le détail je pris une *longue-vue*. La charrette était déjà éloignée de moi, en avant. J'y reconnus pourtant un homme en habit gris, les mains derrière le dos. Je ne sais si elles étaient attachées. Je ne doutai pas que ce ne fût André Chénier. La voiture s'arrêta encore. On se battait. Je vis un homme en bonnet rouge monter sur les planches de la Guillotine et arranger un panier.

Ma vue se troublait : je quittai ma lunette pour essuyer le verre et mes yeux.

L'aspect général de la place changeait à mesure que la lutte changeait de terrain. Chaque pas que les chevaux gagnaient semblait au peuple une défaite qu'il éprouvait. Les cris étaient moins furieux et plus douloureux. La foule s'accroissait pourtant et empêchait la marche plus que jamais par le nombre plus que par la résistance.

Je repris la longue-vue, et je revis les malheureux embarqués qui dominaient de tout le corps les têtes de la multitude. J'aurais pu les compter en ce moment. Les femmes m'étaient inconnues. J'y distinguai de pauvres paysannes, mais non les femmes que je craignais d'y voir. Les hommes, je les ai vus à Saint-Lazare. André causait en regardant le soleil couchant. Mon âme s'unit à la sienne; et tandis que mon œil suivait de loin le mouvement de ses lèvres, ma bouche disait tout haut ses derniers vers :

> Comme un dernier rayon, comme un dernier zéphire
> Anime la fin d'un beau jour,
> Au pied de l'échafaud, j'essaie encor ma lyre;
> Peut-être est-ce bientôt mon tour.

Tout à coup un mouvement violent qu'il fit me força de quitter ma lunette et de regarder toute la place, où je n'entendais plus de cris.

Le mouvement de la multitude était devenu rétrograde tout à coup.

Les quais, si remplis, si encombrés, se vidaient. Les masses se coupaient en groupes, les groupes en familles, les familles en individus. Aux extrémités de la place, on courait pour s'enfuir dans une grande poussière. Les femmes couvraient leurs têtes et leurs enfants de leurs robes. La colère était éteinte... Il pleuvait.

Qui connaît Paris comprendra ceci. Moi, je l'ai vu. Depuis encore je l'ai revu dans des circonstances graves et grandes.

Aux cris tumultueux, aux jurements, aux longues vociférations, succédèrent des murmures plaintifs qui semblaient un sinistre adieu, de lentes et rares exclamations, dont les notes prolongées, basses et descendantes, exprimaient l'abandon de la résistance et gémissaient sur leur faiblesse. La Nation, humiliée, ployait le dos et roulait par troupeaux entre une fausse statue, une Liberté, qui n'était que l'image d'une image, et un réel Échafaud teint de son meilleur sang.

Ceux qui se pressaient voulaient voir ou voulaient s'enfuir. Nul ne voulait rien empêcher. Les bourreaux saisirent le moment. La mer était calme, et leur hideuse barque arriva à bon port. La Guillotine leva son bras.

En ce moment plus aucune voix, plus aucun mouvement sur l'étendue de la place. Le bruit clair et monotone d'une large pluie était le seul qui se fît entendre, comme celui d'un immense arrosoir. Les larges rayons d'eau s'étendaient devant mes yeux et sillonnaient l'espace. Mes jambes tremblaient : il me fut nécessaire d'être à genoux.

Là je regardais et j'écoutais sans respirer. La pluie était encore assez transparente pour que ma lunette me fît apercevoir la couleur du vêtement qui s'élevait entre les poteaux. Je voyais aussi un jour blanc entre les bras et le billot, et, quand une ombre comblait cet intervalle, je fermais les yeux. Un grand cri des spectateurs m'avertissait de les rouvrir.

Trente-deux fois je baissai la tête ainsi, disant une prière désespérée, que nulle oreille humaine n'entendra jamais, et que moi seul j'ai pu concevoir.

Après le trente-troisième cri, je vis l'habit gris tout debout. Cette fois je résolus d'honorer le courage de son génie en ayant le courage de voir toute sa mort : je me levai.

La tête roula, et ce qu'il *avait là* s'enfuit avec le sang.

CHAPITRE XXXVI

UN TOUR DE ROUE

CI le Docteur-Noir fut quelque temps sans pouvoir continuer. Tout à coup il se leva et dit ce qui suit en marchant vivement dans la chambre de Stello :

— Une rage incroyable me saisit alors! Je sortis violemment de ma chambre en criant sur l'escalier : Les bourreaux! les scélérats! livrez-moi si vous voulez! venez me chercher! me voilà! — Et j'allongeais ma tête, comme la présentant au couteau. J'étais dans le délire.

Eh! que faisais-je? — Je ne trouvai sur les

marches de l'escalier que deux petits enfants, ceux du portier. Leur innocente présence m'arrêta. Ils se tenaient par la main, et, tout effrayés de me voir, se serraient contre la muraille pour me laisser passer comme un fou que j'étais. Je m'arrêtai et je me demandai où j'allais, et comment cette mort transportait ainsi celui qui avait tant vu mourir. — Je redevins à l'instant maître de moi; et, me repentant profondément d'avoir été assez insensé pour espérer pendant un quart d'heure de ma vie, je redevins l'impassible spectateur de choses, que je fus toujours. — J'interrogeai ces enfants sur mon canonnier; il était venu depuis le 5 thermidor tous les matins, à huit heures; il avait brossé mes habits et dormi près du poêle. Ensuite, ne me voyant pas venir, il était parti sans questionner personne. — Je demandai aux enfants où était leur père. Il était allé sur la place voir la cérémonie. Moi, je l'avais trop bien vue.

Je descendis plus lentement, et, pour satisfaire le désir violent qui me restait, celui de voir comment se conduirait la Destinée, et si elle aurait l'audace d'ajouter le triomphe général de Robespierre à ce triomphe partiel. Je n'en aurais pas été surpris.

La foule était si grande encore et si attentive sur la place, que je sortis, sans être vu, par ma grande porte, ouverte et vide. Là je me mis à marcher, les yeux baissés, sans sentir la pluie. La nuit ne tarda pas à venir. Je marchais toujours en pensant. Partout j'entendais à mes oreilles les cris populaires, le roulement lointain de l'orage, le bruissement régulier de la pluie. Partout je croyais voir la Statue et l'Échafaud se regardant tristement par-dessus les têtes vivantes et les têtes coupées. J'avais la fièvre. Continuellement j'étais arrêté dans les rues par des troupes qui passaient, par des hommes qui couraient en foule. Je m'arrêtais, je laissais passer, et mes yeux baissés ne pouvaient regarder que le pavé luisant, glissant et lavé par la pluie. Je voyais mes pieds marcher, et je ne savais pas où ils allaient. Je réfléchissais sagement, je raisonnais logiquement, je voyais nettement et j'agissais en insensé. L'air avait été rafraîchi, la pluie avait séché dans les rues et sur moi sans que je m'en fusse aperçu. Je suivais les quais, je passais les ponts, je les repassais, cherchant à marcher seul sans être coudoyé, et je ne pouvais y réussir. J'avais du peuple à côté de moi, du peuple devant, du peuple derrière; du peuple dans la tête, du peuple partout : c'était insupportable. On me croisait, on me poussait, on me serrait. Je m'arrêtais alors, et je m'asseyais sur une borne ou une barrière : je continuais à réfléchir. Tous les traits du tableau me revenaient plus colorés devant les yeux; je revoyais les Tuileries rouges, la place houleuse et noire, le gros nuage et la grande Statue et la grande Guillotine se regardant. Alors je partais de nouveau; le peuple me reprenait, me heurtait et me roulait encore. Je le fuyais machinalement, mais sans être importuné; au contraire, la foule berce et endort. J'aurais voulu qu'elle s'occupât de moi pour être délivré par l'extérieur de l'intérieur de moi-même. La moitié de la nuit se passa ainsi dans un vagabondage de fou. Enfin, comme je m'étais assis sur le parapet d'un quai, et que l'on m'y pressait encore, je levai les yeux et regardai autour de moi et devant moi. J'étais devant l'Hôtel de Ville; je le reconnus à ce cadran lumineux, éteint depuis, rallumé nouvellement tel qu'on le voit, et qui, tout rouge alors, ressemblait de loin à une large lune de sang sur laquelle des heures magiques étaient marquées. Le cadran disait minuit et vingt minutes, je crus rêver. Ce qui m'étonna surtout fut de voir réellement autour de moi une quantité d'hommes assemblés. Sur la Grève, sur les quais, partout on allait sans savoir où. Devant l'Hôtel de Ville surtout on regardait une grande fenêtre éclairée. C'était celle du Conseil de la Commune. Sur les marches du vieux palais était rangé un bataillon épais d'hommes en bonnets rouges, armés de piques et chantant la *Marseillaise;* le reste du peuple était dans la stupeur et parlait à voix basse.

Je pris la sinistre résolution d'aller chez Joseph Chénier. J'arrivai bientôt à une étroite rue de l'île Saint-Louis, où il s'était réfugié. Une vieille femme, notre confidente, qui m'ouvrit en tremblant après m'avoir fait long-temps attendre, me dit « qu'il dormait; qu'il était bien content de sa journée; qu'il avait reçu dix Représentants sans oser sortir; que demain on allait attaquer Robespierre, et que le 9 il irait avec moi délivrer M. André; qu'il prenait des forces. »

L'éveiller pour lui dire : Ton frère est mort; tu arriveras trop tard. Tu crieras : Mon frère! et l'on ne te répondra pas; tu diras : Je voulais le sauver, — et l'on ne te croira jamais, ni pendant ta vie ni après ta mort! et tous les jours on t'écrira : Caïn, qu'as-tu fait de ton frère ?

L'éveiller pour lui dire cela! — Oh! non!

— « Qu'il prenne des forces, dis-je, il en aura besoin demain. »

Et je recommençai dans la rue ma nocturne marche, résolu de ne pas entrer chez moi que l'événement ne fût accompli. Je passai la nuit à rôder de l'Hôtel de Ville au Palais-National, des Tuileries à l'Hôtel de Ville. Tout Paris semblait aussi bivouaquer.

Le jour 8 thermidor se leva bientôt, très brillant. Ce fut un bien long jour que celui-là. Je vis du dehors le combat intérieur du grand corps de la République. Au Palais-National, contre l'ordinaire, le silence était sur la place et le bruit dans le château. Le peuple attendit encore son arrêt tout le jour, mais vainement. Les partis se formaient. La Commune enrôlait des Sections entières de la garde nationale. Les Jacobins étaient ardents à pérorer dans les groupes.

On portait des armes; on les entendait essayer par des explosions inquiétantes. La nuit revint, et l'on apprit seulement que Robespierre était plus fort que jamais, et qu'il avait frappé d'un discours puissant ses ennemis de la Convention. Quoi! il ne tomberait pas! quoi! il vivrait, il tuerait, il régnerait! — Qui aurait eu, cette autre nuit, un toit, un lit, un sommeil? — Personne autour de moi ne s'en souvint, et moi je ne quittai pas la place. J'y vécus, j'y pris racine.

Il arriva enfin le second jour, le jour de crise, et mes yeux fatigués le saluèrent de loin. La Dispute foudroyante hurla tout le jour encore dans le palais qu'elle faisait trembler. Quand un cri, quand un mot s'envolait au dehors, il bouleversait Paris, et tout chan-geait de face. Les dés étaient jetés sur le tapis, et les têtes aussi. — Quelquefois un des pâles joueurs venait respirer et s'essuyer le front à une fenêtre; alors le peuple lui demandait avec anxiété qui avait gagné la partie où il était joué lui-même.

Tout à coup on apprend, avec la fin du jour et de la séance, on apprend qu'un cri étrange, inattendu, imprévu, inouï, a été jeté: *A bas le tyran!* et que Robespierre est en prison. La guerre commence aussitôt. Chacun court à son poste. Les tambours roulent, les armes brillent, les cris s'élèvent. — L'Hôtel de Ville gémit avec son tocsin, et semble appeler son maître. — Les Tuileries se hérissent de fer, Robespierre reconquis règne en son palais, l'Assemblée dans le sien. Toute la nuit, la Commune et la Convention appellent à leur secours, et mutuellement s'excommunient.

Le peuple était flottant entre ces deux puissances. Les citoyens erraient par les rues, s'appelant, s'interrogeant, se trompant et craignant de se perdre eux-mêmes et la nation; beaucoup demeuraient en place, et, frappant le pavé de la crosse de leurs fusils, s'y appuyaient le menton en attendant le jour et la vérité.

Il était minuit. J'étais sur la place du Carrousel, lorsque dix pièces de canon y arrivèrent. A la lueur des mèches allumées et de quelques torches, je vis que les officiers plaçaient leurs pièces avec indifférence sur la place, comme en un parc d'artillerie, les unes braquées contre le Louvre, les autres vers la rivière. Ils n'avaient, dans les ordres qu'ils donnaient, aucune intention décidée. Ils s'arrêtèrent et descendirent de cheval, ne sachant guère à la disposition de qui ils venaient se mettre. Les canonniers se couchèrent à terre. Comme je m'approchais d'eux, j'en remarquai un, le plus fatigué peut-être, mais à coup sûr le plus grand de tous, qui s'était établi commodément sur l'affût de sa pièce, et commençait à ronfler déjà. Je le secouai par le bras : c'était mon paisible canonnier, c'était Blaireau.

Il se gratta la tête un moment avec un peu d'embarras, me regarda sous le nez, puis, me reconnaissant, se releva de toute son étendue assez languissamment. Ses camarades, habitués à le vénérer comme chef de pièce, vinrent pour l'aider à quelque manœuvre. Il allongea un peu ses bras et ses jambes pour se dégourdir, et leur dit :

« Oh! restez, restez; allez, ce n'est rien : c'est le citoyen que voilà qui vient boire un peu la goutte avec moi. Hein! »

Les camarades recouchés ou éloignés :

— « Eh bien, dis-je, mon grand Blaireau, qu'est-ce donc qui arrive aujourd'hui ? »

Il prit la mèche de son canon, et s'amusa à y allumer sa pipe.

— « Oh! c'est pas grand'chose, me dit-il.
— Diable! » dis-je.

Il huma sa pipe avec bruit et la mit en train.

— « Oh! mon Dieu! mon Dieu, mon Dieu, non! pas la peine de faire attention à ça! »

Il tourna la tête par-dessus ses hautes épaules pour regarder d'un air de mépris le palais national des Tuileries, avec toutes ses fenêtres éclairées.

— « C'est, me dit-il, un tas d'avocats qui se chamaillent là-bas! Et c'est tout.

— Ah! ça ne te fait pas d'autre effet, à toi ? lui dis-je, en prenant un ton cavalier et voulant lui frapper sur l'épaule, mais n'y arrivant pas.

— Pas davantage, » me dit Blaireau avec un air de supériorité incontestable.

Je m'assis sur son affût, et je rentrai en moi-même. J'avais honte de mon peu de philosophie à côté de lui.

Cependant j'avais peine à ne pas faire attention à ce que je voyais. Le Carrousel se chargeait de bataillons qui venaient se serrer en masse devant les Tuileries, et se reconnaissaient avec précaution. C'étaient la section de la Montagne, celle de Guillaume-Tell, celles des Gardes-Françaises et de la Fontaine-Grenelle qui se rangeaient autour de la Convention. Était-ce pour la cerner ou la défendre ?

Comme je me faisais cette question, des chevaux accoururent. Ils enflammaient le pavé de leurs pieds. Ils vinrent droit aux canonniers.

Un gros homme, qu'on distinguait mal à la lueur des torches, et qui beuglait d'une étrange façon, devançait tous les autres. Il brandissait un grand sabre courbe, et criait de loin :

« Citoyens canonniers, à vos pièces ! — Je suis le général Henriot. Criez : Vive Robespierre ! mes enfants. Les traîtres sont là ! enfants. Brûlez-leur un peu la moustache ! Hein ! faudra voir s'ils feront aller les bons enfants comme ils voudront. Hein ! c'est que je suis là, moi. — Hein ! vous me connaissez bien, mes fils, pas vrai ? »

Pas un mot de réponse. Il chancelait sur son cheval, et, se renversant en arrière, soutenait son gros corps sur les rênes, et faisait cabrer le pauvre animal, qui n'en pouvait plus.

— « Eh bien, où sont donc les officiers ici ? mille dieux ! continuait-il. Vive la nation ! Dieu de Dieu ! et Robespierre ! les amis ! — Allons ! nous sommes des Sans-Culottes et des bons garçons, qui ne nous mouchons pas du pied, n'est-ce pas? — Vous me connaissez bien? — Hein! vous savez, canonniers, que je n'ai pas froid aux yeux, moi! Tournez-moi vos pièces sur cette baraque, où sont tous les filous et les gredins de la Convention. »

Un officier s'approcha et lui dit : « Salut! — Va te coucher. Je n'en suis pas. — Ni vu ni connu, — tu m'ennuies. »

Un second dit au premier :

« Mais dis donc, toi, on ne sait pas au fait s'il n'est pas général, ce vieil ivrogne?

— Ah bah! qu'est-ce que ça me fait? » dit le premier. Et il s'assit.

Henriot écumait. — « Je te fendrai le crâne comme un melon, si tu n'obéis pas, mille tonnerres!

— Oh! pas de ça, Lisette! reprit l'officier en lui montrant le bout d'un écouvillon. Tiens-toi tranquille, s'il vous plaît, citoyen. »

Les espèces d'aides de camp qui suivaient Henriot s'efforçaient inutilement d'*enlever* les officiers et de les décider : ils les écoutaient beaucoup moins encore que leur gros buveur de général.

Le vin, le sang, la colère, étranglaient l'ignoble Henriot. Il criait, il jurait Dieu, il maugréait, il hurlait; il se frappait la poitrine; il descendait de cheval et se jetait par terre; il remontait et perdait son chapeau à grandes plumes. Il courait de la droite à la gauche, et embarrassait les pieds du cheval dans les affûts. Les canonniers le regardaient sans se déranger, et riaient. Les citoyens armés venaient le regarder avec des chandelles et des torches, et riaient.

Henriot recevait de grossières injures et rendait des imprécations de cabaretier saoûl.

— « Oh! le gros sanglier, — sanglier sans défense. — Oh! oh! qu'est-ce qu'il nous veut, le porc empanaché? »

Il criait : « A moi les bons Sans-Culottes! à moi les solides à trois poils! que j'extermine toute cette enragée canaille de Tallien! Fendons la gorge à Boissy-d'Anglas; éventrons Collot-d'Herbois; coupons le sifflet à Merlin-Thionville; faisons un hachis de conventionnels sur le Billaud-Varennes, mes enfants!

— Allons! dit l'adjudant-major des canonniers, commence par faire demi-tour, vieux fou. En v'là assez. C'est assez d'parade comm'ça. Tu ne passeras pas. »

En même temps il donna un coup de pommeau de sabre dans le nez du cheval d'Henriot. Le pauvre animal se mit à courir dans la place du Carrousel, emportant son gros maître, dont le sabre et le chapeau traînaient à terre, renversant sur son chemin des soldats pris par le dos, des femmes qui étaient venues accompagner les Sections, et de pauvres petits garçons accourus pour regarder, comme tout le monde.

L'ivrogne revint encore à la charge, et, avec un peu plus de bon sens (le froid sur la tête et le galop l'avaient un peu dégrisé), dit à un autre officier :

« Songe bien, citoyen, que l'ordre de faire feu sur la Convention, c'est de la Commune que je te l'apporte, et de la part de Robespierre, Saint-Just et Couthon. J'ai le commandement de toute la garnison. Tu entends, citoyen? »

L'officier ôta son chapeau. Mais il répondit avec un sang-froid parfait :

« Donne-moi un ordre par écrit, citoyen. Crois-tu que je serai assez bête pour faire feu sans preuve d'ordre? — Oui! pas mal! — Je ne suis pas au service d'hier, va! pour me faire guillotiner demain. Donne-moi un ordre signé, et je brûle le Palais-National et la Convention comme un paquet d'allumettes. »

Là-dessus, il retroussa sa moustache et tourna le dos.

— « Autrement, ajouta-t-il, ordonne le feu toi-même aux artilleurs, et je ne soufflerai pas. »

Henriot le prit au mot. Il vint droit à Blaireau :

« Canonnier, je te connais. »

Blaireau ouvrit de grands yeux hébétés et dit :

« Tiens! il me connaît!

— Je t'ordonne de tourner la pièce sur le mur là-bas, et de faire feu. »

Blaireau bâilla. Puis il se mit à l'ouvrage, et d'un tour de bras la pièce fut braquée. Il ploya ses grands genoux, et en pointeur expérimenté ajusta le canon, mettant en ligne les deux points de mire vis-à-vis la plus grande fenêtre allumée du château.

Henriot triomphait.

Blaireau se redressa de toute sa hauteur, et dit à ses quatre camarades, qui se tenaient à leur poste pour servir la pièce, deux à droite, deux à gauche :

« Ce n'est pas tout à fait ça, mes petits amis. — Un petit tour de roue encore! »

Moi, je regardai cette roue du canon qui tournait en avant, puis retournait en arrière, et je crus voir la roue mythologique de la Fortune. Oui, c'était elle... C'était elle-même, réalisée, en vérité.

A cette roue était suspendu le destin du monde. Si elle allait en avant et pointait la pièce, Robespierre était vainqueur. En ce moment même les Conventionnels avaient appris l'arrivée d'Henriot; en ce moment même, ils s'asseyaient pour mourir sur leurs chaises curules. Le peuple des tribunes s'était enfui et le racontait autour de nous. Si le canon faisait feu, l'Assemblée se séparait, et les Sections réunies passaient au joug de la Commune. La Terreur s'affermissait, puis s'adoucissait, puis restait... restait un Richard III, ou un Cromwel, ou après un Octave... Qui sait ?

Je ne respirais pas, je regardais, je ne voulais rien dire.

Si j'avais dit un mot à Blaireau, si j'avais mis un grain de sable, le souffle d'un geste sous la roue, je l'aurais fait reculer. Mais non, je n'osai le faire, je voulus voir ce que le destin seul enfanterait.

Il y avait un petit trottoir usé devant la pièce, les quatre servants ne pouvaient poser également les roues, qui glissaient toujours en arrière.

Blaireau recula et se croisa les bras en artiste découragé et mécontent. Il fit la moue.

Il se tourna vers un officier d'artillerie :

« Lieutenant! c'est trop jeune tout ça! — C'est trop jeune, ces servants-là, ça ne sait pas manier sa pièce. Tant que vous me donnerez ça, il n'y pas moyen d'aller! — N'y a pas de plaisir! »

Le lieutenant répondit avec humeur :

« Je ne te dis pas de faire feu, moi, je ne dis rien.

— Ah bien! c'est différent, dit Blaireau en bâillant. Ah! bien, moi non plus, je ne suis plus du jeu. Bonsoir. »

En même temps il donna un coup de pied à sa pièce, la fit rouler en travers, et se coucha dessus.

Henriot tira son sabre, qu'on lui avait ramassé.

— « Feras-tu feu? » dit-il.

Blaireau fumait, et, tenant à la main sa mèche éteinte, répondit :

« Ma chandelle est morte! va te coucher! »

Henriot, suffoqué de rage, lui donna un coup de sabre à fendre un mur; mais c'était un revers d'ivrogne, si mal appliqué, qu'il ne fit qu'effleurer la manche de l'habit et à peine la peau, à ce que je jugeai.

C'en fut assez pour décider l'affaire contre Henriot. Les canonniers furieux firent pleuvoir sur son cheval une grêle de coups de poing, de pied, d'écouvillon; et le malencontreux général, couvert de boue, ballotté par son coursier comme un sac de blé sur un âne, fut emporté vers le Louvre, pour arriver, comme vous savez, à l'Hôtel de Ville, où Coffinhal le Jacobin le jeta par la fenêtre sur un tas de fumier, son lit naturel.

En ce moment même arrivent les commissaires de la Convention; ils crient de loin que

Robespierre, Saint-Just, Couthon, Henriot, sont mis *hors la loi*. Les Sections répondent à ce mot magique par des cris de joie. Le Carrousel s'illumine subitement. Chaque fusil porte un flambeau. *Vive la liberté! Vive la Convention! A bas les tyrans!* sont les cris de la foule armée. Tout marche à l'Hôtel de Ville, et tout le peuple se soumet et se disperse au cri magique qui fut *l'interdit* républicain : *Hors la loi!*

La Convention, assiégée, fit une sortie et vint des Tuileries assiéger la Commune à l'Hôtel de Ville. Je ne la suivis pas; je ne doutais pas de sa victoire. Je ne vis pas Robespierre se casser le menton au lieu de la cervelle, et recevoir l'injure, comme il eût reçu l'hommage, avec orgueil et en silence. Il avait attendu la soumission de Paris, au lieu d'envoyer et d'aller la conquérir comme la Convention. Il avait été lâche. Tout était dit pour lui. Je ne vis pas son frère se jeter sur les baïonnettes par le balcon de l'Hôtel de Ville, Lebas se casser la tête, et Saint-Just aller à la guillotine aussi calme qu'en y faisant conduire les autres, les bras croisés, les yeux et les pensées au ciel comme le grand inquisiteur de la Liberté.

Ils étaient vaincus, peu m'importait le reste.

Je restai sur la même place, et, prenant les mains longues et ignorantes de mon canonnier naïf, je lui fis cette petite allocution :

« O Blaireau! ton nom ne tiendra pas la moindre place dans l'histoire, et tu t'en soucies peu, pourvu que tu dormes le jour et la nuit, et que ce ne soit pas loin de Rose. Tu es trop simple et trop modeste, Blaireau, car je te jure que de tous les hommes appelés *grands* par les conteurs d'histoire, il y en a peu qui aient fait des choses aussi grandes que celles que tu viens de faire. Tu as retranché du monde un règne et une Ère démocratique; tu as fait reculer la Révolution d'un pas, tu as blessé à mort la République. Voilà ce que tu as fait, ô grand Blaireau! — D'autres hommes vont gouverner, qui seront félicités de ton œuvre, et qu'un souffle de toi aurait pu disperser comme la fumée de ta pipe solennelle. On écrira beaucoup et longtemps, et peut-être toujours, sur le 9 thermidor : et jamais on ne pensera à te rapporter l'hommage d'adoration qui t'est dû tout aussi justement qu'à tous les hommes d'action qui pensent si peu et qui savent si peu comment ce qu'ils ont fait s'est fait, et qui sont bien loin de ta modestie et de ta candeur philosophiques. Qu'il ne soit pas dit qu'on ne t'ait pas rendu hommage; c'est toi, ô Blaireau! qui es véritablement l'homme de la Destinée. »

Cela dit, je m'inclinai avec un respect réel et plein d'humiliation, après avoir vu ainsi tout au fond de la source d'un des plus grands événements politiques du monde.

Blaireau pensa, je ne sais pourquoi, que je me moquais de lui. Il retira sa main des miennes très doucement, par respect, et se gratta la tête :

« Si c'était, dit ce grand homme, un effet de votre bonté de regarder un peu mon bras gauche, seulement pour voir.

— C'est juste, » dis-je.

Il ôta sa manche, et je pris une torche.

— « Remercie Henriot, mon fils, lui dis-je, il t'a défait des plus dangereux de tes hiéroglyphes. Les fleurs de lis, les Bourbons et Madeleine sont enlevés avec l'épiderme, et après-demain tu seras guéri et marié si tu veux. »

Je lui serrai le bras avec mon mouchoir, je l'emmenai chez moi, et ce qui fut dit fut fait.

De longtemps encore je ne pus dormir, car le serpent était écrasé, mais il avait dévoré le cygne de la France.

Vous connaissez trop votre monde pour que je cherche à vous persuader que Mlle de Coigny s'empoisonna et que Mme de Saint-Aignan se poignarda. Si la douleur fut un poison pour elles, ce fut un poison lent. Le 9 thermidor les fit sortir de prison. Mlle de Coigny se réfugia dans le mariage, mais bien des choses m'ont porté à croire qu'elle ne se trouva pas très bien de ce lieu d'asile. — Pour Mme de Saint-Aignan, une mélancolie douce et affectueuse, mais un peu sauvage, et l'éducation de trois beaux enfants, remplirent toute sa vie et son veuvage dans la solitude du château de Saint-Aignan. Un an environ après sa prison, une femme vint me demander de sa part *un portrait*. Elle avait attendu la fin du deuil de son mari pour me faire reprendre ce trésor.

— Elle désirait ne pas me voir. — Je donnai la précieuse boîte de maroquin violet, et je ne la revis pas. — Tout cela était très bien, très pur, très délicat. — J'ai respecté ses volontés, et je respecterai toujours son souvenir charmant, car elle n'est plus.

Jamais aucun voyage ne lui fit quitter ce portrait, m'a-t-on dit; jamais elle ne consentit à le laisser copier : peut-être l'a-t-elle brisé en mourant; peut-être est-il resté dans un tiroir de secrétaire du vieux château, où les petits-enfants de la belle duchesse l'auront toujours pris pour un grand-oncle; c'est la destinée des portraits. Ils ne font battre qu'un seul cœur, et, quand ce cœur ne bat plus, il faut les effacer.

CHAPITRE XXXVII

DE L'OSTRACISME PERPÉTUEL

ES dernières paroles du Docteur-Noir résonnaient encore dans la grande chambre de Stello, lorsque celui-ci s'écria, en levant les deux bras au-dessus de sa tête :

« Oui, cela dut se passer ainsi !

— Mes histoires, dit rudement le conteur satirique, sont, comme toutes les paroles des hommes, à moitié vraies.

— Oui, cela dut se passer ainsi, poursuivit Stello; oui, je l'atteste par tout ce que j'ai souffert en écoutant. Comme l'on sent la ressemblance du portrait d'un inconnu ou d'un mort, je sens la ressemblance des vôtres. Oui, leurs passions et leurs intérêts les firent parler de la sorte. Donc, des trois formes du Pouvoir possibles, la première nous craint, la seconde nous dédaigne comme inutiles, la troisième nous hait et nous nivelle comme supériorités aristocratiques. Sommes-nous donc les ilotes éternels des sociétés ?

— Ilotes ou Dieux, dit le Docteur, la Multitude, tout en vous portant dans ses bras, vous regarde de travers comme tous ses enfants, et de temps en temps vous jette à terre et vous foule aux pieds. C'est une mauvaise mère.

Gloire éternelle à l'homme d'Athènes..... — Oh ! pourquoi ne sait-on pas son nom ? Pourquoi le sublime anonyme qui créa la *Vénus de Milo* ne lui a-t-il pas réservé la moitié de son bloc de marbre ? Pourquoi ne l'a-t-on pas écrit en lettres d'or, ce nom grossier sans doute, en tête des *Hommes illustres* de Plutarque ? — Gloire à l'homme d'Athènes... — Je ne cesserai de le vénérer et de le considérer comme le type éternel, le magnifique représentant du Peuple de toutes les nations et de tous les siècles. Je ne cesserai de penser à lui toutes les fois que je verrai des hommes assemblés pour juger quelque chose ou quelqu'un, ou seulement des hommes réunis qui se parleront d'une œuvre où d'une action illustre, ou seulement des hommes qui prononceront un nom célèbre, comme la Multitude les prononce d'ordinaire, avec un accent indéfinissable; c'est un accent pincé, roide, jaloux et hostile. On dirait que le nom sort de la bouche avec explosions, malgré celui qui le prononce, contraint par un charme magique, une puissance secrète qui en arrache les syllabes importunes. Lorsqu'il passe, la bouche grimace, les lèvres flottent vaguement entre le sourire du mépris et la contraction d'un examen profond et sérieux. Il y a du bonheur si, dans ce combat, le nom en passant n'est pas estropié, ou suivi d'une rude et flétrissante épithète. Ainsi, lorsqu'on a goûté par complaisance une liqueur amère, si les lèvres la jettent loin d'elles, il est rare que ce mouvement ne soit pas suivi d'un souffle et d'une expression de dégoût.

O Multitude! Multitude sans nom! vous êtes née ennemie des noms! — Considérez ce que vous faites lorsque vous vous assemblez au théâtre. Le fond de vos sentiments est le désir secret de la chute et la crainte du succès. Vous venez comme malgré vous, vous voudriez ne pas être charmée. Il faut que le Poète vous dompte par son interprète, l'acteur. Alors vous vous soumettez, non sans murmure et sans une longue suite de reproches sourds et obstinés.

Car proclamer un succès, un nom, c'est pour chacun mettre ce nom au-dessus du sien, lui reconnaître une supériorité qui offense celui qui s'y soumet. Et jamais, je l'affirme, vous ne vous y soumettriez, ô fière Multitude ! si vous ne sentiez en même temps (heureuse consolation !) que vous faites acte de protection. Votre position de juge, qui verse l'or à pleines mains, vous soutient un peu dans le cruel effort que vous faites en signant par des applaudissements l'aveu d'une supériorité. Mais partout où ce dédommagement secret ne vous est pas donné, à peine avez-vous fait une gloire, vous la trouvez trop haute et vous la minez sourdement, vous la rongez par le pied et la tête jusqu'à ce qu'elle retombe à votre niveau.

Votre unique passion est l'égalité, ô Multitude ! et tant que vous serez, vous vous sentirez poussée par le besoin simultané d'un *ostracisme perpétuel*.

Gloire à l'homme d'Athènes... Eh ! mon Dieu, me faut-il donc ne pas savoir comment il fut appelé ! — Lui qui exprima, avec une immortelle naïveté, vos sentiments innés :

« Pourquoi le bannis-tu ?

— Je suis fatigué, dit-il, d'entendre louer son nom. »

CHAPITRE XXXVIII

LE CIEL D'HOMÈRE

LOTES ou Dieu, répéta le Docteur-Noir, vous souvient-il en outre d'un certain Platon qui nommait les poètes : Imitateurs de fantômes, et les chassait de sa République ? Mais aussi il les nommait : Divins. Platon aurait eu raison de les adorer, en les éloignant des affaires; mais l'embarras où il est pour conclure (ce qu'il ne fait pas) et pour unir son adoration à son bannissement, montre à quelles pauvretés et à quelles injustices est conduit un esprit rigoureux et logicien sévère, lorsqu'il

veut tout soumettre à une règle universelle. Platon veut l'utilité de tous dans chacun; mais voilà que tout à coup il trouve en son chemin des inutiles sublimes comme Homère, et il n'en sait que faire. Tous les hommes de l'art le gênent : il leur applique son équerre, et il ne peut les mesurer : cela le désole. Il les range tous, Poètes, Peintres, Sculpteurs, Musiciens, dans la catégorie des imitateurs; déclare que tout art n'est qu'un badinage d'enfants, que les arts s'adressent à la plus faible partie de l'âme, celle qui est susceptible d'illusions, la *partie peureuse,* qui s'attendrit sur les misères humaines; que les arts sont déraisonnables, *lâches, timides, contraires à la raison;* que, pour plaire à la Multitude confuse, les Poètes s'attachent à peindre les caractères passionnés, plus aisés à saisir par leur variété; qu'ils corrompraient l'esprit des plus sages, si on ne les condamnait; qu'ils feraient régner le plaisir et la douleur dans l'État, à la place des lois et de la raison. Il dit encore qu'Homère, s'il eût été en état d'instruire et de perfectionner les hommes, et non un inutile chanteur, comme il était, incapable même, ajoute-t-il, d'empêcher Créophile, son ami, d'être gourmand (ô niaiserie antique!), on ne l'eût pas laissé mendier pieds nus, mais on l'eût estimé, honoré et servi autant que Protagoras d'Abdère et Prodicus de Céos, sages philosophes, portés en triomphe partout.

— Dieu tout-puissant! s'écria Stello, qu'est-ce, je vous prie, à présent, pour nous autres, que les honorables Protagoras et Prodicus, tandis que tout vieillard, tout homme et tout enfant adorent, en pleurant, le divin Homère?

— Ah! ah! reprit le docteur, les yeux animés par un triomphe désespérant, vous voyez donc qu'il n'y a pas plus de pitié pour les Poètes parmi les philosophes que parmi les hommes du Pouvoir. Ils se tiennent tous la main, en foulant les arts sous les pieds.

— Oui, je le sens, dit Stello, pâle et agité; mais quelle en est donc la cause impérissable?

— Leur sentiment est l'envie, dit l'inflexible Docteur, leur idée (prétexte indestructible!) est l'INUTILITÉ DES ARTS A L'ÉTAT SOCIAL.

La pantomime de tous en face du Poète est un sourire protecteur et dédaigneux; mais tous sentent au fond du cœur quelque chose, comme la présence d'un Dieu supérieur.

Et en cela ils sont encore bien au-dessus des hommes vulgaires, qui, ne sentant qu'à demi cette supériorité, éprouvent seulement près des Poètes cette gêne que leur causerait aussi le voisinage d'une grande passion qu'ils ne comprendraient pas. Ils ont la gêne que sentirait un fat ou un froid pédant, transporté subitement à côté de Paul au moment du départ de Virginie; de Werther, au moment où il va saisir ses pistolets; à côté de Roméo, quand il vient de boire le poison ; de Desgrieux, quand il suit pieds nus la charrette des filles perdues. Cet indifférent les croira fous indubitablement; mais il sentira pourtant quelque chose de grand et de respectable dans ces hommes voués à une émotion profonde, et il se taira en s'éloignant, se croyant supérieur à eux, parce qu'il n'est pas ému.

— Juste ! ô juste ! dit Stello dans sa poitrine et s'enfonçant de plus en plus dans son fauteuil, comme pour se dérober au son de voix dur et puissant qui le poursuivait.

— Pour en revenir à Platon, il y avait aussi rivalité de divinité entre Homère et lui. Une jalouse humeur animait cet esprit vaste et justement immortel, mais positif comme tous ceux qui n'appuient leur domination intellectuelle que sur le développement infini du Jugement et repoussent l'Imagination.

Sa conviction était profonde, parce qu'il la puisait dans le sentiment des facultés de son être, auxquelles chacun veut toujours mesurer les autres. Platon avait un esprit exact, géométrique et raisonneur, tel que depuis l'eut Pascal, et tous deux repoussèrent durement la

Poésie, qu'ils ne sentaient pas. Mais je ne poursuis que Platon, parce qu'il ne sort pas de notre sujet de conversation, ayant eu de gigantesques prétentions de législateur et d'homme d'État.

Je crois me souvenir, monsieur, qu'il dit à peu près ceci:

« La faculté qui juge tout selon la mesure et le calcul est ce qu'il y a de plus excellent dans l'âme; donc, l'autre faculté qui lui est opposée est une des choses les plus frivoles qui soient en nous. »

Et cet honnête homme part de là pour traiter Homère du haut en bas; il le met sur la sellette, et lui dit d'un air de rhéteur, vers le livre sixième de sa *République:*

« Mon cher Homère, s'il n'est pas vrai que vous soyez un ouvrier éloigné de trois degrés de la vérité, incapable de faire autre chose que des fantômes de vertu (car il tient à ses fantômes); si vous êtes un ouvrier du second ordre, capable de connaître ce qui peut rendre meilleurs ou pires les États et les particuliers, dites-nous quelle ville vous doit la réforme de son gouvernement, comme Lacédémone en est redevable à Lycurgue, l'Italie et la Sicile à Charondas, Athènes à Solon. Quelle guerre avez-vous conduite ou conseillée? Quelle utile découverte, quelle invention bonne à la perfection des arts ou aux besoins de la vie ont signalé votre nom ? »

Et, continuant ainsi avec son complaisant Glaucon, qui répond sans cesse : *Fort bien,* — *voici qui est vrai,* — *vous avez raison,* à peu près sur le ton que prend un petit séminariste répondant à son abbé dans une conférence, voilà mon philosophe qui chasse par les épaules le mendiant divin hors de sa République (fantastique, heureusement pour l'humanité).

A ce familier discours le bon Homère ne répondit rien, par la raison qu'il dormait, non de ce petit sommeil *(dormitat)* qu'un autre osa lui reprocher pour s'amuser à poser des règles aussi, mais du sommeil qui pèse cette nuit sur les yeux de Gilbert, de Chatterton et d'André Chénier.

Ici Stello poussa un profond soupir et cacha sa tête dans ses mains.

— Cependant, poursuivit le Docteur-Noir, supposons que nous tenions ici entre nous deux le divin Platon, ne pourrions-nous, s'il vous plaît, le conduire au musée Charles X (pardon de la liberté grande, je ne lui sais pas d'autre nom), sous le plafond sublime qui représente le règne, que dis-je? le ciel d'Homère? Nous lui montrerions ce vieux pauvre, assis sur un trône d'or avec son bâton de mendiant et d'aveugle comme un sceptre entre les jambes; ses pieds fatigués, poudreux et meurtris, mais à ses pieds ses deux filles (deux déesses), l'Iliade et l'Odyssée. Une foule d'hommes couronnés le contemple et l'adore, mais debout, selon qu'il sied aux génies. Ces hommes sont les plus grands dont les noms aient été conservés, les Poètes, et si j'avais dit les plus malheureux, ce seraient eux aussi. Ils forment, de son temps au nôtre, une chaîne presque sans interruption de glorieux exilés, de courageux persécutés, de penseurs affolés par la misère, de guerriers inspirés au camp, de marins sauvant leur lyre de l'Océan et non des cachots; hommes remplis d'amour et rangés autour du premier et du plus misérable, comme pour lui demander compte de tant de haine qui les rend immobiles d'étonnement.

Agrandissons ce plafond sublime dans notre pensée, haussons et élargissons cette coupole, jusqu'à ce qu'elle contienne tous les infortunés que la Poésie ou l'Imagination frappa d'une réprobation universelle! Ah! le firmament, en un beau jour d'août, n'y suffirait pas; non, le firmament d'azur et d'or, tel qu'on le voit au Caire, pur de toute légère et imperceptible vapeur, ne serait pas une toile assez large pour servir de fond à leurs portraits.

Levez les yeux à ce plafond et figurez-vous y voir monter ces fantômes mélancoliques : Torquato Tasso, les yeux brûlés de pleurs, couvert de haillons, dédaigné même de Montaigne (ah! philosophe, qu'as-tu fait là !), et réduit à n'y plus voir, non par cécité, mais... Ah! je ne le dirai pas en français; que la langue des Italiens soit tachée de ce cri de misère qu'il a jeté :

Non avendo candella per escrivere i suoi versi ;

Milton aveugle, jetant à un libraire son *Paradis perdu* pour dix livres sterling; — Camoëns recevant l'aumône à l'hôpital des mains de ce sublime esclave qui mendiait pour lui, sans le quitter; — Cervantès tendant la main de son lit de misère et de mort; — Le Sage, en cheveux blancs, suivi de sa femme et de ses filles, allant demander un asile, pour mourir, à un pauvre chanoine, son fils; — Corneille manquant de tout, *même de bouillon,* dit Racine au roi, au grand roi ! — Dryden à soixante-dix ans mourant de misère et cherchant dans l'astrologie une vaine consolation aux injustices humaines; — Spencer errant à pied à travers l'Irlande, moins pauvre et moins désolée que lui, et mourant avec la *Reine des fées* dans sa tête, *Rosalinda* dans son cœur, et pas un morceau de pain sur les lèvres. — Que je voudrais pouvoir m'arrêter là !...

Wondel, ce vieux Shakspeare de la Hollande, mort de faim à quatre-vingt-dix ans, et dont le corps fut porté par quatorze Poètes misérables et pieds nus; — Samuel Royer, qui fut trouvé mort de froid dans un grenier; — Buttler, qui fit *Hudibras* et mourut de misère; — Floyer, Sydenham et Rushworth chargés de chaînes comme des forçats; — J.-J. Rousseau, qui se tua pour ne pas vivre d'aumônes; — Malfilâtre, que *la faim mit au tombeau,* dit Gilbert à l'hôpital...

Et tous ceux encore dont les noms sont écrits dans le ciel de chaque nation et sur les registres de ses hôpitaux.

Supposez que Platon s'avance seul au milieu de tous, et lise à la céleste famille cette feuille de la *République* que je vous ai citée. Pensez-vous qu'Homère ne puisse pas lui dire du haut de son trône :

« Mon cher Platon, il est vrai que le pauvre Homère et, comme lui, tous les infortunés immortels qui l'entourent, ne sont rien que des imitateurs de la nature; il est vrai qu'ils ne sont pas tourneurs parce qu'ils font la description d'un lit, ni médecins parce qu'ils racontent une guérison; il est vrai que, par une couche de mots et d'expressions figurées, soutenues de mesure, de nombre et d'harmonie, ils simulent la science qu'ils décrivent; il est bien vrai qu'ils ne font ainsi que présenter aux yeux des mortels un miroir de la vie, et que, trompant leurs regards, ils s'adressent à la partie de l'âme qui est susceptible d'illusion; mais, ô divin Platon! votre faiblesse est grande lorsque vous croyez la plus faible cette partie de notre âme qui s'émeut et qui s'élève, pour lui préparer celle qui pèse et qui mesure. L'Imagination, avec ses élus, est aussi supérieure au Jugement seul avec ses orateurs, que les dieux de l'Olympe aux demi-dieux. Le don du ciel le plus précieux, c'est le plus rare. — Or, ne voyez-vous pas qu'un siècle fait naître trois Poètes pour une foule de logiciens et de sophistes très sensés et très habiles? L'Imagination contient en elle-même le Jugement et la Mémoire sans lesquels elle ne serait pas. Qui entraîne les hommes, si ce n'est l'émotion? qui enfante l'émotion, si ce n'est l'art? et qui enseigne l'art, si ce n'est Dieu lui-même? Car le Poète n'a pas de maître, et toutes les sciences sont apprises, hors la sienne. — Vous me demandez quelles institutions, quelles lois, quelles doctrines j'ai données aux villes? Aucune aux nations, mais une éternelle au monde. — Je ne suis d'aucune ville, mais de l'univers. — Vos doctrines, vos lois, vos institutions ont été bonnes pour un âge et un peuple, et sont mortes avec eux; tandis que les œuvres de l'Art céleste restent debout pour toujours à mesure qu'elles s'élèvent, et toutes portent les malheureux mortels à la loi impérissable de l'AMOUR et de la PITIÉ. »

Stello joignit les mains malgré lui, comme pour prier. Le Docteur se tut un moment, et bientôt continua ainsi :

CHAPITRE XXXIX

UN MENSONGE SOCIAL

T cette dignité calme de l'antique Homère, de cet homme symbole de la destinée des Poètes, cette dignité n'est autre chose que le sentiment continuel de sa mission que doit avoir toujours en lui l'homme qui se sent une Muse au fond du cœur. — Ce n'est pas pour rien que cette Muse y est venue : elle sait ce qu'elle doit faire, et le Poète ne le sait pas d'avance. Ce n'est qu'au moment de l'inspiration qu'il l'apprend. — Sa mission est de produire des œuvres, et seulement lorsqu'il

entend la voix secrète. Il doit l'attendre. Que nulle influence étrangère ne lui dicte ses paroles : elles seraient périssables. — Qu'il ne craigne pas l'inutilité de son œuvre; si elle est belle, elle sera utile par cela seul, puisqu'elle aura uni les hommes dans un sentiment commun d'adoration et de contemplation pour elle et la pensée qu'elle représente.

Le sentiment d'indignation que j'ai excité en vous a été trop vif, monsieur, pour me permettre de douter que vous n'ayez bien senti qu'il y a et qu'il y aura toujours antipathie entre l'homme du Pouvoir et l'homme de l'Art; mais, outre la raison d'envie et le prétexte d'utilité, ne reste-t-il pas encore une autre cause plus secrète à dévoiler? Ne l'apercevez-vous pas dans les craintes continuelles où vit tout homme qui a une autorité, de perdre cette autorité chérie et précieuse qui est devenue son âme?

— Hélas! j'entrevois à peu près ce que vous m'allez dire encore, dit Stello; n'est-ce pas la crainte de la vérité?

— Nous y voilà, dit le Docteur avec joie.

Comme le Pouvoir est une science de convention, selon les temps, et que tout ordre social est basé sur un mensonge plus ou moins ridicule, tandis qu'au contraire les beautés de tout Art ne sont possibles que dérivant de la vérité la plus intime, vous comprenez que le Pouvoir, quel qu'il soit, trouve une continuelle opposition dans toute œuvre ainsi créée. De là ses efforts éternels pour comprimer ou séduire.

— Hélas! dit Stello, à quelle odieuse et continuelle résistance le Pouvoir condamne le Poète! Ce Pouvoir ne peut-il se ranger lui-même à la vérité?

— Il ne le peut, vous dis-je! s'écria violemment le Docteur en frappant sa canne à terre. Et mes trois exemples politiques ne prouvent point que le Pouvoir ait tort d'agir ainsi, mais seulement que son essence est contraire à la vôtre, et qu'il ne peut faire autrement que de chercher à détruire ce qui le gêne.

— Mais, dit Stello avec un air de pénétration (essayant de se retrancher quelque part, comme un tirailleur chargé en plaine par un gros escadron); mais si nous arrivions à créer un Pouvoir qui ne fût pas une fiction, ne serions-nous pas d'accord?

— Oui, certes; mais est-il jamais sorti et sortira-t-il jamais des deux points uniques sur lesquels il puisse s'appuyer, *hérédité* et *capacité*, qui vous déplaisent si fort, et auxquels il faut revenir? Et si votre Pouvoir favori règne par l'Hérédité et la Propriété, vous commencerez, monsieur, par me trouver une réponse à ce petit raisonnement connu sur la Propriété:

C'est là ma place au soleil; voilà le commencement et l'image de l'usurpation de toute la terre.

Et sur l'Hérédité, à ceci :

On ne choisit pas, pour gouverner un vaisseau dans la tempête, celui des voyageurs qui est de meilleure maison.

Et, en cas que ce soit la Capacité qui vous séduise, vous me trouverez, s'il vous plaît, une forte réponse à ce petit mot :

Qui cédera la place à l'autre ? — Je suis aussi habile que lui. — QUI DÉCIDERA ENTRE NOUS ?

Vous me trouverez facilement ces réponses, je vous donne du temps, — un siècle, par exemple.

— Ah ! dit Stello consterné, deux siècles n'y suffiraient pas.

— Ah ! j'oubliais, poursuivit le Docteur-Noir ; ensuite il ne vous restera plus qu'une bagatelle, ce sera d'anéantir au cœur de tout homme né de la femme cet instinct effrayant :

Notre ennemi, c'est notre maître.

Pour moi, je ne puis souffrir naturellement aucune autorité.

— Ma foi, ni moi, dit Stello emporté par la vérité, fût-ce l'innocent pouvoir d'un garde champêtre...

— Et de quoi s'affligerait-on si tout ordre

social est mauvais et s'il doit l'être toujours? Il est évident que Dieu n'a pas voulu que cela fût autrement. Il ne tenait qu'à lui de nous indiquer, en quelques mots, une forme de gouvernement parfaite, dans le temps où il a daigné habiter parmi nous. Avouez que le genre humain a manqué là une bien bonne occasion!

— Quel rire désespéré! dit Stello.

— Et il ne la retrouvera plus, continua l'autre: il faut en prendre son parti, en dépit de ce beau cri que répètent en chœur tous les législateurs. A mesure qu'ils ont fait une Constitution écrite avec de l'encre, ils s'écrient...

En voilà pour toujours!

Allons, comme vous n'êtes pas de ces gens innombrables pour qui la politique n'est autre chose qu'un chiffre, on peut vous parler; allons, dites-le hautement, ajouta le docteur en se couchant dans son fauteuil à sa façon, de quel paradoxe êtes-vous amoureux maintenant, s'il vous plaît?

Stello se tut.

— A votre place, j'aimerais une créature du Seigneur plutôt qu'un argument, quelque beau qu'il fût.

Stello baissa les yeux.

— A quel Mensonge social nécessaire voulez-vous vous dévouer? Car nous avouons qu'il en faut un pour qu'il y ait une société. —

Auquel? Voyons! Sera-ce au moins absurde! Lequel est-ce?

— Je ne sais, en vérité, dit la victime du raisonneur.

— Quand pourrai-je vous dire, continua l'imperturbable, ce que je sens venir sur mes lèvres toutes les fois que je rencontre un homme caparaçonné d'un Pouvoir? *Comment va votre mensonge social ce matin? Se soutient-il?*

— Mais ne peut-on soutenir un Pouvoir sans y participer, et, au milieu d'une guerre civile, ne pourrai-je pas choisir?

— Eh! qui vous dit le contraire? interrompit le Docteur avec humeur; il s'agit bien de cela! — Je parle de vos pensées et de vos travaux, par lesquels seulement vous existez à mes yeux. Que me font vos actions?

Qu'importe, dans les moments de crise, que vous soyez brûlé avec votre maison ou tué dans un carrefour, *trois fois tué, trois fois enterré et trois fois ressuscité,* comme signait le capitaine normand François Séville, au temps de Charles IX?

Faites le jeu qui vous plaira. Mettez, si vous voulez, l'*Hérédité* dans le carrosse et la *Capacité* sur le siège, pour voir à les accorder.

— Peut-être, dit Stello.

— Jusqu'à ce que le cocher essaye de verser

le maître ou d'entrer dans la voiture, ce ne serait pas mal, continua le Docteur.

Oh! nul doute, monsieur, qu'il ne vaille autant choisir en temps de luttes, que se laisser ballotter comme un numéro dans le sac d'un grand loto. Mais l'intelligence n'y est presque pour rien, car vous voyez que, par le raisonnement appliqué au choix du Pouvoir qu'on veut s'imposer, on n'arrive qu'à des négations, quand on est de bonne foi. Mais dans les circonstances dont nous parlons, suivez votre cœur ou votre instinct. Soyez (passez-moi l'expression) bête comme un drapeau.

— O profanateur! s'écria Stello.

— Plaisantez-vous? dit le Docteur; le plus grand des profanateurs, c'est le temps: il a usé vos drapeaux jusqu'au bois.

Lorsque le drapeau blanc de la Vendée marchait au vent contre le drapeau tricolore de la Convention, tous deux étaient loyalement l'expression d'une idée; l'un voulait bien dire nettement MONARCHIE, HÉRÉDITÉ, CATHOLICISME; l'autre, RÉPUBLIQUE, ÉGALITÉ, RAISON HUMAINE : leurs plis de soie claquaient dans l'air au-dessus des épées, comme au-dessus des canons se faisaient entendre les chants enthousiastes des voix mâles, sortis de cœurs bien convaincus. HENRI IV, LA MARSEILLAISE, se heurtaient dans l'air comme les faux et les baïonnettes sur la terre. C'étaient là des drapeaux !

O temps de dégoût et de pâleur, tu n'en as plus ! Naguère le blanc signifiait *charte,* aujourd'hui le tricolore veut dire *charte.* Le blanc était devenu un peu rouge et bleu, le tricolore est devenu un peu blanc. Leur nuance est insaisissable. Trois petits articles d'écriture en font, je crois, la différence. Otez donc la flamme, et portez ces articles au bout du bâton.

Dans notre siècle, je vous le dis, l'uniforme sera un jour ridicule comme la guerre est passée. Le soldat sera déshabillé comme le médecin l'a été par Molière, et ce sera peut-être un bien. Tout sera rangé sous un habit noir comme le mien. Les révoltes même n'auront pas d'étendard. Demandez à Lyon, en cette dix-huit cent trente-deuxième année de Notre-Seigneur.

En attendant, allez comme vous voudrez dans les actions, elles m'occupent peu.

Obéissez à vos affections, vos habitudes, vos relations sociales, votre naissance... Que sais-je, moi ? — Soyez décidé par le ruban qu'une femme vous donnera, et soutenez le petit Mensonge social qui lui plaira. Puis récitez-lui les vers d'un grand poète :

> Lorsque deux factions divisent un empire,
> Chacun suit, *au hasard,* la meilleure ou la pire ;
> Mais quand ce choix est fait, on ne s'en dédit pas.

Au hasard! Il fut de mon avis et ne dit pas : la plus sensée. Qui eut raison des Guelfes ou des Gibelins, à votre sens ? Ne serait-ce pas la *Divina Commedia ?*

Amusez donc votre cœur, votre bras, tout votre corps avec ce jeu d'accidents. Ni moi, ni la philosophie, ni le bon sens, n'avons rien à faire là.

C'est pure affaire de *sentiment* et *puissance de fait, d'intérêts* et *de relations.*

Je désire ardemment, pour le bien que je vous souhaite, que vous ne soyez pas né dans cette caste de parias, jadis Brahmes, que l'on nommait Noblesse, et que l'on a flétrie d'autres noms; classe toujours dévouée à la France et lui donnant ses plus belles gloires, achetant de son sang le plus pur le droit de la défendre en se dépouillant de ses biens pièce à pièce et de père en fils; grande famille pipée, trompée, sapée par ses plus grands Rois, sortis d'elle; hachée par quelques-uns, les servant sans cesse, et leur parlant haut et franc; traquée, exilée, plus que décimée, et toujours dévouée tantôt au Prince qui la ruine, ou la renie, ou l'abandonne, tantôt au Peuple qui la méconnaît et la massacre; entre ce marteau et cette enclume, toujours pure et toujours frappée, comme un fer rougi au feu; entre cette hache et ce billot, toujours saignante et souriante comme les martyrs; race aujourd'hui rayée du livre de vie et regardée de côté, comme la race juive. Je désire que vous n'en soyez pas.

Mais que dis-je? Qui que vous soyez d'ailleurs, vous n'avez nul besoin de vous mêler de votre parti. Les partis ont soin d'enrégimenter un homme malgré lui, selon sa naissance, sa position, ses antécédents, de si bonne sorte qu'il n'y peut rien, quand il crierait du haut des toits et signerait de son sang qu'il ne pense pas tout ce que pensent les compagnons qu'on lui suppose et qu'on lui assigne.— Ainsi, en cas de bouleversement, j'excepte absolument les partis de notre consultation, et là-dessus je vous abandonne au vent qui soufflera.

Stello se leva, comme on fait quand on veut se montrer tout entier, avec une secrète satisfaction de soi-même, et il jeta même un regard sur une glace où son ombre se réfléchissait.

— Me connaissez-vous bien vous-même? dit-il avec assurance. Savez-vous (et qui le sait, excepté moi?) savez-vous quelles sont les études de mes nuits?

Pourquoi, si elle est ainsi traitée, ne pas dépouiller la Poésie et la jeter à terre comme un manteau usé?

Qui vous dit que je n'ai pas étudié, analysé, suivi, pulsation par pulsation, veine par veine, nerf par nerf, toutes les parties de l'organisation morale de l'homme, comme vous de son être matériel? que je n'ai pas pesé dans une balance de fer machiavélique les passions de l'homme naturel et les intérêts de l'homme civilisé, leurs orgueils insensés, leurs joies égoïstes, leurs espérances vaines, leurs faussetés étudiées, leurs malveillances déguisées, leurs jalousies honteuses, leurs avarices fastueuses, leurs amours singés, leurs haines amicales?

O désirs humains! craintes humaines! vagues éternelles, vagues agitées d'un océan qui ne change pas, vous êtes seulement comprimées quelquefois par des courants hardis qui vous emportent, des vents violents qui vous soulèvent, ou des rochers immuables qui vous brisent!

— Et, dit le Docteur en souriant, vous aimeriez à vous croire courant, vent ou rocher!

— Et pensez-vous que...

— Que vous ne devez jeter que des œuvres dans cet océan.

Il faut bien plus de génie pour résumer tout ce qu'on sait de la vie dans une œuvre d'art, que pour jeter cette semence sur la terre, toujours remuée, des événements politiques. Il est plus difficile d'organiser tel petit livre que tel gros gouvernement. — Le Pouvoir n'a plus depuis longtemps ni la force ni la grâce. — Ses jours de grandeur et de fêtes ne sont plus.

On cherche mieux que lui. Le tenir en main, cela s'est toujours pu réduire à l'action de *manier des idiots et des circonstances,* et ces circonstances et ces idiots, ballottés ensemble, amènent des chances imprévues et nécessaires, auxquelles les plus grands ont confessé qu'ils devaient la plus belle partie de leur renommée. Mais à qui la doit le Poète, si ce n'est à lui-même ? La hauteur, la profondeur et l'étendue de son œuvre et de sa renommée futures sont égales aux trois dimensions de son cerveau. — Il est par lui-même, il est lui-même, et son œuvre est lui.

Les premiers des hommes seront toujours ceux qui feront d'une feuille de papier, d'une toile, d'un marbre, d'un son, des choses impérissables.

Ah ! s'il arrive qu'un jour vous ne sentiez plus se mouvoir en vous la première et la plus rare des facultés, l'IMAGINATION ; si le chagrin ou l'âge la dessèchent dans votre tête comme l'amande au fond du noyau ; s'il ne vous reste plus que Jugement et Mémoire ; lorsque vous vous sentirez le courage de démentir cent fois par an vos actions publiques par vos paroles publiques, vos paroles par vos actions, vos actions l'une par l'autre, et l'une par l'autre vos paroles, comme tous les hommes politiques ; alors faites comme tant d'autres bien à plaindre, désertez le ciel d'Homère, il vous restera encore plus qu'il ne faudra pour la politique et l'action, à vous qui descendrez d'en haut. Mais, jusque-là, laissez aller d'un vol libre et solitaire l'Imagination qui peut être en vous. — Les œuvres immortelles sont faites pour duper la Mort en laissant survivre nos idées à notre corps. — Écrivez-en de telles si vous pouvez, et soyez sûr que, s'il s'y rencontre une idée ou seulement une parole utile au progrès civilisateur, que vous ayez laissée tomber comme une plume de votre aile, il se trouvera assez d'hommes pour la ramasser, l'exploiter, la mettre en œuvre jusqu'à satiété. Laissez-les faire. L'application des idées aux choses n'est qu'une perte de temps pour les créateurs de pensées.

Stello, debout encore, regarda le Docteur-Noir avec recueillement, sourit enfin, et tendit la main à son sévère ami.

— « Je me rends, dit-il, écrivez votre ordonnance. »

Le Docteur prit du papier.

— « Il est bien rare, dit-il tout en griffonnant, que le sens commun donne une ordonnance qui soit suivie.

— Je suivrai la vôtre comme une loi immuable et éternelle, » dit Stello, non sans étouffer un soupir; et il s'assit, laissant tomber sa tête sur sa poitrine, avec un sentiment de profond désespoir et la conviction d'un vide nouveau rencontré sous ses pas; mais, en écoutant l'ordonnance, il lui sembla qu'un brouillard épais s'était dissipé devant ses yeux et que l'étoile infaillible lui montrait le seul chemin qu'il eût à suivre.

Voici ce que le Docteur-Noir écrivait, motivant chaque point de son ordonnance, usage fort louable et assez rare.

CHAPITRE XL

ORDONNANCE DU DOCTEUR-NOIR

ÉPARER LA VIE POÉTIQUE DE LA VIE POLITIQUE.
Et, pour y parvenir :
I. — Laisser à César ce qui appartient à César, c'est-à-dire le droit d'être, à chaque heure de chaque jour, honni dans la rue, trompé dans le palais ; combattu sourdement, miné longuement, battu promptement et chassé violemment.

Parce que, l'attaquer ou le flatter avec la triple puissance des arts, ce serait avilir son œuvre et l'empreindre de ce qu'il y a de fragile et de passager dans les événements du jour. Il convient de laisser cette tâche à la critique du matin, qui est morte le soir, ou à celle du soir, qui est morte le matin. — Laisser à tous les Césars la place publique, et les laisser jouer leur rôle, et passer, tant qu'ils ne troubleront ni les travaux de vos nuits, ni le repos de vos jours. — Plaignez-les de toute votre pitié s'ils ont été forcés de se mettre au front cette couronne Césarienne, qui n'a plus de feuilles et déchire la tête. Plaignez-les encore s'ils l'ont désirée; leur réveil en est plus cruel après un long et beau rêve. Plaignez-les s'ils sont pervertis par le Pouvoir; car il n'est rien qui ne puisse fausser cette antique et peut-être nécessaire Fausseté, d'où viennent tant de maux. — Regardez cette lumière s'éteindre, et veillez; heureux si vos veilles peuvent aider l'humanité à se grouper et s'unir autour d'une clarté plus pure!

II. — Seul et libre, accomplir sa mission. Suivre les conditions de son être, dégagé de l'influence des Associations, même les plus belles.

Parce que la solitude est la source des inspirations.

La solitude est sainte. Toutes les Associations ont tous les défauts des couvents.

Elles tendent à classer et diriger les intelligences, et fondent peu à peu une autorité tyrannique qui, ôtant aux intelligences la liberté et l'individualité, sans lesquelles elles ne sont rien, étoufferait le génie même sous l'empire d'une communauté jalouse.

Dans les Assemblées, les Corps, les Compagnies, les Écoles, les Académies et tout ce qui leur ressemble, les médiocrités intrigantes arrivent par degrés à la domination par leur activité grossière et matérielle, et cette sorte d'adresse à laquelle ne peuvent descendre les esprits vastes et généreux.

L'Imagination ne vit que d'émotions spontanées et particulières à l'organisation et aux penchants de chacun.

La République des lettres est la seule qui puisse jamais être composée de citoyens vraiment libres, car elle est formée de penseurs isolés, séparés et souvent inconnus les uns aux autres.

Les Poètes et les Artistes ont seuls, parmi tous les hommes, le bonheur de pouvoir accomplir leur mission dans la solitude. Qu'ils jouissent de ce bonheur de ne pas être confondus dans une société qui se presse autour de la moindre célébrité, se l'approprie, l'enserre, l'englobe, l'étreint, et lui dit : NOUS.

Oui, l'Imagination du Poète est inconstante autant que celle d'une créature de quinze ans recevant les premières impressions de l'amour.

L'Imagination du Poète ne peut être conduite, puisqu'elle n'est pas enseignée. Ôtez-lui ses ailes, et vous la ferez mourir.

La mission du Poète ou de l'Artiste est de produire, et tout ce qu'il produit est utile, si cela est admiré.

Un Poète donne sa mesure par son œuvre; un homme attaché au Pouvoir ne la peut donner que par les fonctions qu'il remplit. Bonheur pour le premier, malheur pour l'autre; car, s'il se fait un progrès dans les deux têtes, l'un s'élance tout à coup en avant par une œuvre, l'autre est forcé de suivre la lente progression des occasions de la vie et les pas graduels de sa carrière.

SEUL ET LIBRE, SUIVRE SA VOCATION.

III. — Éviter le rêve maladif et inconstant qui égare l'esprit, et employer toutes les forces de la volonté à détourner sa vue des entreprises trop faciles de la vie active.

Parce que l'homme découragé tombe souvent, par paresse de penser, dans le désir d'agir et de se mêler aux intérêts communs, voyant comme ils lui sont inférieurs et combien il semble facile d'y prendre son ascendant. C'est ainsi qu'il sort de sa route, et, s'il en sort souvent, il la perd pour toujours.

La Neutralité du penseur solitaire est une

NEUTRALITÉ ARMÉE qui s'éveille au besoin.

Il met un doigt sur la balance et l'emporte. Tantôt il presse, tantôt il arrête l'esprit des nations ; il inspire les actions publiques ou proteste contre elles, selon qu'il lui est révélé de le faire par la conscience qu'il a de l'avenir. Que lui importe si sa tête est exposée en se jetant en avant ou en arrière ?

Il dit le mot qu'il faut dire, et la lumière se fait.

Il dit ce mot de loin en loin, et tandis que le mot fait son bruit, il rentre dans son silencieux travail et ne pense plus à ce qu'il a fait.

IV. — Avoir toujours présentes à la pensée les images, choisies entre mille, de Gilbert, de Chatterton et d'André Chénier.

Parce que, ces trois jeunes ombres étant sans cesse devant vous, chacune d'elles gardera l'une des routes politiques où vous pourriez égarer vos pieds. L'un des trois fantômes adorables vous montrera sa clef, l'autre sa fiole de poison, et l'autre sa guillotine. Ils vous crieront ceci :

Le Poète a une malédiction sur sa vie et une bénédiction sur son nom. Le Poète, apôtre de la vérité toujours jeune, cause un éternel ombrage à l'homme du Pouvoir, apôtre d'une vieille fiction, parce que l'un a l'inspiration, l'autre seulement l'attention ou l'aptitude d'esprit ; parce que le Poète laissera une œuvre où sera écrit le jugement des actions publiques et de leurs acteurs; parce qu'au moment même où ces acteurs disparaissent pour toujours à la mort, l'auteur commence une longue vie. Suivez votre vocation. Votre royaume n'est pas de ce monde, sur lequel vos yeux sont ouverts, mais de celui qui sera quand vos yeux seront fermés.

L'Espérance est la plus grande de nos folies.

Eh! qu'attendre d'un monde où l'on vient avec l'assurance de voir mourir son père et sa mère?

D'un monde où de deux êtres qui s'aiment et se donnent leur vie, il est certain que l'un perdra l'autre et le verra mourir?

Puis ces fantômes douloureux cesseront de parler et uniront leurs voix en chœur comme en un hymne sacré; car la Raison parle, mais l'Amour chante.

Et vous entendrez encore ceci :

SUR LES HIRONDELLES.

Voyez ce que font les hirondelles, oiseaux de passage aussi bien que nous. Elles disent aux hommes : *Protégez-nous, mais ne nous touchez pas.*

Et les hommes ont pour elles, comme pour nous, un respect superstitieux.

Les hirondelles choisissent leur asile dans le marbre d'un palais ou dans le chaume d'une cabane; mais ni l'homme du palais ni l'homme de la cabane n'oseraient toucher à leur nid, parce qu'ils perdraient pour toujours l'oiseau qui porte bonheur à leur habitation, comme nous aux terres des peuples qui nous vénèrent.

Les hirondelles ne posent qu'un moment leurs pieds sur la terre, et nagent dans le ciel toute leur vie, aussi aisément que les dauphins dans la mer.

Et si elles voient la terre, c'est du haut du firmament qu'elles la voient, et les arbres et les montagnes, et les villes et les monuments, ne sont pas plus élevés à leurs yeux que les plaines et les ruisseaux, comme aux regards célestes du Poète tout ce qui est de la terre se confond en un seul globe éclairé par un rayon d'en haut.

— Les écouter, et, si vous êtes inspiré, faire un livre.

Ne pas espérer qu'un grand œuvre soit contemplé, qu'un livre soit lu, comme ils ont été faits.

Si votre livre est écrit dans la solitude, l'étude et le recueillement, je souhaite qu'il soit lu dans le recueillement, l'étude et la solitude; mais soyez à peu près certain qu'il sera lu à la promenade, au café, en calèche, entre les causeries, les disputes, les verres, les jeux et les éclats de rire, ou pas du tout.

Et, s'il est original, Dieu vous puisse garder des pâles imitateurs, troupe nuisible et innombrable de singes salissants et maladroits !

Et, après tout cela, vous aurez mis au jour quelque volume qui, pareil à toutes les œuvres des hommes, lesquelles n'ont jamais exprimé qu'une question et un soupir, pourra se résumer infailliblement par les deux mots qui ne cesseront jamais d'exprimer notre destinée de doute et de douleur :

POURQUOI? et HÉLAS!

CHAPITRE XLI

EFFETS DE LA CONSULTATION

TELLO crut un moment avoir entendu la sagesse même. — Quelle folie! Il lui semblait que le cauchemar s'était enfui: il courut involontairement à la fenêtre pour voir briller son étoile, à laquelle il croyait. Il jeta un grand cri.

Le jour était venu. L'aube pâle et humide avait chassé du ciel toutes les étoiles; il n'y en avait plus qu'une qui s'évanouissait à l'horizon. Avec ses lueurs sacrées, Stello sentit s'enfuir ses pensées. Les bruits odieux du jour commençaient à se faire entendre.

Il suivit des yeux le dernier des beaux yeux de la nuit, et, lorsqu'il se fut entièrement fermé, Stello pâlit, tomba, et le Docteur-Noir le laissa plongé dans un sommeil pesant et douloureux.

CHAPITRE XLII

FIN

ELLE fut la première consultation du Docteur-Noir.

Stello suivra-t-il l'ordonnance ?

Je ne le sais pas.

Quel est ce Stello ? quel est ce Docteur-Noir ?

Je ne le sais guère.

Stello ne ressemble-t-il pas à quelque chose comme le *sentiment*? Le Docteur-Noir à quelque chose comme le *raisonnement*?

Ce que je crois, c'est que si mon cœur et ma tête avaient, entre eux, agité la même question, ils ne se seraient pas autrement parlé.

Écrit à Paris, janvier 1832.

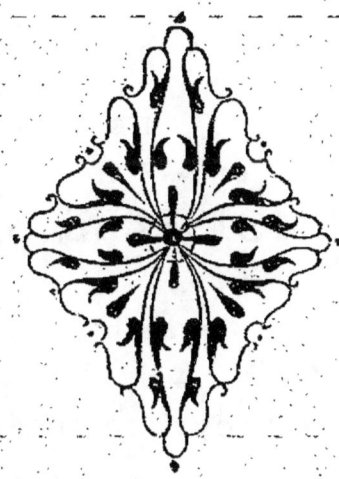

DE

MADEMOISELLE SEDAINE

ET DE

La Propriété littéraire

DE
MADEMOISELLE SEDAINE
ET DE
La Propriété littéraire

LETTRE A MM. LES DÉPUTÉS
Écrite le 15 janvier 1841

I

*POSITION DE LA FILLE
D'UN ÉCRIVAIN CÉLÈBRE*

ECI n'est point un roman, c'est une histoire d'hier, d'aujourd'hui et assurément de demain. C'est de cela qu'il faut gémir, et c'est pour que ce ne soit pas celle de demain et de l'avenir que je la raconte ici. Je désire

qu'elle tombe entre les mains des députés, et, parmi eux, de ces hommes qui sentent l'importance de la question vers laquelle ce récit doit nous conduire.

La presse est une tribune qui convient à ceux qui aiment la solitude. Elle suffit au peu de choses que je dis, et, quelque droit que j'en puisse avoir, de longtemps je n'en chercherai une autre, car je ne suis qu'un étudiant perpétuel. — Je veux donc vous écrire, messieurs, ce que j'aurais aimé peut-être à vous dire. Il sied mieux d'ailleurs que ces idées ne paraissent pas autrement qu'elles ne vont être présentées ici. Chacun de vous a le temps aujourd'hui de se recueillir un moment pour y penser. A présent les grandes questions qui nous passionnent ont été agitées, sinon résolues, et les parlements se taisent sur elles. Est-ce le silence qui suit un orage ou celui qui en précède un autre? Je ne sais, mais enfin on se tait. Vous avez cru le vaisseau politique emporté par les courants sur les écueils, et vous avez viré de bord; à présent il faut relever le pavillon. On s'en occupe, dit-on, et, après tout, la toge de la France n'a encore secoué ni la paix ni la guerre. On dit qu'enfin on pourra terminer aux Chambres cette loi depuis assez longtemps projetée sur l'héritage de la Propriété littéraire. Cette grave question, il faut l'avouer, n'a jamais été qu'ébauchée et traitée avec une sorte de légèreté, parce qu'elle est réputée facile, parce que ceux qui la connaissaient le mieux n'en ont pas dit assez jusqu'ici, et il est à craindre encore qu'au lieu de résoudre le problème de la propriété et de l'héritage, on ne se contente de prolonger de quelques années une mauvaise coutume.

Je me serais reproché d'envelopper dans les détours d'une invention cette histoire qui condamne si bien l'une des imperfections de nos lois. Aucun argument n'a la force d'un fait pareil à celui que j'ai à dire, et il faut dépouiller l'art quelquefois, quand le vrai douloureux, le vrai tout éploré, se présente à nous comme un reproche vivant. C'est alors qu'il faut le montrer seul et nu aux indifférents pour les émouvoir. Montrons-le surtout dans ces moments décisifs où l'on va poser la pierre d'une loi incomplète, et quand il y a danger public, danger d'erreur.

Voici donc ce que j'avais à raconter :

Un matin, il y a peu de temps, est entrée chez moi une personne âgée et inconnue qui voulait me parler et m'entendre, m'entrevoir, si elle le pouvait encore un peu tenter. J'allai vite au-devant d'elle, effrayé de lui voir chercher à tâtons le fauteuil que je lui offrais et dans lequel je l'aidai à s'asseoir. Je considérai longtemps avec attendrissement une femme d'un aspect distingué, de nobles manières, et dont la physionomie vive, spirituelle, et le langage poli, avaient la gaieté pénible des aveugles, ce sourire forcé que n'accompagne plus le regard. C'était Mlle Sedaine, la fille du Poète, de celui dont on joue sans cesse et dont nous écoutons avec délices les drames toujours nouveaux. On venait de lui lire un livre où je parlais de son père, et elle avait pensé que celui qui était si touché de ce souvenir, le serait de sa présence. Elle ne s'était pas trompée; l'impression en fut profonde, comme mon étonnement de son récit. Elle a maintenant soixante-quatorze ans. Sedaine n'avait laissé à sa mère et à elle qu'un seul héritage, dit-elle, celui de ses *droits d'auteur*. Ces droits, *selon la loi,* expirèrent dix ans après lui. L'Empereur sut cette situation, en fut touché, et douze cents francs de pension vinrent remplacer un revenu qui devait être au moins de douze mille francs annuels, à voir combien de fois alors on représentait les nombreux ouvrages de l'auteur du *Philosophe sans le savoir*. Mais enfin *c'était du pain*. Le vin y fut ajouté par le roi Louis XVIII, qui donna cinq cents francs d'augmentation. La mère et la fille s'en trouvaient heureuses. Elles pouvaient quelquefois venir considérer les représentations de leurs pièces chéries (nées près de leur foyer), dans un coin de ces salles dont le luxe trop stérile pour elles était alimenté par les œuvres de Sedaine. Mais bientôt la veuve suivit son mari et laissa seule Mlle Sedaine, qui jamais n'avait voulu quitter ce nom sacré pour elle et qui vit un ministre rayer, par fantaisie, en jouant avec sa plume, les douze cents francs qu'on lui avait conservés et les réduire à neuf cents. Il y a de cela plus de onze années. Depuis ce temps, elle n'a cessé de demander la restitution de cette précieuse rente donnée par le conquérant absolu; mais on n'écoute pas sa voix tremblante. Rien ne lui est venu que les années, que les douleurs, que la cécité. Une première opération de la cataracte ne lui a pas rendu la vue, mais l'a presque entièrement ruinée; la seconde serait trop dispendieuse pour elle. Un de ses yeux est perdu, un nuage s'épaissit sur l'autre; elle le sent et le laisse se former, parce qu'une opération serait douteuse peut-être et à coup sûr la laisserait plus pauvre encore pour plusieurs années. Voilà tout. Vous le voyez, je l'ai promis, l'histoire est courte, et, que l'on attende encore, le dénoûment viendra, le plus sombre qu'on puisse faire.

Or, à présent, à qui s'en prendre? Je vais le dire. Mais je veux commencer par examiner les labeurs de l'homme. Je devine que vous pesez en vous-mêmes les mérites du père pour mesurer les droits de la fille. Eh bien, je vous suivrai. Aussi bien faisais-je comme vous, et, tandis qu'elle me racontait en peu de mots ses longues douleurs, je repassais dans ma mémoire cette liste si grande de travaux et de succès toujours brillants et toujours inutiles, et je me demandais comment, après tout cet éclat, on laissait dans cet état sa famille en mourant.

II

*DES TRAVAUX ET DE LA VIE
DE SEDAINE*

E théâtre est un livre dont chaque phrase prend une voix humaine, un tableau dont chaque figure s'anime et sort de la toile. Comme écrivain et comme peintre, l'auteur jouit plus pleinement de sa pensée et de sa forme; il entend l'une, il voit l'autre, il les juge et les perfectionne par les sens, et peut étudier désormais avec moins de fatigue son invention réalisée. Ajoutez à ces jouissances complètes de l'art quelque chose des émotions de la guerre; car le théâtre met l'auteur en face de

l'ennemi, le lui fait voir, compter et combattre. Les livres ne disent point comment ils l'ont rencontré; leurs luttes ont été des duels secrets et silencieux, dont les triomphes se devinent d'année en année, et leur inventeur n'a pu mesurer que rarement et imparfaitement les effets des émotions qu'il a voulu donner; le théâtre les fait sortir à la clarté de mille flambeaux, par des cris de joie ou par des larmes; le peuple s'avoue vaincu et applaudit à sa défaite et à la victoire d'une idée heureuse. Ne soyez donc pas étonnés que ce travail charmant soit devenu, dans beaucoup de cœurs, une passion.

Nous allons voir par quel hasard cette passion entra dans l'âme honnête de Sedaine, et jeter un coup d'œil sur sa vie avant de revenir à celle de sa fille.

Le 4 juillet 1719 était né à Paris Michel-Jean Sedaine, fils de l'un des architectes les plus honorés de la ville. Sa famille, heureuse et estimée, lui faisait faire de sérieuses études. Il avait à peine treize ans lorsque son père fut tout à coup ruiné; et, s'étant réfugié au fond du Berri, où il avait emmené ses enfants, y mourut en peu de temps, dévoré par une tristesse profonde. Le pauvre petit Sedaine, resté seul avec son plus jeune frère, le prend par la main et se met en route pour Paris. Sa mère y était retirée dans une abbaye. Il veut l'aller rejoindre. Il avait alors pour tout bien dix-huit francs; il les emploie à payer la place de son frère dans la lourde diligence de ce temps, lui donne sa veste parce qu'il fait froid, et suit la voiture à pied. Quelquefois les voyageurs font monter sur le siège du conducteur ce petit père de famille de treize ans, et il arrive ainsi à Paris. C'est là, c'est alors qu'il reprend par la base le métier de son père et se met vaillamment à tailler la pierre, aidant ainsi à la subsistance de sa mère et à l'éducation de ses jeunes frères. Tandis qu'il travaillait gaiement, les larmes venaient aux yeux des maçons qui avaient connu son père l'architecte et servi sous lui comme des soldats; aussi, quelquefois, quand la chaleur était trop ardente ou la pluie trop forte, il trouvait sa pierre placée par eux à l'abri et transportée la nuit sous quelque hangar. Cependant Sedaine étudiait toujours; à côté de sa longue scie, le tailleur de pierres posait Horace et Virgile, Molière, Montaigne, qui furent les adorations de toute sa vie; et quand ses compagnons les maçons dormaient couchés sur la poitrine dans le gazon, il prenait ses chers livres et pensait à l'écart.

Voilà donc les deux sources de ses idées : la famille et l'atelier des maçons.

Les premières voix qu'il entend sont douces,

dans les premières années heureuses : le vieux père, la mère, l'oncle, les anciens domestiques en cheveux blancs, pareils à cet Antoine du *Philosophe,* ayant comme lui peut-être une fille qui n'est placée ni si haut que la maîtresse de la maison ni si bas que la femme de chambre, ainsi que *Victorine;* un salon, des parents sages et bons, quelques-uns magistrats : *la bonne robe est sage comme la loi,* il le dit avec le proverbe; des tantes un peu entichées de la noblesse qu'elles avoisinent, des amis financiers, toute la bonne maison de bonne bourgeoisie de Paris chez l'architecte de la Cité, *Domus.* Porté, bercé d'abord par tous ces bras, endormi sur ces genoux, passé d'une épaule à l'autre, baisant ces grands fronts vénérables, poudrés et parfumés, assis sur les robes de damas à grandes fleurs, jouant avec les longues boucles de cheveux enrubannés, cet enfant n'entend alors que bons propos, que paroles d'attendrissement pour lui, de sagesse, de bonne grâce envers tous. Il conçoit donc, de prime abord, ce monde élégant, poli et posé, dans lequel plus tard il aimera à faire vivre les familles de son invention, ces familles honnêtes et charmantes où les imprudences sont enveloppées de tant de formes respectueuses, et où les caprices et les passions se tiennent toujours à demi inclinés devant les devoirs. Les secondes paroles qui frappent cette jeune oreille sont celles de la poésie populaire et du peuple même. Les artisans, les ouvriers l'entourent; Colas et Nicolas travaillent à ses côtés pendant qu'il lit les dialogues des *Jacqueline*, des *Pierrot* et des *Martine* de Molière. Là, c'est la pauvreté joyeuse, le travail au sommeil tranquille, la vigoureuse santé, les chansons en plein air et à pleine voix, les soldats dont le mal du pays fait des déserteurs, des enfants déjà fiancés au berceau, dont les parents ne peuvent qu'à grand'peine retarder la noce. Le jeune apprenti regarde et lit tour à tour; ses oreilles vont du son à l'écho; ses yeux, de la nature au miroir : il ne comprend pas encore cette double face des choses, mais il la devine; il en est tout charmé, et sent vaguement que le Vrai a besoin de revêtir le Beau comme un rayonnant visage, selon l'expression de Platon.

Mais je m'arrête dans cette recherche, car bientôt et tout à coup il s'affranchit des impressions premières, il se dégage entièrement de lui-même, il s'élève, il invente, et nous ne devons pas chercher trop avant dans le cœur, quand la tête est si libre. Lorsqu'il s'agit d'examiner les œuvres d'un homme dont le génie est dramatique, d'un Poète épique ou d'un Romancier, de celui enfin qui crée et fait mouvoir des personnages, il ne faut pas chercher trop minutieusement, dans ses œuvres, l'histoire détaillée des souffrances de son cœur, ni la chronique des accidents et des rencontres de sa vie, mais seulement les mille rêves de son imagination et leur mérite aux yeux de ceux qui savent tous les secrets de l'art de la scène. Quels rapports ingénieux ne trouverait-on pas entre les ouvrages d'un homme célèbre et les impressions qu'il reçut du dehors, entre sa vie idéale et sa vie réelle, si l'on voulait trop s'étudier à leur faire suivre deux lignes parallèles ! Mais que de fois il faudrait tordre la ligne de la vérité des faits pour lui faire rejoindre celle des créations imaginaires, et qu'elle serait souvent rompue à la peine !

Le premier devoir du Poète dramatique est le détachement de lui-même. Avant de mettre le pied dans l'enceinte de son théâtre idéal, il faut que son imagination boive une coupe de l'eau du Léthé, qu'elle oublie son séjour dans une tête humaine, son rôle dans la comédie de la vie, et qu'elle souffle ensuite, qu'elle agrandisse et diminue, qu'elle colore des mille nuances du prisme les bulles de savon qu'elle va librement jeter dans l'espace illimité. Si le Poète, trop préoccupé de lui-même, se laissait entraîner à se peindre dans chacun de ses ouvrages, il tomberait dans une monotonie de traits et de couleurs que Beaumarchais compare avec sa justesse d'esprit accoutumée à des *camaïeux;* — on appelait ainsi certains petits tableaux imitant le camée et l'onyx, où tout était blanc et ombré de bleu; — certes, l'azur est une belle couleur; mais tout dans la nature et dans la vie n'est pas azuré, il s'en faut de beaucoup. C'est une prétention moderne et tout à fait de notre temps, outrée quelquefois au delà de toute mesure, que celle de jeter son portrait partout, posé dans la plus belle attitude possible. Je ne sais si l'on y pensait autant avant J.-J. Rousseau, son Saint-Preux et ses Confessions. Une fois ces ressemblances de l'auteur glissées dans ses œuvres, aisément dépistées et faiblement niées, le public et la critique ont pris fort naturellement l'habitude de fureter dans tous les coins d'un drame et d'un roman, de lever tous les voiles et tous les chapeaux pour reconnaître l'écrivain en dessous. Dangereuse coutume de bal masqué, en vérité très désastreuse pour l'art si elle prenait racine parmi nous, car on n'oserait plus peindre un scélérat ni la moindre scélératesse, de crainte d'être pris pour un pénitent qui parle au confessionnal. Ce grand amour des portraits et des secrets surpris fait que nous les cherchons trop souvent où ils ne sont pas. Il est bien vrai qu'il y a dans tous les théâtres certaines belles œuvres, mais très rares, plus particulièrement empreintes que les autres d'une souffrance profonde, et que le Poète semble avoir écrites avec son sang versé goutte à goutte. Les tortures de la jalousie peuvent avoir fait sortir Othello et Alceste, tout armés du poignard et de l'épée, des fronts divins de Shakspeare et de Molière; mais les arguments vigoureux des personnages graves qui combattent les plus emportés sont prononcés par une voix toute-puissante, celle de la raison du penseur; elle est debout à côté de la passion et lutte corps à corps avec elle; dès que je l'entends parler, je sens que sa présence m'ôte le droit de rechercher les douleurs personnelles d'un grand homme qui sait si bien les dompter et qui en connaît si bien le dictame et les antidotes; je replace le voile sur son buste et je ne veux voir et écouter que les personnages qu'il s'est plu à faire mouvoir sous mes yeux. L'examen a sa mesure, et l'analyse a ses bornes. Gardons-nous bien de porter trop loin ce caprice moderne qu'on pourrait nommer *la recherche de la personnalité*. La scène a toujours été assez pure en France de l'affectation de se peindre, et je ne vois pas que ni les moindres ni les plus excellents de nos Poètes dramatiques se soient étudiés à s'y représenter. J'estime que si parfois leurs sentiments secrets se sont fait jour dans le dialogue de leur théâtre, ce fut malgré eux, par des soupirs involontaires, et l'homme croyait son caractère et sa vie bien en sûreté sous le masque. Les plus déterminés aventuriers n'ont pas même eu l'idée, au temps de Louis XIV, qu'il fût permis de se décrire ainsi soi-même; et Regnard, ce hardi voyageur, riche, élégant, joyeux, passionné, épris en Italie d'une belle Provençale, prisonnier avec elle à Alger, esclave à Constantinople, rachetant sa maîtresse et non le mari, courant en vain la Pologne et la Laponie pour l'oublier, n'a pas écrit un vers ni une ligne dans toutes ses comédies qui pût rappeler ses aventures et une vie toute *Byronienne,* comme nous dirions aujourd'hui. Ce serait donc une profanation que de chercher à savoir plus que le Poète n'a dit de lui-même, et les commentaires minutieux, les inductions hasardées, les interprétations détournées fausseraient à la longue l'esprit du spectateur, qui, au lieu de contempler les larges traits d'un tableau de la nature composé de manière à servir de preuve à quelque haute idée morale, n'y voudrait plus voir que l'étroit scandale de quelque petit roman intime où l'auteur paraîtrait comme acteur, et viendrait révéler sa vie privée, tout en dénonçant celle des autres. Ces fausses données ont d'ailleurs un grand malheur, c'est qu'il suffit d'une page de Mémoires, moins que cela, d'une lettre, pour les démentir et les rendre nulles.

C'est lorsque l'on veut apprécier le génie élégiaque qu'il convient de prendre l'auteur même pour but de son examen, puisqu'il est lui-même le sujet de ses œuvres. Ici la beauté s'accroît de la ressemblance du portrait. Le caractère et la vie du Poète impriment leur grandeur et leur sentiment sur son ouvrage, et plus on retrouve l'homme dans l'œuvre, plus sont profondes les émotions qu'elle donne. Comme Narcisse, le poète élégiaque a dû se poser en tout temps sur le bord d'un ruisseau, s'y mirer et y dessiner avec soin son image; il ne doit oublier ni un cheveu arraché, ni une larme, ni une goutte de sang, et c'est pour cela qu'on l'aime (quand on l'aime), et qu'il faut s'intéresser à lui forcément, puisque son personnage souffrant ou rêveur est le seul qu'il mette en scène, puisque partout et toujours il se regarde et se peint, et jusques en enfer, quand il ira, il se regardera encore dans l'eau en passant la barque d'Homère ou celle de Dante :

*Tum quoque se, postquam est infernâ sede receptus,
In Stygiâ spectabat aquâ.*

Nous allons voir, en suivant la vie de Sedaine, combien son imagination fut indépendante des phases diverses de sa destinée, et qu'il ne prit soin que de perfectionner cette rare qualité qu'il eut et dont la difficulté est rarement comprise, parce que, plus on l'atteint, plus elle se voile sous le naturel : je veux dire la composition.

Il ne s'était jamais avisé de rien écrire pour le théâtre, lorsqu'un jour de l'année 1754, il le raconte lui-même dans une lettre fort étendue, lettre inédite que j'ai entre les mains, et qui, jointe à sa correspondance et à ses œuvres posthumes, serait une bonne fortune pour les éditeurs; lorsqu'un jour, dis-je, un certain Monnet, directeur de l'Opéra-Comique, vint frapper à sa porte et lui offrir ses entrées à son théâtre, et avoir le bonheur, dit-il, de voir un *grand homme* qui a fait la *Tentation de saint Antoine*, la *Chanson de Blaize*, l'*Épître à mon Habit*. On sait quelles étaient ces petites chansonnettes à la mode alors, et dont la première est assez dans le ton de celles de Vadé, de Collé et de Piron, et sent quelque peu les caveaux de Momus et de Comus. Il n'avait fait alors que cela et d'autres vers d'un ton plus élevé, des pièces fugitives, qui étaient alors toute sa gloire et faisaient le bonheur du salon de Mme de Soucy, sous-gouvernante des enfants de France, où la baronne de Mackau et Mme Diane de Polignac, bien jeune alors, se trouvaient. Il y cherchait, dans une douce habitude de tous les soirs, ce langage de bon goût qu'il avait en lui, ce bon ton qu'il a répandu dans ses œuvres, et qui rendait plus exquise encore cette noblesse parfaite, cette délicatesse de sentiments que lui ont connues tous ses amis. Mme de Soucy le nommait son berger, tant il l'avait nommée Philis! Enfin ces chansons avaient enchanté M. Monnet, aussi bien que les femmes de la cour; mais Sedaine le refusa d'abord.

— « Je me garderai bien d'accepter vos *entrées,* lui dit-il; on n'offre rien pour rien, et vous espéreriez de moi quelque opéra-comique, ce que vous pouvez être sûr que je ne ferai pas. Je fais des maisons, et puis voilà tout : *Je suis maçon pour vivre et poète pour rire.* »

Cependant, peu de temps après, le même visiteur revint. Il était triste, désolé.

— « Monsieur, je suis au désespoir, et si vous ne me tirez pas de la situation où je me trouve, je suis un homme perdu. Vadé me quitte, ne veut plus rien faire pour moi; ainsi je suis forcé de vendre mon fonds. (Or c'était l'*Opéra-Comique;* n'est-on pas tenté de dire à ce mot de *fonds :*

> Comme avec irrévérence
> Parle des dieux ce maraud !

mais alors c'était le terme.) Et, ajoute Monnet,

comme je n'ai aucun ouvrage pour en soutenir le crédit, je le vendrai moitié moins. Si vous vouliez me faire un opéra-comique, je vendrais ma salle et mon privilège comme il faut. — Mais je n'ai pas le temps, dit Sedaine. — Mais, monsieur, ce soir en rentrant envoyez-moi vos brouillons, je les ferai copier. »

Ainsi fut fait, et voilà comme on devient auteur malgré soi.

Pour sauver le directeur de l'Opéra-Comique, Sedaine fait tout à coup le *Diable à quatre*. Il réussit, ne se fit pas nommer, et ne pensait plus au théâtre, quand, cinq ans après, un autre directeur le vint tenter encore. Philidor interrompit une partie d'échecs pour faire la musique d'un nouvel opéra, et voilà Sedaine parti ; la passion du théâtre le saisit, chaque année voit paraître et réussir deux pièces nouvelles, trois quelquefois, d'allure franche, naïve, décidée, d'imagination neuve chacune :

> Comme une jeune fille au teint frais et vermeil,
> . . . .
> L'eau pure a ranimé son front, ses yeux brillants,
> D'une étroite ceinture elle a pressé ses flancs,
> Et des fleurs sur son sein, et des fleurs sur sa tête,
> Et sa flûte à la main . . . .

cette flûte qui chantait tantôt avec Grétry, tantôt avec Monsigny. Trente-quatre ouvrages se succèdent à peu de distance, et les moindres sont joués par toute l'Europe, dans les cours d'Autriche et de Russie; c'était une mode, une vogue, une fureur; c'était plus aussi, un mérite réel et durable les soutenait. J'ai hâte d'arriver à ses deux chefs-d'œuvre.

Je trouve avec satisfaction, dans une notice sur sa vie, écrite par la princesse de Salm, qu'il répétait souvent *qu'il fallait passer au moins un an à faire le plan d'une grande pièce, mais qu'on pouvait n'être qu'un mois à l'écrire.* Ce mot atteste un homme qui sentait la difficulté de ce talent de *composer* pour lequel il faut tant d'invention et de méditations sérieuses combinées, et tant de science de ces proportions dans lesquelles l'art de la scène doit enserrer, résumer, concentrer et faire mouvoir sans effort toutes les observations recueillies dans la mémoire du Poète sur la vie, les mœurs et les caractères. Faute de comprendre cette partie de l'art, on l'a quelquefois traitée légèrement, comme on fait tout ce qu'on ignore ou ce qu'on ne peut atteindre. Cela s'est appelé, pour quelques personnes, *charpenter*, et ce travail leur a semblé chose grossière et facile. Mais l'architecte Sedaine pensait différemment, sans doute à cause de sa première profession, et savait que sans charpente il n'y a pas de maison, et que tout palais croulerait s'il n'en avait une largement jetée, appuyée sur des bases solides et habilement façonnée; que Sophocle, Euripide, Plaute, Shaskpeare, Corneille et Molière furent les plus habiles charpentiers du monde, et celui surtout qui disait, après avoir lentement dessiné la charpente de sa pièce et tourné autour de son plan, comparé ses mille ébauches et avoir arrêté ses lignes : *Tout est fait, je n'ai plus qu'à écrire les vers.* C'est que ces hommes-là connaissaient la scène et l'avaient bien arpentée; c'est qu'ils savaient ces secrets, ignorés de beaucoup de ceux qui jugent ses mérites; c'est qu'ils jetaient leur coup d'œil de maître sur les magiques perspectives du théâtre, du point de vue au point de distance, à la manière de Michel-Ange, autre constructeur de monuments. Ils pesaient d'abord leur idée-mère, leur pensée souveraine, et la scellaient comme un roi pose la première pierre d'un temple; de ses larges fondations s'élevaient les charpentes fortes et élégantes avec leurs courbures célestes, leurs larges entrées et leurs passages dérobés, leurs vastes ailes et leurs flèches légères, et tout était ensuite recouvert d'une robe d'or ou de plomb, de marbre ou de pierre, sculptée et égayée d'arabesques, de figurines, de chapiteaux, ou simple, grave, sombre, pesante et sans parure. Qu'importe ? La forme extérieure n'est rien qu'un vêtement convenable qui se ploie, se courbe ou s'élève au gré de l'idée fondamentale; et toute la construction de l'édifice avec l'habileté de ses lignes ne fait que servir de parure à cette idée, consacrer sa durée et demeurer son plus parfait symbole.

L'épreuve la plus sévère pour le rare génie de la Composition, c'est le théâtre. C'est le feu où se brisent les faibles vases, où les forts durcissent leur forme et reçoivent l'immortalité des couleurs. C'est du lecteur de nos livres que l'on peut dire qu'il est patient parce qu'il est tout-puissant. Il surveille lui-même ses impressions et les abrège ou les prolonge à son gré, traverse et foule aux pieds les pages qui l'empêchent dans sa marche; il va en avant malgré les landes, il a des échasses; ou tout à coup il s'arrête, revient sur ses pas pour revoir quelque point du pays mal examiné, pour entendre deux fois une explication mal comprise; il y supplée au besoin avec son crayon, et ajoute à ses informations de voyageur, sur la marge; il est à son aise enfin, et, s'il est las, laisse le voyageur et le livre pour longtemps et pour toujours. Mais le cercle des trois heures presse le spectateur, et malheur si les divisions n'y sont pas exactement mesurées, si toute idée, tout sentiment, n'occupe pas sa place précise; malheur si l'aiguille, en avançant, surprend un personnage en retard, ou s'il manque au dernier quart d'heure dans lequel se dénoue chaque lien et s'accomplit chaque destinée. Ce sont deux parts toutes différentes de l'art : le poème historique, le roman épique, sont pareils à des bas-reliefs dont les tableaux successifs s'enchaînent à peine par le pied des personnages ; mais tout drame est un groupe aussi pressé que celui de *Laocoon,* un groupe dont les personnages doivent être liés fortement dans les nœuds du serpent divin de l'art.

Ce talent de dessin, de prévision constante et habile, appartient à Sedaine assurément, et de façon à surprendre lorsqu'on examine la perfection et l'ordre de ses moindres productions. Malheureusement il donna au plus grand nombre de ses compositions la forme la moins littéraire, celle qui seconde et soutient le maestro, celle du libretto. Cette bienfaisance insouciante qu'il montre dans la lettre que j'ai citée, lui fit faire ce qu'il fallait pour empêcher l'Opéra-Comique de mourir ; et, comme ce théâtre était toujours mourant et renaissant, ainsi que nous le voyons encore, le bon Sedaine ne cessait de le soutenir et de lui faire des béquilles et des lisières.

Deux fois cependant il s'avisa de penser à lui-même sérieusement, et, pour sa réputation, donna deux ouvrages à la Comédie-Française, qui n'a cessé de s'en parer et de les porter avec orgueil comme deux pendants d'oreilles de diamants : la *Gageure imprévue* et le *Philosophe sans le savoir*.

Je m'arrête ici à dessein, et je sens le besoin de vous faire mesurer pièce à pièce la valeur de cet écrin, et de prendre en main l'un après l'autre chacun de ces bijoux. — Cette *Gageure imprévue*, qui de vous, qui de nous, ne l'a écoutée avec ce sourire paisible que l'on sent venir sur son visage malgré soi en présence de ce monde choisi où les vertus ne *sont point diablesses,* comme dit Molière; où elles ont un langage fin, piquant, animé, passionné même parfois; où il se livre une petite guerre de paroles élégantes dont les menaces ne sont pas graves en apparence, mais cependant touchent vivement et sondent profondément le cœur; où les plus nobles sentiments ne font point parade de leurs bonnes actions, et glissent avec grâce sur toute circonstance qui les pourrait faire valoir; où la coquetterie et la jalousie sont passagères et n'ont que de si courts accès, qu'ils servent seulement à faire ressortir le fonds d'honnêteté qui règne dans ces âmes sereines; dans ce monde enfin qui, par ses qualités naturelles et coutumières bien plus que par ses formes élégantes, méritait et mérite encore partout où il se rencontre le nom de *Beau Monde?*

Quelle grâce, quelle finesse, quel naturel dans cette courte comédie! Quelle plus ingénieuse broderie orna jamais un fond plus léger? La composition si simple en apparence est savante dans tous ses détails; c'est un ruban de femme, un ruban rose et moiré, qui, tout chatoyant et flexible qu'il est, forme cependant un nœud et un nœud serré, difficile, habilement tordu par une main de maître qui sait ce qu'elle prépare. Voyez d'abord ce désœuvrement de château, que pourra-t-il éclore de là? rien en apparence et personne ne pense qu'il y ait chance pour nul événement. Mme de Clainville s'ennuie à la campagne; c'est tout simple, il y arrive si peu de chose, et l'on a tant d'heures à employer! Madame va de long en large sur le balcon, madame a épuisé en une heure toutes ses ressources de divertissement, cette liste de plaisirs innocents que Voltaire nommait, et elle le répète involontairement tout bas, les *premiers des plaisirs insipides*. Elle a visité la volière, qui lui a sali les doigts et les cheveux; la basse-cour, qui lui a sali les pieds; elle a passé un moment à la porte de l'écurie à regarder la croupe luisante des chevaux: elle a dit bonjour aux palefreniers et bonsoir aux bouviers, en longeant l'étable et en regardant les vaches défiler, la sonnette au col; elle a passé la main sous le menton d'une petite jardinière, elle a voulu parler jardinage à la mère, et n'a su que lui dire, faute de savoir les mots en usage, pendant que la jardinière n'a su que répondre de peur de les prononcer : dialogue muet et embarrassé; elle a regardé le grand parc et la garenne avec tous ses lapins, elle a même parlé au garde-chasse édenté qui revenait avec tous ses chiens et un perdreau dont il écrasait la tête avec son pouce; elle a dissimulé son mal de cœur le mieux qu'elle a pu; elle est revenue avec de l'eau, de la boue et de la paille sur ses bas blancs et dans ses petits souliers à talon haut; quelque peu enrhumée, mais la conscience en repos sur son devoir de châtelaine qui se croirait fermière volontiers et utile au pays. Elle n'a plus rien à faire; comme Titus, elle a rempli sa journée, et il n'est encore que dix heures du matin. De désespoir, et après avoir séché ses plumes et ses ailes, rentrée dans sa chambre à coucher, elle prend un livre (affreuse extrémité pour une femme du monde), et, le mettant dans sa main droite, ouvert au hasard avec un doigt qu'elle y laisse, elle croise les bras de manière à couvrir ou couver plutôt l'heureux livre sous son épaule gauche, et, s'appuyant sur son balcon, elle regarde pendant quatre heures la pluie qui tombe sur les passants.

Une longue plaine, une plaine de Beauce, j'en suis sûr, avec un bel horizon de blés et de blés coupés; une grande route avec des rouliers en blouse et en bonnet de coton, un gros chien dormant sous la voiture, une grosse voiture de toiles mouillées, toujours des charrettes lourdes, lentes, des hommes en sabots, et pas même un coche ridicule qui la ferait rire avec ses nourrices; mais de gros tonneaux traînés par de gros chevaux qui ont de gros colliers de bois et de laine bleue. Quelle vue pour de beaux yeux!

Elle rentre dans sa chambre. Que trouver dans une chambre, sinon une femme de chambre? Aussi la prend-elle en horreur tout d'un coup. La pauvre Gotte (car je lui donne son vrai nom, moi), la malheureuse ne peut dire un mot ce matin qui ne soit une sottise, une insolence, un crime! — Madame veut son clavecin; vite! il faut ouvrir son clavecin; est-il accordé? elle est folle de musique ce matin. Elle veut jouer Grétry ou J.-J. Rousseau; si le clavecin n'est pas accordé, elle sera au désespoir, elle en pleurera. — Il l'est, madame, dit la pauvre femme en tremblant, le facteur est venu ce matin. — Madame est prise, il faut jouer du clavecin, plus de motif de colère. Elle prend son parti tout à coup, tourne le dos au clavecin, et dit en soupirant: J'en jouerai ce soir; puis elle retourne à sa chère fenêtre.

Ah! chose précieuse qu'une fenêtre à la campagne, quelque monotone que soit le paysage; s'il peut arriver un bonheur, c'est par là. — Il arrive au galop; c'est un officier : il a un chapeau bordé d'argent! Enfin, voilà un homme et non des animaux. — Allez vite à la porte du parc, je l'invite à dîner, elle a juré qu'elle ne dînerait pas seule. On dira ce qu'on voudra, il arrivera ce qu'il pourra, malheur à ceux qui se scandalisent! En ce moment, elle donnerait sa part de paradis pour une conversation de Paris; la voilà, elle ne la perdra pas, elle l'appelle par la fenêtre; la conversation parisienne ne se fait point prier, elle ôte son manteau, elle passe la porte secrète, elle monte, elle est vive, elle est fine, elle a tous ses atours, elle est charmante.

Et cette petite faute de désœuvrement et de curiosité sera toute la pièce; c'est sur ce crime d'enfant que tout cet édifice est bâti, cet édifice aux lambris élégants et dorés. Que de ruses, en effet! que de finesses viennent au secours de Mme de Clainville, pour l'aider à déguiser sa curiosité puérile! Il faut changer de nom, faire inviter le bel officier de la part de Mme de Wordacle, une vieille *comtesse, si laide et si bossue,* dit-elle avec douleur, tant pour une heure ce nom lui fait peine à porter; il faut chercher à donner du sérieux à ce rendez-vous et du

respect à cet inconnu, et trouver une seconde
ruse à jeter par-dessus la première. Mais voici
bien autre chose : au moment d'inquiéter son
mari dans ses possessions, elle est menacée dans
les siennes. Une jeune personne est logée chez
son mari, avec sa gouvernante; elle le découvre
par ses gens, fait venir cette jeune et rougis-
sante beauté, qui a été hier tirée du couvent
par son mari, on ne sait pourquoi; elle ne le
demande pas, et, avec une dignité douce et
parfaite, la fait reconduire à son appartement.
Déjà donc un peu troublée, elle reçoit le chevalier Détieulette, et enfin *ne dîne pas seule,*
comme elle l'avait juré. Que d'esprit il y eut à
ce dîner, à en juger par la fin de cette conversation, où le chevalier, dans un continuel persiflage, lui fait des femmes un tableau malin,
qu'il attribue à M. de Clainville, son mari,
qu'elle est forcée de renier et de ne pas connaître! La punition commence pour la gracieuse
étourdie; elle devient bientôt plus grave, car
M. de Clainville revient; il faut cacher un
inconnu chez elle, dans un cabinet secret; c'est
déjà assez leste, mais c'est peu encore, elle
s'enfonce dans le crime. Il lui est resté sur le
cœur un mot de son mari sur les femmes, le
diable lui souffle qu'elle se doit venger et
prouver la supériorité de son sexe; la ruse est
ourdie à l'instant, et le plan de sa gageure

imprévue ou plutôt improvisée. Elle torture son mari, ce grand chasseur, par le pari qu'il ne pourra tout décrire dans une serrure; elle lui dit qu'il a oublié la clef, et lui avoue qu'un officier, un inconnu, est caché derrière cette serrure, parvient à le troubler dans son sang-froid, puis offre cette clef quand il est en colère, le promène ainsi longtemps entre deux sentiments, le fait tomber à genoux, et jouit bien pleinement, par devant ses domestiques, de la supériorité de son sexe; puis, par grandeur d'âme, va ouvrir à l'inconnu quand son mari vaincu est sorti. Elle triomphe. — Eh bien, monsieur, êtes-vous convaincu de l'avantage que toute femme peut avoir sur son mari? — Il salue, il est plein de respect, mais on ne sait pourquoi il est peu convaincu. C'est que la trompeuse est trompée, c'est que cet inconnu était l'ami de son mari, et venait chez elle tout simplement pour épouser cette jeune personne mystérieuse. — Comment, monsieur, j'étais donc votre dupe? — Non, madame, mais je n'étais pas la vôtre. — Et la duplicité est ainsi gracieusement châtiée, et rien que de bien n'a été entendu et vu, et un spectacle charmant a été donné.

Vous connaissez ces bustes de marbre qui forment une double haie si solennelle et si mélancolique dans le foyer de la Comédie-Française ? Un soir, non pendant un entr'acte, il y a trop de monde, mais pendant une scène de confidents, au milieu de quelque honnête tragédie par trop régulièrement parfaite, allez un peu rêver devant ces marbres vénérés, arrêtez-vous au pied de celui de Molière[1], qui a les yeux si beaux, le sourire si fin et le col si gracieusement tourné sur l'épaule; jetez aussi un regard sur celui de Dufrény[2], et sachez que c'est à ce bon Sedaine que vous les devez tous deux : oui, à Sedaine et à la *Gageure imprévue,* car il abandonna tout ce qu'elle rapporterait pour faire, dit-il dans son enthousiasme, le buste en marbre du premier auteur comique de l'univers, et peut-être du seul philosophe du siècle de Louis XIV. Je dois ajouter, en toute conscience, que Dufrény fut sculpté *par-dessus le marché,* parce qu'il se trouvait plus d'argent qu'il n'en fallait pour le buste seul de Molière. Cette jolie *Gageure,* si généreuse, eut un triomphe charmant parmi tous les autres, et qui fut plus sensible à Sedaine que les visites qu'il reçut du roi de Danemark, accompagné de Struensée, du roi Gustave de Suède, de l'empereur Joseph II et du jeune fils de l'impératrice Catherine II, depuis Paul Ier; ce

1. Par Houdon.
2. De Pajou.

triomphe, qui le ravit, fut le plaisir que prit la reine de France à jouer le rôle de Mme de Clainville. Sedaine présidait aux répétitions de Versailles, et, en échange de ce qu'il enseignait, il apprit quelques grâces nouvelles de sa *gracieuse majesté* Marie-Antoinette, comme on dirait en Angleterre; il remarque que, dans la scène d'impatience, elle jetait ses plumes sur le bureau avec un abandon si bien placé et une intention si fine, qu'il donna ce mouvement pour modèle à toutes les actrices qui représentèrent depuis ce joli rôle. Vous voyez qu'il reste à notre Théâtre-Français des jeux muets et des traditions qui viennent d'assez bon lieu.

Aussi délicieux et bien plus grave fut le drame du *Philosophe sans le savoir*. Écoutez cette fois Sedaine lui-même vous dire comme il y pensa :

« En 1760, m'étant trouvé, dit-il, à la première représentation des *Philosophes* (mauvais et méchant ouvrage en trois actes), je fus indigné de la manière dont étaient traités d'honnêtes hommes de lettres que je ne connaissais que par leurs écrits. Pour réconcilier le public avec l'idée du mot : philosophe, que cette satire pouvait dégrader, je composai le *Philosophe sans le savoir*. Dans ce même temps, un grand seigneur se battit en duel sur le chemin de Sèvres; son père attendait dans son hôtel la nouvelle de l'issue du combat, et avait ordonné qu'on se contentât de frapper à la porte cochère trois coups si son fils était mort. C'est ce qui m'a donné l'idée de ceux que j'ai employés dans cette pièce. » Telle était sa manière de travailler. L'idée conçue, il attendait que quelque chose de vrai et de beau se trouvât sous ses pas, et toujours sur son chemin la nature jetait de ces fleurs que le vulgaire ne sait pas trouver, et que sent de loin et respire dans l'air l'homme d'un odorat exquis, *homo emunctæ naris*. Voltaire savait cela. Voltaire le rencontre un jour au sortir de l'Académie et lui dit : « Ah ! monsieur Sedaine, *c'est vous qui ne prenez rien à personne ! — Aussi je ne suis pas riche,* » répondit vivement cet homme d'un esprit fin et d'un cœur modeste, qui ne me paraît pas s'être jamais donné grand'peine pour se faire valoir. Si j'en crois le récit de la princesse de Salm, il se trouva près de lui, dans sa maison, une jeune fille qui s'intéressait à lui sans s'en douter elle-même, et fut le modèle de Victorine. C'était encore là une de ces fleurs rencontrées sur le chemin, et ce fut la plus pure, la plus belle, la plus parfumée.

Je ne crois pas que jamais pièce de théâtre ait été plus souvent et mieux jouée que celle-ci par toute cette famille d'excellents acteurs qui

se passait les traditions des maîtres, et perpétuait devant nos yeux la représentation des manières élégantes du monde d'autrefois et ses grâces décentes. Il n'est pas un de vous qui n'ait vécu dans la maison de ce philosophe charmant, et n'ait suivi ce jour de noce, qu'une querelle de jeune homme a failli ensanglanter; pas un qui n'ait compris de quelles études sur la nature humaine et sur l'art une si belle œuvre est le résultat. La rareté des *drames sérieux,* comme les nomment Beaumarchais et Diderot, prouve leur extrême difficulté. « Il est de l'essence de ce genre, dit le pre-
« mier de ces grands écrivains, d'offrir un
« intérêt plus pressant, une moralité plus
« discrète que la tragédie héroïque, et plus
« profonde que la comédie plaisante, toutes
« choses égales d'ailleurs. Il n'a point les sen-
« tences et les plumes du tragique, les pointes
« et les cocardes du comique lui sont abso-
« lument interdites, il est aussi vrai que la
« nature même; il doit tirer toute sa beauté du
« fond, de la texture, de l'intérêt et de la
« marche du sujet. — C'est dans le salon de
« Vanderk que j'ai tout à fait perdu de vue
« Préville et Brizard, pour ne voir que le bon
« Antoine et son excellent maître et m'atten-
« drir véritablement avec eux. » Tous les grands esprits de ce temps n'ont cessé de citer

et d'admirer ce drame, qu'ils regardaient comme le chef-d'œuvre de ce *genre dramatique sérieux,* qu'ils estimaient, non sans raison, le plus difficile à bien traiter au théâtre; vous auriez plaisir à lire quelques lettres de Grimm, inédites encore et que j'ai là sous les yeux et à voir quelle sincère chaleur d'enthousiasme se mêle à une raison excellente dans les conseils. Voyez comment on étudiait alors avec gravité une œuvre d'une haute portée, et comment on en sondait les profondeurs avec conscience.

La première représentation ayant été troublée par des causes que je dirai plus bas, Grimm écrivit le lendemain à Sedaine :

« Je ne puis vous dire que je sois touché, enchanté, ivre, car j'ai éprouvé un sentiment d'une nouvelle espèce. Je me félicitais hier toute la soirée comme si j'étais l'auteur de la pièce; j'avais aussi l'âme serrée, et je l'ai encore. Si cette pièce n'a pas le plus grand succès sous quinze jours, si l'on n'y court pas comme des fous, si l'on n'en sort pas plein de joie d'avoir fait connaissance avec une si honnête et digne famille, il faut que cette nation soit maudite et que le don de juger et de sentir lui ait été retiré; mais il n'en sera pas ainsi. »

Il n'en fut pas ainsi, en effet. La nation

n'était pas incapable de juger et de sentir, mais son jugement était faussé d'avance par les envieux, race impérissable.

« Une nation, continue Grimm, dont le recueil de comédies serait composé de telles pièces, en deviendrait plus respectable et dans le fait meilleure. — A propos de cet éloge du commerce (que fait Vanderk), je voudrais que le poëte dît un mot, à votre manière, sur l'indépendance de cet état qui ne met jamais dans le cas de rechercher avec souplesse des grâces, des faveurs; qui laisse, par conséquent, à l'âme toute sa fierté, toute son élévation. M. Vanderk finirait par un trait que je trouve beau, et *qui est vrai*... Mon fils, en 17... (il faut savoir l'année de disette ou de récolte manquée), en 17... je perdis cent mille écus dans les blés, mais cette province fut préservée de la famine. Il y a dix, onze, douze ans de cela, et vous êtes le seul et le premier confident de cette perte. Le gouvernement n'en sait rien, je n'en attends ni récompense ni éloge. Voyez si ce sont là les principes d'un autre état que celui de négociant... »

Ainsi l'on se passionnait, ainsi l'on étudiait ce grand ouvrage comme un traité grave et profond, on appréciait ainsi tout ce qui touchait aux questions sociales. Diderot fut tout effrayé et tout indigné de la première représentation ; il va, à pied, par une grande gelée, au fond du faubourg Saint-Antoine, chez Sedaine, l'aperçoit à la fenêtre et lui crie : « Sois tranquille, ils en auront le démenti ; la pièce est bonne, elle réussira. » Ne soyez donc pas trompés sur l'importance de cette œuvre par la simplicité du langage, la noblesse gracieuse des scènes, qui se suivent avec tant d'aisance et de naturel. Rien de plus difficile à atteindre ; et, si j'ai cité les opinions des hommes célèbres de l'époque, c'est pour assembler ce qui atteste comment fut fondée et reconnue la puissance de ce genre de Drame, puissance qui ira toujours en s'accroissant à mesure qu'il traitera des questions plus graves et plus étendues. Le temps a consacré ce succès, que Diderot avait prédit ; et, depuis soixante-quinze ans, ce drame n'a cessé d'être, de saison en saison, un sujet d'attendrissement et d'étude. Trésors charmants de raison et de bonté, de quel cœur vous êtes sortis ! Créations heureuses, que le temps ne peut flétrir et que chaque printemps rajeunit ! Quel plus noble caractère que celui de Vanderk ? et comme il était digne d'être complété par le beau trait que Grimm voulait ajouter à cette généreuse figure ! Il est gentilhomme, et le cache à son fils ; il a craint que l'orgueil d'un grand nom ne devînt le germe des vertus de son enfant, il a voulu

qu'il ne les tînt que de lui-même. La ruine de
sa famille, une affaire d'honneur, l'ont exilé de
la France. Il a changé de nom, il s'est livré au
commerce, y a porté de grandes vues, et avec,
j'ai presque dit *malgré* une austère probité, il a
acquis une grande fortune et racheté tous les
biens que ses ancêtres avaient vendus l'un
après l'autre pour servir plus longtemps et plus
généreusement la patrie, comme faisait cette
vieille noblesse tant persécutée. Il avait suspendu son épée dans la salle des États de sa
province, et l'est venu reprendre; il pourrait
aussi reprendre son nom et son rang, mais il
ne le daigne pas. Il laisse à sa sœur les revenus
et l'éclat des grandes terres qu'il a rachetées pour
son fils; il la laisse faire bien du bruit, bien des
impertinences, et jouer de l'éventail dans des
carrosses au milieu de ses livrées, courir de ses
châteaux à Paris et tuer des postillons, préparer
même un mariage avec son fils, où lui Vanderk, lui, le grave et laborieux père de famille,
laissera la tante et le neveu, et se soustraira,
et *ne paraîtra pas*. Il sourit doucement avec
un regard mélancolique et grave; il sourit de
pitié, mais il l'excuse. *C'est de l'honneur* mal
entendu, dit-il à son fils; mais *c'est toujours de
l'honneur.* Aujourd'hui il est heureux, un peu
heureux; car un esprit philosophique ne l'est
jamais tout à fait et s'étourdit peu sur l'avenir;

mais enfin il a l'âme sereine : sa fille se marie, elle épouse un jeune et sage magistrat. La noce est prête, on s'occupe de costumes, de belles robes; sa fille n'est pas reconnaissable, tant elle est parée. Il joue avec tout cela; mais tout est troublé. Son fils, son jeune fils, cet élégant officier, a un nuage sur le front : on a insulté devant lui les négociants. Il va se battre. Cet orage va gronder au-dessus de tout ce beau jour. Victorine, cette douce et vive enfant, Victorine est la seule d'abord qui en ait aperçu le premier éclair; elle a entendu parler d'une querelle dans un café. Si le jeune officier arrive, elle l'annonce en courant toute haletante, toute charmée; s'il part, elle le suit des yeux; elle a pour lui un sentiment secret indéfinissable, délicieux, qui le protège, qui l'enveloppe, qui le suit comme le nuage doré dont Vénus inondait ses favoris. Et pourtant, Sedaine l'a fait remarquer lui-même, le mot d'amour n'est pas une fois prononcé; mais tous les personnages de la famille le sentent, le devinent, le ménagent, le respectent. La sœur appelle Victorine en témoignage des heures où rentre son frère; la mère ne la gronde que les larmes aux yeux de ce qu'elle s'inquiète tant de son fils; le père, lorsqu'elle s'écrie : *Mort!* — *Qui?* — *Monsieur votre fils!* Le père lui défend de pleurer, mais il la prend dans ses bras et reçoit toutes ses larmes sur sa poitrine, et sait bien que c'est là le seul cœur où puisse être cachée une douleur égale à sa douleur. Tout perd la tête dans la maison, excepté le maître de cette grande maison, le meilleur, le plus sensible des hommes et le plus juste. Le vieux Antoine, le vieux marin, jette des cris de douleur et d'effroi, il sanglote comme un enfant; c'est le père qui le console et le raffermit. Je ne sais s'il y a beaucoup de scènes plus belles que celle-là sur aucun théâtre, et où le cœur soit plus ému et en même temps l'esprit plus dompté par la contemplation d'un caractère fort et d'une raison supérieure.

J'ai voulu parcourir ainsi et d'une manière légère et bien imparfaite les chefs-d'œuvre de Sedaine, afin que nous eussions bien d'abord sous les yeux ses premiers titres : ses travaux et la nature de son talent. Pour ses succès, ils furent immenses, et rien n'y manqua, même le combat perpétuel des lettres, la lutte contre la calomnie et ses basses menées. — Quel homme n'en est atteint? quel temps n'en est empoisonné? La méthode est connue : « Susciter une méchante affaire, et, pendant la fermentation, calomnier à dire d'experts. D'abord un bruit léger, rasant le sol comme une hirondelle avant l'orage... » Vous savez aussi bien que moi qui je cite, messieurs.

Dans cette lettre inédite de Sedaine, que l'on pourrait considérer comme une note sur des états de service et que j'ai citée plus haut, il dit que jamais ouvrage n'avait eu autant de peine à paraître sur la scène. « Je fus un an entier à en obtenir la permission. On disait que le titre de la pièce était le duel, et qu'elle en était l'APOLOGIE ! » On le poursuivit sous ce prétexte : il fallut amener le lieutenant de police et le procureur du roi à une répétition pour les convaincre que l'on allait entendre au contraire le plus beau plaidoyer contre le duel, et pour écouter ces passages, qui laissent peu de doute sur l'opinion que l'ouvrage défend :

« Vous allez commettre un assassinat. — La confiance que l'agresseur a dans ses propres forces fait presque toujours sa témérité. — Préjugé funeste ! abus cruel du point d'honneur ! tu ne pouvais exister qu'au milieu d'une nation vaine et pleine d'elle-même, qu'au milieu d'un peuple dont chaque particulier compte sa personne pour tout, et sa patrie et sa famille pour rien. »

Le croirait-on ? malgré ces paroles, le sens entier de la pièce, le soupir qui la termine, la leçon sévère à la jeunesse trop ardente et trop brave, et enfin ce tableau vivant des douleurs que peut causer une bravade, la première représentation fut troublée par cette opinion que l'on jeta dans le public. Les bouffons et les diffamateurs du jour, des auteurs manqués réfugiés dans le pamphlet, que les amis de Sedaine désignent dans leur correspondance et dont les noms sont depuis longtemps perdus, je ne sais quelles gens incapables et importuns dont parle Grimm et Collé, qui avaient pour habitude de refaire en un tour de main les pièces de Voltaire, de Diderot et de Beaumarchais, furent les premiers à répandre que Sedaine avait écrit *l'apologie du duel.* Il faut peu de chose, vous le savez, pour accréditer ces interprétations perfides; il suffit de quelques sots blessés par des *portraits noirs de leur ressemblance,* selon l'expression d'André Chénier, et offusqués de la vue d'un succès, pour se cramponner au premier argument qui leur est fourni, le reste du troupeau de Panurge suit très volontiers et sans hésiter : *Tous crians et bellans,* dit Rabelais, *en pareille intonation, la foule estoit à qui le premier saulteroyt apres leur compaignon.* Chacun répétait : *C'est l'apologie du duel,* et s'étonnait cependant de sortir tout en larmes du désordre que l'ombre d'un duel avait jeté dans une belle famille. Pendant trois jours, il fut convenu que l'auteur avait fait une œuvre admirable, il fallait bien le confesser, mais qu'il avait commis une mauvaise action.

« Vous voyez la calomnie se dresser, siffler, s'enfler… Qui diable y résisterait ? »

Qui ? Le beau et le vrai. Ils résistent, ils règnent et en peu de jours, vous le savez vous-même, Beaumarchais. Les bruits injurieux s'éteignent, l'œuvre continue son cours et jette sa lueur avec une sérénité de soir en soir plus parfaite. Il y a soixante-quinze ans que nos pères et nous jouissons de cette douce lumière, nos neveux la verront après nous, et, je le répète, le nom de ceux qui persiflaient le Poète et croyaient le perdre et l'abîmer, selon leur expression, est dans l'abîme depuis soixante-quinze ans. Il en sera toujours ainsi. J'aurais honte de vous rappeler qu'il y a peu de temps vous entendîtes aussi crier à *l'apologie du suicide,* si vous n'aviez fait justice vous-mêmes de ces cris lorsqu'ils pénétrèrent dans l'enceinte de la Chambre, chez vous, en plein Sénat.

Tout cependant n'est pas inutile dans les œuvres d'art. Conduit par ce drame à réfléchir sur les pareils de Chatterton, M. de Maillé[1] en a conçu l'idée de fonder par testament un prix de chaque année pour le début le plus brillant en poésie; mais il n'a pu faire que

---

1. M. le vicomte de Maillé, frère de M. le duc de Maillé.

l'œuvre d'un généreux citoyen à son lit de mort par cette dotation qui ne s'accorde qu'une fois. C'est à la nation d'achever en donnant ce que j'avais demandé par cette pièce, qui fut une pétition et un plaidoyer en faveur de ces travaux mal appréciés. C'est à vous qu'il appartient de faire ce que je vous demande encore par la voix des acteurs. Dites un mot de plus parmi tous les mots qui se disent inutilement, et croyez bien que la France ne vous en voudra pas d'ajouter cette loi aux autres par un seul article que je me figure conçu à peu près en ces termes, car que puis-je donner autre chose qu'une imparfaite ébauche?

— « Tout poète qui aura produit une œuvre d'un mérite supérieur, dont la publication aura excité l'enthousiasme parmi les esprits d'élite, recevra de la nation une pension annuelle de quinze cents francs pendant trois ans. Si, après ce laps de temps, il produit un second ouvrage égal au premier, sinon en succès, du moins en mérite, la pension sera viagère. S'il n'a rien produit, elle sera supprimée. »

Il faudrait aussi déterminer quel jury distribuerait cette juste faveur, et je suis le premier à reconnaître que sa formation est d'une extrême difficulté. Mais enfin, par cette ombre de projet de loi que je vous supplie de pardonner au plus obscur des électeurs et à celui qui fait le moins d'usage de ses pouvoirs, je crois qu'on étoufferait entièrement toute plainte. Jusque-là, avouez-le, elles seront justes; si je réduis les faits à leur plus simple expression, je trouve que la poésie est reconnue la plus mauvaise des industries et le plus beau des arts. Sur trente-deux millions que nous sommes, trois mille *dilettanti* à peine l'aiment et l'achètent. Il a fallu la mort, et une mort tragique, et bien des efforts, pour faire connaître, après quarante ans de silence, André Chénier, qui n'est pas encore populaire. Ces perles si lentement formées et si peu achetées ne sauraient donc faire vivre l'ouvrier qui les couve dans son sein, au fond de ses solitudes sacrées. Ne pouvant que par des siècles épurer le goût d'un peuple, avisons à faire vivre ceux qui lui donnent des œuvres pures.

J'ai dû, vous le voyez, être ramené à cette question que j'avais traitée deux fois, dans un livre et sur la scène, parce qu'elle est la même exactement que celle où m'a conduit aujourd'hui le spectacle du contraste des travaux de Sedaine et de l'infortune non méritée de sa fille. Seulement, ici, c'est le supplice après la mort; ici, l'homme de lettres est poursuivi dans son sang.

Sedaine, après avoir vécu en honnête homme, dans l'amitié intime de ce qu'il y avait de plus considéré dans les lettres et dans le grand monde, visité par les rois, chéri et vénéré par Voltaire, Ducis (le vertueux Ducis), d'Alembert, Diderot, Duclos, La Harpe, Lemierre, tous les grands artistes de son temps, tels que Houdon et ce David qu'il forma pour la peinture, qu'il créa presque pour l'avenir, qu'il aima et qu'il éleva comme un second fils; Sedaine enfin, après tous ses travaux, après une longue vie de probité et de sagesse, après avoir écrit et fait représenter avec d'éclatants succès les deux pièces de la Comédie-Française que je viens de vous remettre sous les yeux, *trente-deux* opéras-comiques et en avoir écrit *vingt* autres restés en portefeuille, dut croire, en fermant les yeux, qu'il laissait, avec un renom considérable, un fonds solide, une valeur réelle à sa fille. Dix ans après sa mort, tout fut perdu pour elle, *selon la loi*.

C'est donc à cette loi encore en vigueur qu'il faut s'en prendre; trop heureux de n'avoir point cette fois à faire des reproches à la société, et de n'avoir à examiner qu'une question de droit.

III

*DE LA DIGNITÉ
DES HOMMES DE LETTRES
DE NOTRE TEMPS
ET DU SENTIMENT QUI A DICTÉ
LA LOI*

A loi du 13 janvier 1791 posa les limites de cinq ans à la propriété littéraire des héritiers ou cessionnaires; la loi du 19 juillet 1793 les a reculées jusqu'à dix années après la mort de l'auteur. Un sentiment universel d'équité a remué les cœurs au spectacle d'un grand nombre de familles envers lesquelles l'application de la loi actuelle a semblé une spoliation, tant elle est rude et tant elle

anéantit brusquement les existences. De là la séance de la chambre des pairs du 28 mai 1839. J'ai espéré inutilement que les travaux de la chambre des députés lui permettraient de donner suite à un vote généreux, quoique bien incomplet. Voilà où nous en sommes aujourd'hui. — La loi de la Convention règne encore, et rien depuis n'a été fait, sinon un décret supplémentaire de l'Empire sur les ouvrages dramatiques posthumes, prenant aussi les dix années pour terme.

Avant de porter vos regards en arrière sur ce qui fut proposé par des esprits graves et désintéressés à la chambre des pairs, ne pensez-vous pas qu'il soit utile de sonder la nature même de ce sentiment de justice qui appelle l'attention sur ce point et contraint les assemblées législatives d'accorder de temps à autre un sursis à ces familles condamnées? Je n'hésite pas à le dire, ce sentiment ne prend pas sa source uniquement dans la pitié, mais aussi dans un fait incontestable, la dignité toujours croissante de l'homme de la pensée.

Au-dessus de toutes les ruines faites par nos révolutions, et de tous les abaissements faits par nos démocraties, s'élèvent de plus en plus les têtes pensantes qui parlent aux nations. Poètes, grands écrivains, hommes de lettres (et ce dernier nom est resté, tout mal fait qu'il est, le nom général de la nation de l'esprit), tous ont droit, de par les travaux et les peines de leurs devanciers autant qu'au nom des leurs, à une meilleure et une plus digne existence. Ceux-là sont aussi des serfs affranchis, et, à ce propos, je ne puis comprendre les erreurs et les idées fausses qui se répètent à nos oreilles de temps en temps, à époque fixe.

Il est nécessaire que je le dise ici, une étrange et secrète tendance se devine dans les écrits dont l'influence est incontestable, mais fatale. On dirait que certains hommes sont préposés à l'abaissement des lettres, ce noble pouvoir ! comme si les résistances et les infortunes n'y suffisaient pas. Ils travaillent sans relâche à décourager les plus jeunes et les plus enthousiastes écrivains; ils reviennent sans cesse à la charge, et jettent leur glace sur toute source chaude qui perce dans l'ombre; on dirait qu'un silence universel, qu'une mort complète de l'art, peuvent seuls les calmer. La légèreté, l'insignifiance accoutumée de leurs écrits, font qu'on ne les réfute jamais, et, cette impunité les enhardissant, ils redoublent, et leurs idées fausses gagnent et sont répétées par les indifférents en grand nombre qui engourdissent le monde. On ne pourrait croire, si on ne l'avait point sous les yeux, que l'ardeur de la critique ait fait publier, il y a peu de jours encore, et répéter pour la troisième fois ces risibles et faux raisonnements que je veux réveiller de l'oubli où ils sont parmi les hommes de sens et d'esprit, pour montrer tout ce qu'on essaye de persuader aux autres :

« Eh! mon Dieu! disent-ils, n'a-t-on pas toujours le temps d'être Poète ? Pourquoi se plaindre ? Tasse, Milton, Dante, Camoëns, Michel Cervantes, à l'hôpital des fous; des mendiants et des Poètes, ne songèrent pas à se plaindre. — Sixte-Quint garda les pourceaux, et J.-J. Rousseau fut laquais; vous pouvez bien vous résigner à servir comme eux, vous qui ne les valez pas. »

Et ces étranges paroles sans cesse répétées, ces manifestes faussetés, ces inconcevables dédains, sont lancés contre les lettres par des hommes qui n'empruntent que d'elles quelque valeur. D'où donc peuvent venir de telles intentions, et comment cette prétendue humilité se rencontre-t-elle chez ces hommes qui ne cessent de rechercher dans l'histoire les avilissements d'autrefois, pour que l'on prenne gaiement son parti des souffrances de ce jour? Ils connaissent bien mal les hommes de notre âge, ceux qui, pour les encourager à supporter l'infortune, osent leur conseiller de supporter le mépris. Eh quoi! la civilisation n'a-t-elle pas marché pour tout le monde? La classe moyenne, en élargissant son cercle, dont la France s'est assez enorgueillie, n'a-t-elle pas compris, dans une large circonférence, les maîtres de la pensée et de la parole? Le bourgeois a bien cessé d'être vassal, l'écrivain a dû cesser d'être bateleur, parasite, laquais et mendiant comme ceux des siècles passés qu'on ne craint pas de donner en exemple à notre siècle. L'intention apparente de modérer les prétentions de la jeunesse n'excuse point les conseils insultants qu'on lui donne. Il est trop facile d'ailleurs d'en comprendre l'intention, et de répondre : Non, le gardeur de porcs et le laquais de Mme de Vercellis n'étaient ni Sixte-Quint ni Rousseau. Le vigneron Félix Peretti, en 1529, pouvait bien garder des troupeaux; mais sitôt qu'il sut lire, se nomma Montalte et eut fait son premier sermon de théologie à Sienne, il sentit ce qu'il pouvait être, et nul n'eût osé le renvoyer à l'étable; le petit garçon qui arrivait de l'hospice des catéchumènes de Turin, en portant son habit au bout d'un bâton, pouvait être laquais parfaitement et sans déroger à sa gloire; mais lorsqu'il eut écrit sa première page et senti qu'il était Jean-Jacques en la relisant, quel prince, quel roi eût réussi à en faire autre chose que le plus indépendant et le plus fier des citoyens et des penseurs? Cet homme si sensible et si susceptible, qui permettait à peine aux grands seigneurs de lui offrir à dîner après vingt ans d'intimité, et, en sortant de leur table, copiait sa musique, tout infirme qu'il était, pour ne vivre que de son travail, ne nous a *confessé* son état de valet que lorsqu'il s'est vu si haut qu'il ne risquait rien de l'avouer, et il a mis du faste à étaler cette plaie de l'enfance après avoir écrit le *Contrat social* et l'*Émile*. En vérité, prendre l'auteur de l'*Inégalité des conditions* pour modèle de résignation au dédain, c'est par trop maladroit. C'est celui-là, justement, qui a le mieux compris et enseigné la dignité de l'écrivain dans nos temps, et mis en pratique ce respect qu'il doit avoir pour lui-même, afin que l'on prenne au sérieux ses enseignements. Pour affirmer que Camoëns et Tasse ne se sont pas plaints de l'injustice des temps, il faudrait avoir écouté les cris de l'un à l'hôpital, et avoir lu ce que l'autre écrivait sur le mur de son cachot; ces exemples innombrables des injustices de la société *qui ne veut jamais avoir tort* ne sauraient se justifier par aucun paradoxe. C'est une bien cruelle plaisanterie que de dire, à quatre siècles de distance, que ces illustres infortunés ne se plaignent pas, parce que nous n'avons pas entendu leurs plaintes à travers les temps; c'est une curieuse manière d'argumenter que d'ajouter : « Courbez-vous sous tous les bâtons, rentrez dans la souillure et la honte après avoir produit des œuvres distinguées, jeunes gens instruits et bien élevés de notre époque, puisqu'au XVIᵉ siècle un enfant de huit ans, fils d'un paysan et ne sachant pas lire, garda les pourceaux avant d'être un grand pape, et parce qu'au XVIIIᵉ siècle un autre enfant ignorant fut laquais à seize ans, vingt ans avant d'être un grand écrivain. » Ces jeunes gens, doux et graves, que nous voyons chaque jour autour de nous, sauront bien répondre à ces étranges conseillers : « Pourquoi donc nos deux révolutions, si l'on écrit encore de telles choses? Vous voulez nous corrompre le cœur et nous amener au mépris de nous-mêmes en confondant tout et en troublant notre esprit. Sans doute ils étaient courbés bien bas, ceux à qui nous dressons des statues; mais ils pouvaient encore se consoler en voyant que tout était désordre et injustes humiliations autour d'eux et dans leurs siècles barbares. Quand l'homme de guerre vivait de pillage et vendait son sang au plus offrant, quand tous les habitants d'une capitale, rangés à coups de bâton et tenant une torche à chaque main, servaient de candélabres aux danses lascives d'un roi à demi fou, quand il n'y avait que des valets et des maîtres et rarement un citoyen, l'homme de lettres, qui n'était bon qu'à divertir et n'instruisait qu'à la dérobée et sans avoir l'air d'y prétendre, pouvait bien être aux gages d'un financier et lui écrire : *J'ai l'honneur de vous appartenir*. Mais aujourd'hui, s'il est vrai que tout travailleur soit traité selon le but de ses œuvres, et que ses droits à une vie indépendante et respectée soient consacrés par des institutions achetées assez cher, du plus pur de notre sang, gardez-vous de nous conseiller l'abaissement et de nous traiter avec dédain, sous prétexte de nous donner de l'énergie. Si nos œuvres, faites avec tant de travaux douloureux, sont mauvaises, ou si, étant bonnes, elles tardent à être appréciées, nous saurons nous taire et en faire d'autres. Si nous ne pouvons vivre ainsi, nous vivrons à notre manière, et, sans abaissement honteux, nous serons soldats volontaires à Alger ou ouvriers à Paris, quoique tout énervés par les effrayants labeurs du cerveau. Quand nous serons malades, on nous portera à l'hôpital comme Hégésippe Moreau, et nous y mourrons en silence près des sœurs de charité; mais nous aurons protesté et déclaré nos droits à une vie *décente* et *honorée,* ce premier besoin de tout homme de notre temps dont l'esprit est éclairé par une éducation libérale et un travail assidu : *labor improbus.* Vous essayez inutilement de nous rabaisser pour que nos idées aient moins de valeur et d'autorité. Aucun de nous n'accepte votre doctrine d'avilissement, et ne reçoit de vous des leçons d'énergie, car il faut une rare énergie pour résister à ceux qui veulent corrompre et humilier les esprits. »

Non, jamais on n'aurait aucune idée vraie de ce que mérite d'estime cette grande République des lettres, si l'on écoutait un moment ces divagations. Si des paroles de bon sens ne répondaient ainsi quelquefois à leurs paradoxes injurieux, répétés à dessein, ceux d'entre vous, messieurs, qui sont le plus en garde contre certaines feuilles, pourraient croire que les hommes de lettres en sont venus à faire trop bon marché des lettres et d'eux-mêmes, et à se laisser classer trop bas. Autorisés par leur propre exemple, vous vous fortifieriez dans l'habitude déjà trop reçue parmi vous de traiter légèrement toute question d'art; vous oublieriez entièrement ce que méritent d'égards ces hommes qui possèdent le *seul talent incontestable dont le ciel ait fait présent à la terre,* et de qui Platon, vous vous en souvenez, a dit : « Le Poète est un être ailé et sacré. Il est incapable de chanter avant que le délire de l'enthousiasme arrive. Il a une force divine qui le transporte, semblable à celle de la pierre magnétique. Une longue chaîne d'anneaux de fer, suspendus les uns aux autres, empruntent leur vertu de cette pierre. Le Poète emprunte la sienne à la muse et la communique à l'acteur. » — Et si vous entrez attentivement dans l'examen des disproportions qui existent aujourd'hui entre cette condition et les autres, convaincus qu'elle est demeurée seule en arrière dans le progrès général du bien-être, vous ne permettrez plus qu'on pousse trop loin, en votre nom, ces recherches inquisitoriales qui, pour dépister quelques intrigants, forcent les savants et les nobles vieillards à expliquer publiquement et pourquoi ils reçoivent de notre riche nation le plus misérable secours, le plus pauvre et frêle bâton de vieillesse, auquel ils ont droit aussi bien que le magistrat, l'homme de guerre et l'administrateur. Vous voudrez donner suite, avant peu, à ce projet que la chambre des pairs a déjà discuté, et dont j'ai voulu parler ici après vous avoir donné, par l'histoire de Mlle Sedaine, le plus triste exemple de l'insuffisance de nos lois sur l'héritage littéraire. Le sentiment qui a dominé dans la chambre haute, lors de cette discussion, fut sans doute le plaisir de donner à la vie privée des auteurs, et à celle de leur famille après eux, une *attitude décente, indépendante,* et en accord avec le degré d'éclat que répand leur renommée sur leur nom, et enfin d'ôter à l'existence de l'homme de lettres, dans ses rapports avec les conditions stables, ce je ne sais quoi d'aventureux et de bohémien si indigne de lui. Il est donc important de se rappeler ce qui fut dit dans cette journée. Cela pourra se réduire à peu de mots.

IV

LA LOI

LE 23 mai 1839, par un généreux mouvement M. Portalis proposa d'étendre à cinquante années après la mort de l'auteur le droit de propriété de ses œuvres, reculant ainsi de la moitié d'un siècle le moment où le domaine public s'empare de cette propriété, aussi sacrée que toute autre, tandis qu'on n'en voit aucune subir le même sort. Cette proposition fut combattue, et, par l'article 2 du projet, la propriété des héritiers réduite à trente ans. La pensée des adversaires de la proposition pouvait sembler juste dans les idées actuellement reçues et selon la loi encore en vigueur; ils disaient « que la gloire même des écrivains célèbres pourrait souffrir d'être un demi-siècle séquestrée entre les mains d'une famille jalouse, et dont les divisions pouvaient priver la France de l'œuvre disputée; que les éditions ne pourraient ainsi se multiplier assez au gré des besoins et des caprices du pays, et que le public, n'ayant pas d'avocat dans cette grande cause, il était juste de lui donner aussi des défenseurs. »

La cause est grande, en effet, pour le pays, puisqu'il s'agit à la fois de son intelligence et de sa gloire. Aussi les partisans du projet le soutinrent, quoique assez faiblement, en mettant en avant la généreuse insouciance des hommes de lettres, « qui les rend trop dédaigneux, dirent-ils, de leurs intérêts matériels, et incapables de pourvoir, par de sages mesures, à l'avenir de leurs héritiers; » et n'osant pas pousser trop loin la frontière de la propriété héréditaire, de peur d'entamer les terres du domaine public, laissèrent prévaloir les trente années. Un orateur sortit de la question pour exalter les œuvres des sciences mécaniques et le génie porté dans les perfectionnements utiles des machines à vapeur, oubliant qu'une fois la machine créée, les hommes vulgaires s'enrichissent par son application sans le moindre mérite, qu'il ne faut qu'une invention pour cent mille industries, tandis qu'il faut une invention par œuvre dans les lettres; la chambre enfin s'arrêta encore dans le vague et le provisoire, car il n'y a aucun esprit attentif qui ne doive se demander pourquoi la troisième génération des descendants de tel écrivain célèbre serait expropriée plutôt que la première et la seconde. Aussi, dans un pressentiment de cette injustice, un orateur de la haute chambre éleva la voix pour donner en garde les familles dépossédées ainsi par la loi à la générosité du gouvernement.

Certes, messieurs, le sort actuel de Mlle Sedaine peut vous faire voir que dans les reproches que vous adressez quelquefois aux gouvernants, les folles dépenses sur ce point ne sauraient être comprises, et vous verrez bientôt, par une dernière note, combien au contraire ils méritent d'éloges de votre part pour leur économie exemplaire. Mais aussi, plus elle est grande, moins il serait sûr, vous en conviendrez, de leur léguer trop de veuves et d'orphelins sur parole.

Une chose a pu vous frapper dans cette discussion de la chambre des pairs, celle qui fut inattentive et n'atteignit pas toute la profondeur du sujet. Tout le monde y parut vouloir rester à côté de la question, et personne ne pensa à remettre la chambre dans la voie de l'idée vraie, non assurément que les grands talents et les nobles cœurs aient manqué parmi les orateurs, mais le temps sans doute pour étudier la matière, et aussi, on l'entrevoit, le courage d'avouer que l'on prenait, en face de la nation, une part entière, personnelle, vigoureuse, à une question d'art et de littérature. Vous verrez encore, je le crains, la même pudeur un peu gênée, d'ailleurs, dans votre enceinte; car, le moment venu, on craint d'insister, les plus lettrés se montrent les plus timides; je ne sais pourquoi un scrupule les prend, à leur insu, de ne plus se faire voir peut-être assez hommes d'État, de toucher à leur propre cause et de tenir trop aux œuvres d'imagination, non qu'ils ne sachent bien que ce sont là les premières et les plus sérieuses sous une forme passionnée, mais ils désespèrent de le persuader, n'en osent prendre la défense, et la loi va son train et règne sans obstacle, étouffant des noms et des familles, décourageant et détournant des vocations précieuses.

La question n'était point, je pense, de retarder de trente, de cinquante, ou même de cent ans, le moment où l'œuvre littéraire tomberait fatalement dans le gouffre du domaine public, et de dérober ainsi, au profit de la famille, ces lambeaux de propriété conquis à grand'peine sur la propriété universelle; il ne s'agissait point de prendre parti, comme on l'a fait, pour la Nation contre la Famille, ou pour la Famille contre la Nation; mais il fallait trouver un moyen d'accorder le droit des héritiers avec le droit de la société. Or, dans cette discussion, messieurs les pairs n'ont fait autre chose que pousser tour à tour un peu en avant ou un peu en arrière la borne qui sépare les biens de la Famille de ceux de la Nation. Dans ce ballottage, les avocats des deux parties eurent évidemment raison, à mon sens.

Il serait juste, en effet, de dire que l'idée et sa forme appartiennent à celui qui les a conçues, et que si la propriété en a été reconnue appartenir à ses héritiers, on ne sait pas pourquoi la quatrième génération serait expropriée plutôt que la première. Mais il serait tout aussi juste d'ajouter que l'auteur, n'ayant conçu ses œuvres que pour en faire don aux hommes qui les acceptent et donnent en échange leur admiration et leurs deniers, il est bon que la propriété soit partagée entre la Famille et la Nation, et ce partage est facile à faire. Le pays doit déclarer : « Que l'auteur ayant cessé de « vivre, *la propriété est abolie*. Qu'à dater de ce « jour tous les théâtres pourront représenter « les œuvres dramatiques aussi souvent qu'il « leur conviendra, sans que les héritiers ou les « cessionnaires puissent retirer l'œuvre, en

« suspendre les représentations ou en empê-
« cher l'impression; mais qu'ils percevront un
« droit égal à celui que recevrait l'auteur vivant.
« Que les éditeurs auront tous le droit, aussi à
« dater de la mort de l'auteur, de publier autant
« d'éditions d'un livre qu'il leur conviendra
« d'en imprimer, moyennant un droit par exem-
« plaire, proportionné au prix du format et à
« ses frais d'impression. »

Tout ainsi ne serait-il pas prévu? La justice ne serait-elle pas satisfaite ainsi? Le pays a souvent eu à se plaindre des longues interruptions que des difficultés de familles causaient dans certaines publications. On cite des Mémoires célèbres et volumineux [1] qui n'ont pu être réimprimés pendant sept ans, des livres d'utilité pratique et d'instruction élémentaire qui ne peuvent [2] l'être encore pour cette raison. Le tort est réel, la nation a droit de se plaindre. Il est arrivé aussi que les héritiers d'un écrivain célèbre ont vendu à telle famille, blessée par des Mémoires, l'anéantissement du livre. Ici encore la postérité est offensée, et nous devons prévenir ces corruptions. Cette esquisse imparfaite d'un projet de loi aurait encore l'avantage, aux yeux de l'équité la plus scrupuleuse, que

---

1. Les *Mémoires* de Saint-Simon.
2. La *Tenue des Livres*, par Desgranges.

le revenu des héritiers serait géométriquement proportionné au succès du livre et du drame. Il y a des soirs où un héritier de Molière recevrait mille francs; il y a telle année où un neveu de Pascal, de Fénelon, de Montaigne, recevrait vingt mille francs, tandis que ceux de Campistron et de Laclos seraient forcés, à notre louange, pour vivre de leur héritage, d'attendre le retour du mauvais goût et des mauvaises mœurs. Tout serait donc conclu de part et d'autre avec une exacte probité; on n'aurait rien à se reprocher de poète à nation, ni de parents à peuple; la bourse de l'esprit aurait ses hausses et ses baisses; les degrés des droits seraient mesurés à ceux de l'estime générale et de ce baromètre du goût public; d'un côté on aurait du pain, et de l'autre de nobles plaisirs. Les Chatterton et les Gilbert ne se tueraient plus, et les enfants de Corneille et de Sedaine vivraient dans l'aisance.

V

DU MOT : CARRIÈRE DES LETTRES

ORSQUE l'on considère combien il est difficile de faire reconnaître et consacrer par des lois ces droits que tout notre Code accorde aux autres propriétés héréditaires ou acquises, dans sa lassitude et son étonnement, on est forcé de regarder comme un coupable et un corrupteur le premier qui a prononcé le mot Carrière des lettres.

Sur ce mot vide de sens se sont embarqués, pour faire naufrage dans la mer perfide de la publicité, des milliers de jeunes gens dont le cœur généreux était déçu par un espoir chimérique, et les yeux fascinés par je ne sais quel phare toujours errant. Comparant cette carrière aux autres, il leur semblait y voir aussi une élévation successive, de grade en grade, jusqu'à un rang pareil à une sorte de pairie. Mais ils n'ont pas assez aperçu les différences profondes des autres professions à celle-ci. Partout le temps de service est un titre, et on ne demande à l'officier dans son régiment ou sur son vaisseau, au diplomate dans les chancelleries, à l'employé dans son administration, que sa présence assidue et des travaux monotones et constants, d'où il ne peut sortir que par de rares rencontres une action d'éclat ou une négociation habile : travaux qui, dans leur régularité, amènent presque à jour fixe un avancement immanquable. Mais la vie de l'homme de lettres tient malheureusement par l'inégalité de ses chances à celles du joueur et de l'ouvrier.

Les lettres et les arts ont cela de fatal que la position n'y est jamais conquise définitivement, et c'est ce qui doit nous rendre modestes après nos combats les plus heureux. Le nom de chaque auteur est remis en loterie à chaque nouvel écrit, et secoué, tiré pêle-mêle avec les plus indignes. L'art du théâtre est le plus insulté de tous. On pourrait contester au public le droit d'être si léger; mais enfin il le prend, et tous les jours on cherche à le rendre plus dédaigneux des œuvres d'imagination, au lieu de lui en faire comprendre les immenses difficultés. Chaque production est un début pour les Poètes et les Écrivains les plus célèbres. L'ingratitude du public est inexorable et féroce. A peine a-t-il applaudi une œuvre qu'il s'enquiert de celle qui va suivre, la regarde d'avance et la toise. Si elle ne réussit pas, le passé est rayé, l'homme brisé comme un enfant et foulé aux pieds, eût-il précédemment entassé vingt couronnes sur son front; ainsi est tombé devant nous Gros, le grand peintre, malgré son Iliade immortelle. C'est que, disposé par ceux qui le dirigent à une défiance insultante contre toute imagination inventive, l'affamé public marche derrière nous, comme ces bêtes fauves du désert qui baissent la tête devant l'homme debout, et qui, s'il bronche et tombe, s'élancent sur lui pour le dévorer.

Ce n'est qu'après la mort que tout est remis à sa place et que l'on pardonne des *Scythes*, des *Guèbres*, des *Agésilas* et des *Paradis reconquis*. Mais la *carrière* n'existe pas. L'*ouvrier en livres*, comme je l'ai nommé, tout glorieux qu'il doit être après la vie, ne marche que d'escalade en escalade, et son repos est perdu quand il a tenté le passage d'une barrière qu'il n'a pu franchir. Il est donc aussi faux de dire : *Carrière des lettres,* qu'il le serait de dire : *Carrière de l'imagination;* il n'y a que des fantaisies immortelles inspirées à de rares intervalles.

Il ne dépend point assurément des corps législatifs de changer rien à cette loterie, qui tient à notre nature même, à cet *ostracisme perpétuel* dont j'ai parlé ailleurs, à la manière dont se fait trop souvent la critique, à la versatilité de nos goûts et de nos opinions; mais il dépend d'eux de donner aux travailleurs de la pensée la consolation de voir constituer du moins la Propriété des œuvres enfantées par d'honorables labeurs. On le voit par l'exemple que j'ai pris ici pour texte de mes inutiles discours, si Sedaine fût resté *maçon pour vivre* et *poète pour rire,* ainsi qu'il disait au directeur de l'Opéra-Comique, comme il avait eu aussi de grands succès dans ce premier métier, meilleur que l'autre, il eût facilement laissé plusieurs maisons et quelque grand hôtel à sa fille; elle y pourrait faire jouer des comédies où ceux qu'elle a dû solliciter désireraient aujourd'hui une invitation, et ni les larmes ni les fatigues d'une pareille vie ne lui auraient ôté la vue du ciel. Mais, Sedaine ayant été *poète pour vivre* et *maçon pour rire,* il était nécessaire que ses enfants vécussent pour souffrir; je dis ses enfants, car Mlle Sedaine a un frère plus malheureux qu'elle encore et aussi courageux.

Une circonstance curieuse achèvera le tableau de cette pénible vieillesse. Mlle Sedaine a présenté un Mémoire, il y a huit ans, pour demander le rétablissement de sa pension de douze cents francs (sa seule ambition), et ce Mémoire fut apostillé de MM. de Lamartine, Salverte, Dupin, Étienne, Bignon, Viennet, Clément, de Vendeuil, Royer-Collard, de Salvandy, Duchâtel, Guizot et Thiers. Plusieurs de ces messieurs, depuis cette époque, ont été de temps en temps ministres, et n'ont pas eu, ce me semble, les égards que tout le monde en France aurait pour leurs noms propres, car enfin chacun d'eux a retrouvé, sans en faire grand cas, la pétition qu'il s'était présentée à lui-même, a lu sa signature de protecteur sur sa table de ministre, et l'a dédaignée. — Ah! messieurs, quand on devient roi de France, il est beau certainement de répondre : Je ne me souviens plus des injures faites au duc d'Orléans; mais il serait encore mieux de dire: Je me souviens des demandes du duc d'Orléans.

Paris, 15 janvier 1841.

POST-SCRIPTUM

15 Janvier 1842.

Qu'il est triste d'avoir raison ! Voilà pourtant ce qui m'arrive, messieurs. — J'espérais bien avoir exagéré lorsque je vous écrivis, dès les quinze premiers jours de l'année dernière : « Il est à craindre qu'au lieu de résoudre le problème de la propriété et de l'héritage littéraires, on ne se contente de prolonger de quelques années une mauvaise coutume. »

La mauvaise coutume est continuée et perpétuée dans toute son insuffisance et son indignité.

Quinze jours après ma lettre ont commencé sur cette question des débats auxquels vous n'avez prêté que cette demi-attention distraite que je redoutais. L'intérêt dramatique était en ces jours-là à la chambre des pairs pour ces fortifications qui depuis... mais alors on s'en occupait. Vous désertiez votre palais, messieurs, pour le Luxembourg, aimant mieux être spectateurs qu'acteurs; il ne restait guère chez vous que les orateurs nécessaires. On vous proposa en vain d'ajourner la question des lettres, vous aimiez mieux en finir au plus vite. Une loi timide encore, mais habilement faite, vous sembla trop généreuse; votre Commission, plus hardie que le gouvernement, prolongea jusqu'à cinquante ans le droit des héritiers. La loi et le projet de la Commission, attaqués avec aigreur, défendus avec éloquence, furent fondus l'un dans l'autre, maniés et ballottés quelques jours par des mains insouciantes, et ne présentèrent plus bientôt qu'un informe assemblage de principes incomplets et de corollaires sans principes. Des paroles inspirées, des élans généreux étaient écoutés avec défiance et du bout des corridors, par des législateurs ambulants et dédaigneux; ceux qui s'arrêtaient dans leurs inquiètes promenades jetaient de leurs bancs quelques mots de mécontentement qui témoignaient qu'une sorte de mauvaise humeur obstinée leur ôtait l'envie de s'appliquer à comprendre. Les belles-lettres et l'art étaient comme suspects de prétentions exagérées et d'envahissement, et tout à coup, au dernier jour, lorsqu'il s'agit de l'ensemble de la loi, une majorité survint qui n'en avait pas écouté la discussion, et elle fut déchirée comme un brouillon mal fait.

Je n'ai donc à inscrire comme historien, je le pressentais, que du temps, des paroles et des écrits perdus, les miens surtout, sauf la rémunération impériale rendue avec empressement et bonne grâce, quelques jours après cette lettre, à la fille de Sedaine, qui me servit d'exemple.

Mais si l'une des victimes de la loi présente a été relevée, chaque jour cette loi inexorable en renverse une autre en passant; et celles-là, personne ne les relèvera.

Vous y reviendrez un jour, messieurs, et j'espère que ce jour n'est pas éloigné. On vous a beaucoup parlé et beaucoup écrit sur cette grave question; on vous a démontré que la loi présente est non seulement cruelle, mais insensée; car on ne sait par quel caprice, ou quel hasard plutôt, elle laisse *dix* ans de propriété aux héritiers de l'auteur d'un drame, et *vingt* à ceux de l'auteur d'un livre. Dix au fils de Corneille, vingt au fils de Montesquieu. Pourquoi cela? Personne n'a répondu encore. On ne peut répondre qu'un mot : désordre; et ce désordre est excusable dans une loi dont le berceau fut l'an 1793. — On vous a prouvé que ce *domaine public* tant défendu n'est qu'une fiction; que le reconnaître comme l'on fait, ce n'est autre chose qu'enrichir un entrepreneur et un éditeur à la place de la famille, que c'est seulement conserver la propriété et changer le propriétaire. — Il est faux que la société soit un collaborateur ayant des droits; ce paradoxe mal soutenu est tombé en naissant. La société sent de vagues besoins et de vagues désirs. Si une pensée nous satisfait, c'est par sa forme qu'elle excite l'enthousiasme et se perpétue. Cette forme est l'œuvre et la propriété de l'auteur, qui lui seul est le créateur. — On vous a cité des exemples dans le passé et dans le présent qui vous ont prouvé que vous aviez tout à faire, et devant ce droit à créer vous vous êtes arrêtés tout à coup.

Soyez-en loués si, comme je l'espère, vous avez depuis réfléchi pour mieux travailler sur cette grande loi qu'il vous reste à inventer tout entière. Sans doute on aura à se féliciter du temps qui vous aura été laissé. Continuer une propriété n'est pas une tâche légère, et peut-être cette question vous prit-elle au dépourvu et vous fut-elle trop brusquement jetée. Cette question est inévitable; ce droit est la conséquence nécessaire et naturelle de l'invention de l'imprimerie; cette propriété est consacrée depuis soixante ans par nos lois, parmi lesquelles elle s'est assise. Quoique limitée injustement et inégalement, elle y siège pour toujours.

Il faudrait donc, pour avoir le droit de s'arrêter dans votre travail, renoncer aux miraculeux bienfaits de l'imprimerie, briser les presses, et en même temps détruire l'œuvre de l'Assemblée Constituante, qui, la première, reconnut les droits des héritiers sur les œuvres de l'intelligence; sinon, il faut prolonger ces droits, car la fiction nécessaire de toute propriété n'existe pas si elle n'est revêtue du caractère de Perpétuité.

La Perpétuité seule est juste, je le répète. Lequel de nous concevrait la loi qui dépouillerait son petit-fils de la terre qu'elle laissait à son fils? Déjà la conscience publique a devancé la loi que je demande, et plusieurs théâtres payent de leur propre mouvement un tribut auquel rien ne les oblige[1].

Mais que la forme de cette Perpétuité soit la *redevance* telle que je l'ai désirée et définie, et telle que vous l'aviez adoptée pour les

---

1. Le théâtre de l'Opéra-Comique a consenti de lui-même à donner la totalité des droits d'auteur aux héritiers morts pendant les cinq ans de son traité avec la Société des auteurs dramatiques; le quart pour les autres héritiers. (Traité du 24 mai 1834, renouvelé pour cinq ans le 16 mai 1840.)

La Porte-Saint-Martin a accordé le quart des droits d'auteur vivant aux héritiers.

Les droits sont de 10 pour cent de la recette de chaque soirée.

Les quatre théâtres de vaudeville donnent 12 pour cent.

On ne peut enregistrer avec trop de soin les actes désintéressés.

œuvres dramatiques, telle enfin que je la crois, la seule juste et la seule logique, impôt pur et simple d'un droit aux héritiers sur chaque représentation et chaque volume, ou bien que cette Perpétuité soit assimilée au droit commun, ce n'est pas encore la question la plus importante. L'essentiel est de relever la dignité des lettres. Or il n'y en aura dans la vie qu'elles commandent que lorsque la propriété sera constituée comme celle d'un champ. — Les sueurs du front sont au moins aussi nobles que celles du bras. Il n'y a pas d'or plus pur que celui qu'apportent les récoltes de la pensée. Ce revenu, messieurs, est d'aussi bonne compagnie que celui d'une ferme, et de grands seigneurs s'en sont trouvés honorés quand ils ont été capables de le conquérir.

Un jour vous en réglerez les droits; et, ce jour-là, peut-être vous écrirai-je encore.

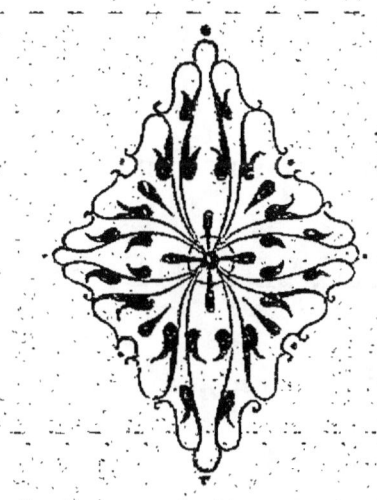

DISCOURS DE RÉCEPTION

A L'ACADÉMIE FRANÇAISE

29 Janvier 1846

DISCOURS DE RÉCEPTION

A L'ACADÉMIE FRANÇAISE

PRONONCÉ EN SÉANCE PUBLIQUE

Le 29 Janvier 1846

MESSIEURS,

UEL est le sentiment qui attire sans cesse devant vous, et presque parmi vous, cette foule empressée et choisie, depuis l'époque déjà bien ancienne où vous avez résolu de lui ouvrir ce sanctuaire des lévites qui croient sincèrement à la religion des lettres; cet atelier des *artisans de la parole,* comme les

nomma l'un des plus illustres de vos prédécesseurs[1]? Pourquoi le bruit remplace-t-il ici le grave silence des études? Pourquoi l'agitation y fait-elle oublier, pour un moment, le calme des dissertations savantes? — Le motif de cette curiosité religieuse n'est-il pas le désir de retrouver dans l'aspect de ceux dont on a lu les œuvres, ou dont on sait les actes mémorables, quelque chose des émotions qu'on avait puisées dans la lecture de leurs écrits et dans l'éclat de leurs actions? N'est-ce pas l'ardeur de deviner sur des fronts si souvent cachés quelle harmonie existe entre l'homme et son œuvre, entre ce créateur et ses créations? Noble sentiment dont nous devons d'abord remercier nos concitoyens, nos amis et nos frères, généreuse intention d'une assemblée à la fois élégante et studieuse, qui, par ses regards pensifs ou par ses gracieux sourires, semble dire à chacun de vous :

« Vous êtes passagers, mais vos ouvrages nous restent. Vous avez vécu, vous avez travaillé pour nous; nous n'ignorons pas votre vie, nous savons vos travaux : nous venons, pour une fois, jeter un regard sur vos traits pour connaître comment y est tracée l'empreinte de vos labeurs, pour distinguer entre vous quels

1. La Bruyère.

sont les hommes éminents dont nous devons honorer le passé, et ceux dont l'avenir nous promet encore de nouvelles splendeurs; vous êtes un corps illustre, nous sommes la nation. »

Eh bien, puisque cette mère commune veut soulever votre voile et vient chercher la source de vos idées dans vos entretiens; puisque le grand jour pénètre dans le cabinet des travailleurs et sur la table même du travail, que chacun de nous donc, tour à tour, révèle à tous quelques-uns des mouvements intérieurs de sa pensée et montre les secrets ressorts de ses œuvres.

Eh! pourquoi les troubles profonds de nos études ne pourraient-ils avoir leurs confessions publiques, comme autrefois le cœur même eut les siennes dans la primitive Église? La conscience de l'écrivain solitaire peut faire devant tous son examen. Les remords des belles-lettres ne sauraient être bien cruels, et les reproches que l'on se fait ne sont guère que des regrets de n'avoir pas aussi complètement atteint qu'on l'eût voulu l'idéale beauté que l'on ne cesse de rêver.

Il y a dans la vie de chaque homme une époque où il est bon qu'il s'arrête comme au milieu de son chemin, et considère, dans un moment de repos et de préparation à des entreprises nouvelles, s'il a laissé derrière lui sur sa route une pierre qui soit digne de rester debout et de marquer son passage; de quel point il est parti, quels voyageurs l'avaient précédé, desquels il fut accompagné, desquels il sera suivi.

Ce moment d'arrêt est aujourd'hui venu pour moi : votre libre élection l'a marqué, et la sobriété de mes ambitions, le calme et la simplicité de ma vie me permettent de vous redire, messieurs, avec justice et en toute conscience, les paroles de l'un de vos devanciers, de ce moraliste profond qui disait, en entrant à l'Académie Française, il y a cent soixante ans[1] :

« Cette place parmi vous, il n'y a ny poste, « ny crédit, ny richesses, ny authorité, ny faveur « qui ayent peû vous plier à me la donner, je « n'ay rien de toutes ces choses. Mes œuvres « ont été toute la médiation que j'ay employée « et que vous avez receüe; quel moyen de me « repentir jamais d'avoir escrit? »

Ayant donc à vous parler pour la première fois, devant cette assemblée que vos noms attirent et à qui mes écrits ne sont peut-être pas entièrement inconnus, mon premier devoir est de vous retracer l'un de ces coups mortels, multipliés par la main providentielle et sévère qui fait naître et tomber nos races éphémères et les renouvelle si rapidement, qu'entre le

1. 15 juin 1693.

jour où vous donnez un de ces fauteuils et le jour où l'on s'y vient asseoir, deux autres sièges sont déjà vides et recouverts d'un crêpe de deuil.

Mais ici doivent se trouver tous les genres de courage réunis à tous les genres de gloire.

Lequel de vous, esprits supérieurs, lorsque dans ses nuits il a considéré la marche de l'espèce humaine s'avançant avec persévérance vers un but toujours inconnu, sous les bannières mobiles des idées, lequel de vous, plein d'espoir dans l'avenir et le progrès, ne s'est dit :

« Quels que soient les monuments qu'ils laissent, les hommes éminents d'une génération ne sont rien que les éclaireurs de la génération qui les suit. »

Celui qui était assis avant moi à cette place ne s'est pas éteint dans les langueurs de la vieillesse, et n'a point senti la mort le gagner, membre par membre, jusqu'aux sources du sentiment de la pensée. Il venait à peine d'entrevoir le déclin des ans, il était fort, il n'avait rien perdu de lui-même et se sentait une âme saine dans un corps énergique, il était heureux et debout dans la vie, quand un souffle de mort, qui avait frappé auprès de lui une femme compagne de toute son existence, du même coup l'a renversé à côté d'elle.

Rien ne vous avait préparés à cette perte, et jamais peut-être étonnement ne fut aussi grand que celui que l'on vit parmi vous; car de plus jeunes que lui avaient eu des années de dépérissement qui vous avertissaient longtemps avant leur dernier jour. Au milieu de l'une de vos séances, on vint vous dire qu'il n'était plus. Vous vous levâtes tout à coup, par respect pour sa mémoire et pour la mort qui passait dans vos rangs, et chacun se retira en silence pour y penser longtemps et pour en gémir toujours.

Chacun de vous se demandait sans doute quel homme il venait de perdre, et s'il appartenait à l'une ou à l'autre des deux natures d'où sortent les maîtres de la pensée et les guides éloquents des grandes nations.

En effet, deux races différentes et parfois rivales composent la famille intellectuelle. L'homme de l'une a des dons secrets, des aptitudes natives que n'a point l'autre.

Le premier se recueille en lui-même, rassemble ses forces et craint de se hâter. Étudiant perpétuel, il sait que pour lui le travail c'est la rêverie. Son rêve lui est presque aussi cher que tout ce qu'on aime dans le monde réel, et plus redoutable que tout ce que l'on y craint. — Sur chacune des routes de sa vie, il recueille, il amasse les trésors de son expérience, comme des pierres solides et éprouvées. Il les met longtemps en réserve avant de les mettre en œuvre. Il choisit entre elles la pierre d'assise de son monument. Autour de cette base il dessine son plan, et, quand il l'a de tous côtés contemplé, refait et modelé, il permet enfin à ses mains d'obéir aux élans de l'inspiration. — Mais, dans le travail même, il est encore contenu par l'amour de l'idéal, par le désir ardent de la perfection. Mécontent de tout ce qui n'entre pas dans l'ordre pur qu'il a conçu, il se sépare de son œuvre, en détourne les yeux, l'oublie longtemps pour y revenir. Il fait plus, il oublie l'époque même où il vit et les hommes qui l'entourent; ou, s'il les regarde, ce n'est que pour les peindre. Il ne songe qu'à l'avenir, à la durée de sa construction, à ce que les siècles diront d'elle. — Il ne voit que les générations qui viendront respirer à l'ombre de son monument, et il cherche à le faire tel qu'elles trouvent à la fois le *bien* dans son usage, le *beau* dans sa contemplation.

Qu'il soit poète ou grand écrivain, cet homme, ce tardif conquérant, ce possesseur durable de l'admiration, c'est le Penseur.

L'autre n'a pris dans l'étude que les forces qu'il lui fallait pour se préparer à la lutte de chaque jour. Il porte sur tous les points sa parole et ses écrits. Il aspire non seulement à la direction des affaires, mais à celle de l'intelligence publique. Il tient moins à la perfection et à la durée de son œuvre qu'à son action immédiate. Son esprit est agile et prime-sautier, son émotion plus ardente que profonde, sa volonté énergique, ses vues soudaines et praticables. La presse et la tribune sont ses forces. Par l'une, il prépare son pays à ce qu'il doit lui faire entendre par l'autre. Une forme unique ne saurait lui suffire. Il faut que les masses l'écoutent et y prennent plaisir; que, par ses écrits courts et réitérés, il amène à lui leurs intérêts légitimes et leurs passions généreuses avant que sa dialectique les enchaîne. Forcé de plaider chaque jour, et de gagner la cause de son idée ou de son autorité par-devant la nation, pour obtenir d'elle les armes nécessaires au combat du lendemain, il faut que sa science ait des anneaux innombrables pour lier dans ses détours tant d'intelligences diverses. — Dans tout ce qui se discute de grandiose ou de minime sur les besoins et la vie d'un peuple, il faut que chacune de ses notions soit précise et prête à sortir de sa bouche, claire et brillante comme les pierreries qui pleuvaient des lèvres de la fée. — Il sait d'avance que sa gloire sera proportionnée au souvenir que laisseront les événements qu'il a suscités ou accomplis, les choses du moment qu'il a discutées. S'il règne sur son temps, c'est assez. Que son époque soit grande par lui, c'est tout ce qu'il veut : bien assuré que, pour parler d'elle, il faudra la nommer de son nom, et que rien ne pourra briser l'anneau d'or qu'il ajoute à la chaîne des grandes choses et des faits mémorables.

Qu'il soit orateur, homme d'État, publiciste, cet homme, ce dominateur rapide des volontés et des opinions publiques, c'est l'Improvisateur.

Entre ces deux puissantes natures, qui peut déterminer les mérites et donner la palme? La valeur de ces deux créatures diverses ne peut être pesée que par le Créateur; lui seul peut, après la mort, dignement juger et rémunérer ces deux forces presque saintes de l'âme humaine, comme la postérité seule a droit de les classer parmi les grandeurs de ses terrestres domaines.

Aucun homme n'en aurait le pouvoir, et aujourd'hui moins que jamais, puisque ces deux races, autrefois si distinctes, se sont alliées et confondues dans le parlement, et ne sauraient, au premier coup d'œil, se démêler qu'avec peine, sous la toge du législateur.

Aujourd'hui, en effet, les historiens sont ministres, et lorsqu'ils se reposent, jettent un regard en arrière et redeviennent historiens. L'inspiration des poètes et des grands écrivains sait se ployer aux affaires publiques, combattre à la tribune, et, dans les armistices, reprendre les chants et les écrits destinés à l'avenir.

Plusieurs portent ainsi un glaive dans chaque main, mais il sera donné à bien peu d'en porter deux d'une trempe égale.

Durant le cours de leur vie, la nation, émue et reconnaissante de ce grand tableau que forment ses hommes supérieurs, recueille le bien qui lui vient d'eux, et ne cherche point à distinguer leur vocation native de leurs qualités acquises. Mais, après eux, elle sent unanimement et comme d'elle-même quelle était la nature véritable de chacun; elle le sent par ce même instinct merveilleux qui fait que dans les théâtres un parterre, même inculte, s'il voit passer le Vrai et le Beau, jette, sans savoir pourquoi, un seul cri de cette voix qui semble véritablement alors la voix de Dieu.

Heureux est notre pays, qui produit si souvent des hommes tels, que l'on n'a d'autre embarras que de distinguer quel fut le plus grand de leurs mérites, et lequel en eux l'emporta de ces éléments précieux si étroitement fondus en une seule puissance intellectuelle !

Mais, si ce jugement définitif n'appartient qu'à une postérité éloignée, il reste au moins, à tout homme qui étudie avec indépendance et conscience l'esprit de son temps, le droit modeste de pressentir les jugements de l'avenir et d'exprimer ses propres sympathies.

Ce droit, messieurs, j'en userai en vous faisant relire les pages de cette vie heureuse si brusquement éteinte, à laquelle ne manqua aucune élégance ni aucun succès. J'examinerai jusqu'à quel degré celui que vous avez perdu participa des deux natures que j'ai cherché à définir. Je dirai celle qui me paraît avoir été la plus réelle en lui, et je marquerai du doigt la trace de la génération littéraire à laquelle il appartint et l'empreinte vivante de la génération qui l'a suivi.

En considérant d'un premier regard l'ensemble de cette existence riante et que rien n'assombrit dans son cours, ni la gêne étourdie du premier âge, ni même la lutte politique de l'âge mûr, on sent qu'un discours sur ce sujet ne peut pas être une oraison par trop funèbre.

Le siècle s'ouvre, et dès son premier jour un jeune homme apparaît dans les lettres. — Il a vingt-deux ans. Heureusement doué en toutes choses, d'un aspect aimable et imposant à la fois, son visage est régulièrement beau, sa taille élevée, sa tête portée haut, son sourire fin et gracieux, ses manières polies et reposées. Son caractère répond à ses formes. Il est indulgent dans ses jugements sur les hommes, facile à se lier, mais réservé dans ses démarches;

serviable avec tous, mais circonspect au delà de ce que son jeune âge ferait attendre.

C'est qu'il sait déjà la vie. Un ciel ardent l'a mûri. Il a grandi sous la zone torride de *quatre-vingt-treize*. — La vie publique, il la connaît par la terreur; la vie privée, par une pauvreté légèrement portée, mais doublement pesante; car, à dix-sept ans, il a épousé une jeune personne de son âge, la même dont il a pu dire à sa dernière heure : *J'ai vécu la main dans la sienne,* et dont le sommeil même de la tombe ne lui a pas fait quitter la main. Cet homme si jeune est courageux et modéré; son énergie lui vient de son âge, sa modération de son mariage précoce, qui rend le cœur prudent par amour.

Dans cette époque de confusion et de sanglantes erreurs, il a déjà su faire son choix, s'est allié à la modération armée; s'est enfermé et a combattu dans la ville de Lyon assiégée, avec M. de Précy, croyant voir la justice et le bien du côté des Girondins; et il n'a échappé qu'avec peine aux mitraillades de la *Commune affranchie*. Il vient à Paris, il regarde autour de lui; un âge nouveau va naître : le dix-huitième siècle, exténué et mutilé, rend son dernier soupir dans une orgie. Le Directoire ne sait ni régner ni gouverner, mais du moins il laisse aux arts quelque mouvement qui ressemble à la liberté. On s'étourdit avec des grelots. La chanson vit encore; le vaudeville la porte comme une fleur à son côté, appelant à son aide la jeunesse dorée. — Une voix répond des premières à l'appel : c'est celle du jeune Étienne. — Sur les bords de la Meuse, élevé d'abord par un vieux et savant curé, puis au collège de Bar-le-Duc, il n'a point appris à composer des choses si profanes que ces chansons. Mais, à Paris (où l'on apprend beaucoup), il a déjà connu une imposante et très dramatique personne qui, dans sa vieillesse, l'accueillait avec des sentiments tout maternels. C'était la grande tragédienne de Voltaire, Mlle Clairon, qui lui légua sa bibliothèque, comme à Voltaire enfant Ninon avait légué la sienne. — On voit que le théâtre faisait les premiers pas vers lui. — Des feuilles de ces livres moqueurs sont sortis, sans doute les Esprits familiers de la comédie et du journal, qui, toute sa vie, lui parleront à l'oreille.

Dès lors il se comprend, il laisse un libre cours à sa plume, qui, à peine échappée du collège, s'échappe joyeusement du bureau, prison bien plus sinistre.

Il se connaît, il se sent appartenir à la plus vive des deux familles d'âmes supérieures dont je viens de parler. Il est Improvisateur. Il le sait si bien, que ces nombreuses et courtes œuvres qu'il jette aux petits théâtres comme des bouquets, il les intitule tantôt *folies,* tantôt *impromptus;* quelquefois des deux noms ensemble. L'un des premiers se nomme le *Rêve* (c'est toujours par un beau songe que nous commençons); celui-ci plut beaucoup au public, qui, tous les soirs, vient voir passer les rêves du théâtre, ce souverain capricieux qui, lorsque la soirée commence, est notre adversaire, et qui parfois, lorsqu'elle finit, est devenu notre ami. Dès la première entrevue, il fut l'ami du jeune Girondin.

Pendant quinze ans, on écoute avec joie des pièces joyeusement écrites. Depuis la scène des *Troubadours,* des *Variétés,* du *Vaudeville,* jusqu'à celle de la *Comédie-Française* et de l'*Opéra,* le jeune Étienne multiplie ses fantaisies toujours brillantes, toujours inoffensives et faites dans un vrai sentiment d'honnête homme. Une sorte de naïveté vive s'y reconnaît aussi et y correspond à l'un des traits distinctifs de son caractère qu'il conserva jusqu'au dernier âge de sa vie.

Ici, Messieurs, et avant de nommer ces œuvres pleines d'intérêt et de grâce, je dois quitter un moment avec lui les théâtres de Paris, pour dire combien le goût qu'il avait pour la scène lui fut propice dès les premiers pas qu'il y voulut hasarder.

Il avait, comme je l'ai dit, au plus haut degré, ce que le cardinal Mazarin exigeait des hommes qu'il mettait aux affaires : il était heureux.

Ce n'est pas *seulement en France* que l'on se souvient du camp de Boulogne; de ce grand orage qui s'amassa et gronda sur les bords de la mer pour aller éclater et tomber sur Austerlitz. — Une colonne de marbre est sortie de terre pour attester une seule menace de la France, de même qu'une de ses indignations vient d'en faire sortir ces fortifications, qui, si elles n'ont jamais, comme je le souhaite, l'occasion de prouver sa force, attesteront du moins toujours l'opulence de ses souverains caprices.

Un matin donc, au camp de Boulogne, l'armée regardait vers la mer, et *même au delà*. Tous nos ports étaient bloqués, et cependant on vit arriver des voiles; elles étaient nombreuses, c'était une flotte, et une flotte française; elle venait d'Anvers; elle avait traversé les croisières ennemies avec une grande audace et une fortune inespérée. — L'armée, impatiente et oisive, voulut donner une fête à la ville et aux vaisseaux. — Le jeune improvisateur fut prêt avant les flambeaux. On joua de lui une comédie tout ardente d'espoir, et dont le langage n'avait de celui du camp que l'enthousiasme. Ses couplets sur les *brûlots* furent alors populaires. Quelques vétérans de l'armée les savent encore.

Comment cette action n'aurait-elle pas plu au grand capitaine, qui ne cessait de regarder la côte ennemie, et se disait :

Je ne demande au ciel qu'un vent qui m'y conduise !

Il applaudit ; il chercha, il fit appeler dans la foule le jeune auteur, le prit par la main, et le donna, pour tout son règne, au ministre secrétaire d'État qu'il allait conduire à Berlin.

A compter de ce jour-là, l'étoile de l'Empereur guida cette vie, et cette heureuse fortune, toujours croissante, devint aussi un second monument du camp de Boulogne.

Libre alors de toute préoccupation trop matérielle, ce vif esprit se répand en inventions variées. On y pressent déjà des œuvres plus sérieuses. Tantôt c'est l'*École des Pères,* où sont démontrés avec sévérité les dangers d'une étourderie trop prolongée dans le caractère d'un jeune père, et le ridicule presque contre nature de la familiarité des fils. Là se respire déjà quelque chose de la grande comédie : c'est l'enseignement de la dignité des mœurs de famille; ainsi dans le *Mariage d'une heure,* douce méprise causée par trop de soin d'une fortune prochaine et troublée par une jalousie entre deux amis; ainsi dans la *Jeune femme colère,* que l'on écoutait hier à Paris, qu'on verra demain à Londres, qui touche de près à une conception de Shakspeare, et que l'on joue souvent traduite en anglais sans trop redouter le voisinage de *Catherine* et de *Petrucchio*[1], ce qui en est un assez grand éloge. Quelquefois ce sont des intrigues compliquées, des *imbroglios* du genre de ce qu'on nomme en Espagne drames de cape et d'épée, comme les *Maris en bonne fortune;* des contes de fées et des *Mille et une Nuits,* comme *Cendrillon* et *Gulistan,* que jamais peut-être n'abandonnera ce théâtre formé de comédie et de musique qu'il aima plus que tout autre.

Cet esprit léger vole et se pose sur toute fleur qui le charme. Le miel qu'il compose devient chaque jour plus exquis, son vol s'élève aussi à chaque coup d'aile. — Il était presque impossible que des livres de Mlle Clairon et des contes de Voltaire il ne sortît rien pour l'Opéra-Comique. Aussi vinrent *Jeannot et Colin,* les deux Auvergnats se tenant par la main, frais et dispos, l'un sauvé par l'autre des vanités de Paris, et retournant aux affections de son enfance dans la montagne.

On leur battit des mains encor plus qu'à Clairon.

1. *Taming of the Shrew.*

Partout dans l'aimable auteur un choix de sujets et de caractères qui ramenaient aux mœurs simples, à l'amour de la vie de famille, à la bienfaisance, au désintéressement, à la constance des affections intimes; en nommant ces qualités qu'il enseignait, je me trouve nommer celles qu'il possédait lui-même. — Car, malgré le grand nombre de ses ouvrages, je serais moins long, je crois, à vous les énumérer qu'à redire tout ce que j'ai entendu d'excellent des actes de sa vie. Je ne sais s'il eut des ennemis, cela n'est pas impossible, puisqu'il suffit pour cela d'exister et surtout de réussir; mais je ne sais personne qui en ait rencontré un seul, et les plus affectueux de ses amis, quelquefois les plus reconnaissants, je les ai trouvés dans ses adversaires politiques.

Distrait comme La Fontaine, il avait comme lui cette grâce de narration et de dialogue qui se plaît à jeter des voiles transparents sur les folies passionnées de la première jeunesse.

La Fontaine lui-même, je ne crains pas de l'affirmer, eût été fort embarrassé s'il eût fallu conclure après chacun de ses contes, comme après chaque fable, par une *moralité*. — Peut-être penserez-vous comme moi que Boccace se préoccupe aussi fort peu du sens philosophique de ses Nouvelles, et ne prétend guère plus à l'enseignement que la reine de Navarre.

C'étaient des temps où le plaisir était une affaire sérieuse; et celui de raconter et d'écouter n'était pas peu de chose apparemment pour les personnages enchanteurs et enchantés du Décaméron, puisqu'ils en oubliaient la peste de Florence.

Je ne chercherai donc point à découvrir la moralité d'une certaine nouvelle qu'on aimait par-dessus toutes et qui venait de l'Arioste en droite ligne, que chacun redisait d'âge en âge à sa manière; une histoire qui, sous le règne de Louis XIV, fut presque élevée à la dignité de cause célèbre, dont les avocats furent M. Boileau-Despréaux d'un côté, et, de l'autre, M. l'abbé Le Vayer, et les parties, M. de la Fontaine et M. Bouillon, traducteurs rivaux de la *Joconde,* comme on appelait alors cette nouvelle.

La difficulté du récit séduisit une fois encore quelqu'un de notre temps.

Écrire cette aventure était bien moins périlleux que la mettre en scène. Ce que le malin fabuliste avait dit avec une clarté et une franchise tout à fait dignes de Rabelais, il fallait le traduire seulement en situations semblables, substituer une épreuve à des trahisons, un soupçon à des certitudes, faire de la musique une complice, et de ses accords des symboles; il y fallait enfin plus d'art que jamais.

On le sait, la couronne de la rosière est encore pleine de fraîcheur, sinon de pureté.

J'ai devancé quelque peu l'époque de cet opéra, afin de quitter la musique pour toujours, ainsi que l'auteur de *Joconde*.

Mais un art plus grave s'était fait pressentir, je l'ai dit, dans les œuvres de M. Étienne. Déjà *Brueys et Palaprat,* comédie écrite en vers dont le style est facile et vif, annonçait que l'auteur pouvait, s'il le voulait enfin, se recueillir pour écouter la Muse lorsqu'elle lui conseillerait d'entrer dans l'analyse sérieuse et intime des idées et des caractères, et lorsqu'elle viendrait à ses côtés faire résonner le rythme divin. — Dans cet acte bien composé, où toutes les proportions sont mesurées, sans efforts apparents, où le caractère du duc de Vendôme est lié dans un juste degré à ceux des deux fraternels écrivains dont la mansarde est si gaie et si généreuse, il entrait dans l'art pur en peignant la vie d'artiste. Cette courte comédie ne doit-elle pas être à nos yeux l'introduction des *Deux Gendres?*

Vingt-deux pièces de theâtre de la main de M. Étienne avaient précédé cet ouvrage, le plus important de tous par le travail et le plus brillant par le succès. Un talent plus mûr s'y montre, une composition plus sévère et des mots plus profonds, avec une verve aussi ardente que dans des ouvrages plus jeunes.

La question que traite la comédie des *Deux Gendres,* messieurs, est une des plus graves qui aient jamais occupé l'âme entière du poète, du philosophe et du législateur. Or le grand artiste doit sentir en lui quelque chose de ces trois hommes à la fois.

Le but du théâtre n'est pas seulement d'enlever tous les âges aux soins et à l'oppression habituelle de la vie.

« Les dieux, dit quelque part Sénèque, pensent que la lutte d'un homme de bien contre ses passions ou contre l'adversité est un spectacle digne d'eux. »

Dans cette comédie, c'est contre l'adversité que lutte l'homme de bien; il n'a plus l'âge des passions. Il est deux fois père, il a sur son front la double majesté de la vertu et de la vieillesse.

Quelle est donc son adversité? l'abandon. Quelles mains le frappent? celles de ses enfants. Pour quelle faute? parce qu'il a été trop bon, trop grand, trop père, trop sublime, parce qu'il s'est dépouillé pour eux de son vivant, parce qu'il leur a partagé ses biens, parce qu'il s'est ouvert les entrailles et leur a donné son sang et son cœur.

Et pourquoi ce partage, pourquoi ce sacrifice? Car, s'il se dépouille ainsi et se met à la merci de ses enfants, ce n'est pas qu'il ne sache parfaitement les dangers qu'il va courir. Il a de la vie une longue expérience; il croit peu à la reconnaissance. Il sait à quoi il s'expose. Pourquoi donc ce dévoûment?

L'Art de la scène n'a jamais osé répondre, et ne le devait pas. L'examen de l'Art le pourrait seul.

Lorsqu'un jugement inattentif et incomplet conclut seulement alors que la moralité de la pièce était *qu'un père ne doit jamais donner tout à ses enfants,* ce fut glisser timidement à côté de la pensée. Le père répondrait, s'il était interrogé, qu'il s'est ainsi dépouillé pour ne plus voir mesurer ses biens d'un œil impatient; qu'il a cru trouver un moyen de ne plus entendre dire ce mot hideux resté de la barbarie dans nos mœurs, que l'on prononce avec indifférence et qu'on ne peut entendre sans frisson ; car, lorsqu'on dit d'une fille en regardant les cheveux blancs de son père :

Elle a des espérances, — on entr'ouvre une bière.

— Ce seul mot, le plus détestable des mots inconsidérés de la vie intime, suffit pour faire sortir des yeux caressants de l'enfant des regards sombres de cupidité. Le bon vieillard n'a pas voulu les voir devenir méchants. Plutôt que d'y lire une noire pensée, il a mieux aimé tout donner à tout hasard.

Là repose la question redoutable. La main qui la sonderait ne s'arrêterait qu'aux questions sociales de l'héritage. On les sent gronder sous la comédie qui les effleure.

Telle est la puissance de l'Art. — Que sa barque pavoisée glisse sur la mer, c'est assez pour tout remuer dans ses profondeurs et faire paraître à la surface ses gigantesques habitants. Tout est du domaine de l'Art, et rien n'est frivole dans ces créations poursuivies toujours par des dédains interminables et impuissants.

Le mérite de l'auteur comique fut grand, fut réel, le jour où, prenant dans ses mains une tradition ancienne et l'ébauche d'une sorte de proverbe informe, il leur donna une nouvelle vie. — Le caractère excellent et tout à fait créé d'un Tartufe de bienfaisance bien digne d'escorter le courtisan ambitieux et trembleur, est un des plus beaux portraits du tableau; mais je sais au moins autant de gré au peintre de la création de deux figures de femmes par lesquelles il repose les yeux et la pensée, et en qui réside peut-être le sens le plus intime de l'œuvre.

Par elles, ces deux étrangers tiennent au père de famille; les coups destinés à leur père tombent sur leur cœur, où le contre-coup retombe aussi de tout son poids. Sur leur faible cœur, comme sur une enclume, les hommes frappent sans pitié; l'ambitieux et l'avare sont d'un côté; de l'autre, le père et son vengeur; elles implorent, elles apaisent, elles supplient en vain; on leur défend de pleurer et d'avoir les yeux rouges. Elles ont la piété filiale qui manque aux gendres, elles ont les remords qu'ils devraient avoir; elles bravent l'opinion qui fait frémir ces deux pâles hommes; elles détestent cet héritage reçu avant la mort, et n'osent pas le maudire tout haut; puis enfin, lorsqu'il est arraché aux gendres, toutes deux arrivent au bout de ce rude combat blessées jusqu'au fond de l'âme, et si profondément, qu'il leur reste à peine la force de sourire à leur bonheur futur.

Voilà de ces caractères vrais et surpris dans la nature, que ne devinent point ceux qui n'ont pas vécu, c'est-à-dire souffert. Voilà ce qui n'était pas même indiqué dans cette esquisse de collège qu'on opposa à M. Étienne. On prétendit tout à coup se souvenir de tout ce qui ressemblait à ce grand ouvrage. On le découvrit partout; dans les dialogues et les fabliaux du XVI⁰ siècle, dans les *Fils ingrats* de Piron et le *Roi Lear* de Shakspeare on suivit sa trace. Eh! messieurs, il y avait encore dans les annales de l'ingratitude filiale un plus grand auteur à citer : c'est l'auteur du monde et du cœur humain, celui qui composa l'histoire réelle de Jacques II et de ses filles.

On avait évoqué une ombre, mais bien en vain; ce n'était même pas l'ombre d'un homme de talent. Un procès tout entier s'ensuivit, procès littéraire dont le dossier est fort considérable, et dont vous me pardonnerez volontiers, j'en suis sûr, de ne pas être le rapporteur posthume; car le procès n'est plus, et les *Deux Gendres* ne cesseront d'exister et de tenir leur rang parmi les meilleures comédies dont notre XIXᵉ siècle ait à s'honorer depuis sa naissance.

L'arrêt du public fut alors résumé ainsi par un critique : « M. Étienne a tué le Jésuite, et, par ce meurtre, est devenu son héritier légitime. »

Au reste, messieurs, je dois le dire, c'était un Janséniste qui disait cela.

Pour que la cause fût jugée en toute équité, on avait imaginé (ce n'était pas, je pense, les meilleurs amis de l'auteur) de faire représenter à l'Odéon ce *Conaxa* exhumé, tandis que la Comédie-Française représentait les *Deux Gendres*. — Pour ces sortes de personnes qu'afflige un trop grand succès, c'était une consolation délicatement ménagée. Ceux que mécontentait le plaisir que le public avait trouvé sur la rive droite, n'avaient qu'à passer les ponts pour rencontrer sur la rive gauche le contre-poison.

Quant à l'auteur, peu inquiet de sa mise en accusation, il passa aussi les ponts, mais ce fut pour entrer ici, à l'Académie Française.

On se donnerait moins de peine pour détruire ce qu'une fois l'enthousiasme a élevé en France, si l'on considérait combien ce qu'il y construit est solide. Notre nation, que l'on ne cesse d'accuser et qui veut bien elle-même s'accuser d'inconstance, n'abandonne jamais un succès qu'elle a fait, et lui conserve toute la fraîcheur de son jour de naissance. Elle le reprend, elle le pare de nouveau, elle le rajeunit par une larme s'il est sombre, par un sourire s'il est enjoué. Tout est classé dans son trésor, et rien n'y perd jamais son rang.

Ce fut alors que, dans le discours que M. Étienne prononça devant vous, écrit ingénieux où il démontrait que les comédies sont les portraits de famille des nations, il vous rappela, messieurs, un écrivain qu'il remplaçait, et dont le nom seul peut servir à mesurer ces rapides changements de l'esprit des lettres dont j'ai dit un mot. C'était M. Laujon, qui avait écrit la *Poétique de la chanson*. J'ai, je m'en accuse, le tort particulier à ma génération de ne pas assez regretter la gaîté de l'ancien Caveau, où se réunissaient, dit-on, les disciples fervents de Vadé, de Collé et de Piron, nommant leurs réunions l'*Académie du plaisir* [1], se déclarant les *législateurs chantants* et étudiant le *code de la gaîté*. Aussi ce tort, que je me reconnais, me permet, d'un autre côté, de comprendre parfaitement que M. Étienne ait eu besoin de faire partie d'une autre *Académie* que celle du plaisir, d'étudier et de réformer le *Code civil* et d'être *législateur* sans chanter.

Les *Deux Gendres* montraient assez que déjà la poésie sentait mieux sa dignité et redevenait grave, avec le sourire sérieux de la comédie; comédie de mœurs véritable, où la pensée première, l'action, les caractères, tout atteste que l'Art élevé devient pour l'auteur un culte plus fervent. Il va bientôt entrer en défiance de sa facilité même. Ses travaux sont plus calmes, sa manière est plus délicate, son analyse plus attentive.

Il sent lui-même qu'il manque à son talent un style plus sévère et plus poétique, et qu'il lui faudra sortir enfin de l'examen aride de la dépravation humaine pour entrer dans les féconds domaines de l'imagination. — Il médite déjà une comédie politique dont la satire est poignante et va s'attaquer au pouvoir le plus

---

1. Voir le premier discours de réception de M. Étienne, 7 novembre 1811.

formidable du monde entier. — Il ne cherche plus seulement à plaire ; il descend au fond de sa conscience, il y puise des forces inconnues pour lui jusque-là, il en tire une arme qui se nomme l'*Intrigante*.— A sa vue, Paris jette un grand cri mêlé de joie et de ressentiment.

La cause, la voici :

Une sourde inquiétude se répandait comme un fléau dans l'Empire depuis trois ans. — Enivré de victoires, on ne se juge plus. — Le pouvoir sans contrôle voulait être aussi sans limites, indiquer, décider les mariages selon ses calculs de politique et de dynastie. — On dressait des listes d'héritières, et souvent un doigt tout-puissant choisissait les noms.

On murmurait partout « que le maître de « l'Occident, qui, sans les consulter, partageait « les nations entre ses frères, croyait donc pou- « voir jeter, contre leur gré, des héritières à « ses soldats. »

Mais il y eut des nations qui protestèrent et des populations qui s'enfuirent tout entières dans les montagnes plutôt que de se laisser ainsi prostituer, et de même il se trouva des familles réduites à se cacher, humiliées de ces redoutables faveurs d'un souverain qu'on ne refusait pas sans danger.

— Il est donc certain que le trouble était répandu dans les foyers.

— Lorsque vint une comédie qui disait tout haut cette secrète horreur, le peuple jeta un cri dont on se souvient encore après trente-deux ans, tant est forte la voix d'une juste indignation et d'une douleur de père.

Ce sont là des cris qu'il est glorieux pour nous de faire pousser aux nations, car la main qui fait gémir le blessé est celle aussi qui guérit la blessure. La tribune du théâtre protesta quand les deux autres étaient muettes. — Au milieu de Paris, la première représentation fut brillante et remplit de tempêtes la Comédie-Française.

Tout ce bruit se fit entendre jusque dans le palais souverain. On y voulut voir ce qui causait un tel tumulte et s'il serait bon de permettre tant de joie. — Celui qui dominait tout, et qui redoutait beaucoup aussi, voulut savoir ce que valait cette arme qu'il se disposait à briser. — Il la fit jouer à l'écart, pour en bien mesurer la portée.

Ce fut là une soirée de mauvais augure. Il y avait loin de cette représentation à celle du *Camp de Boulogne*.

On était dans la salle étroite de Saint-Cloud, en 1813, dans la dernière année du règne. Le dictateur était triste et sentait que son empire n'était pas même viager.

L'édifice était ébranlé, et celui qui l'avait

élevé en entendait déjà, et avant tous, les sourds craquements. — Comme à l'empereur Julien, le Génie de l'Empire lui apparaissait attristé et tenant son flambeau renversé. Pourtant sa cour était brillante encore; il avait rassemblé, ce soir-là, quelques restes de ce parterre de Rois qu'il avait fourni souvent à ses grands acteurs. — Devant ce public splendide et triste, superbe et muet, on n'avait point d'enthousiasme à craindre. Tout ce qui froisserait le maître blesserait la cour, tout ce qui le blesserait la ferait saigner.

Dans l'angle de cette loge oblique, où l'on se souvient encore de l'avoir vu se jeter brusquement, la main sur ce grand cœur qu'il commençait peut-être à déchirer, l'Empereur se demandait comment son étoile pâlissante était déjà si près de son déclin, que l'un de ceux qu'il avait créés eût osé s'indigner de quelque chose, nourrir de cette indignation ses réflexions secrètes, s'abreuver de ce besoin tout nouveau de justice, et risquer, pour répandre quelques vers sortis du cœur, la perte de l'une de ces amitiés impérieuses qui jadis donnaient la mort aux Poètes en se retirant.

Le public impérial est attentif et silencieux. Chacun souffre à son rang. On commence, et le souverain observateur, pareil à un sombre et inquiet chimiste, portant les yeux tour à tour sur la scène et sur la masse de cette assemblée convoquée pour juger, approche de cette froide pierre de touche l'or suspect du poète. — Il voit s'ouvrir devant lui la maison sévère et calme d'un riche commerçant de Paris. Une femme, la belle-sœur de ce grave personnage, y a jeté le trouble, le bruit, le luxe, en son absence. Elle a brisé le mariage qu'il voulait pour sa fille, et que sa fille souhaitait dans son cœur; elle a ourdi une intrigue profonde et veut donner la jeune enfant et ses richesses à un homme de cour. — L'honnête homme revient chez lui et s'étonne. L'intrigante a tout renversé au nom de la *Cour*. Il refuse ce mariage nouveau, elle le menace de la *Cour*; on lui fera savoir, dit-elle, ses volontés suprêmes; balancer un instant à obéir, c'est lui manquer.

Étrange dialogue où l'énergique marchand répondait :

On abuse aisément du nom le plus auguste.
Quoi ! l'on manque à la *Cour* quand on la croit injuste ?

Pendant les luttes de cette scène, les spectateurs silencieux regardaient avec effroi le spectateur impassible. — Eux et lui se demandaient quel était cet être abstrait et toujours accusé que l'on nommait la *Cour*. L'un se reconnaissait ; les autres eussent voulu ne pas le reconnaître et en frémissaient.

Cependant la comédie poursuivait et redoublait ses coups. L'acteur élevait une voix sévère, et cet acteur n'était rien moins que Fleury ; il disait :

— Si je sers mon pays, si j'observe ses lois,
C'est, à son tour, l'État qui garantit mes droits.

C'était une maxime bien téméraire pour ce temps-là ; il ajoutait :

Mon respect pour la Cour a souvent éclaté,
Et nul n'est plus soumis à son autorité ;
Mais que peut-elle faire à l'hymen de ma fille ?
Je suis sujet du prince et roi de ma famille.

César se leva. L'arrêt était porté.

Paris avait été libre pour un soir et maître pour deux heures, c'était assez. Sa licence était trop grande.

Du même coup les presses furent brisées, la comédie fut interdite, l'auteur menacé de perdre tous ses emplois ; du même coup aussi, et nous devons en gémir, fut étouffée dans l'âme de l'écrivain sa Poésie encore jeune, au moment où elle allait atteindre l'âge et la stature d'une Muse formée.

Grâce à la fortune de la France, les temps

sont déjà loin de ces rudesses du pouvoir absolu, qui ne renaîtront jamais sans doute, et que la gloire même ne saurait absoudre. Les générations auxquelles j'appartiens, et qui depuis l'adolescence n'ont respiré que l'air de la liberté parlementaire, ont déjà peine à croire qu'on ait pu supporter la pesanteur de l'autre.

Telle fut, messieurs, la sévérité violente du Souverain. Considérons quelle fut la vengeance du Poète; nous avons vu le talent, voyons le caractère.

Dix mois après cette soirée orageuse, celui qui avait dit : *J'ai voulu voir, j'ai vu*, était renversé comme Athalie. La même famille royale qui, en fondant l'Académie Française, vous avait donné en 1642 l'Élection par vous-mêmes et l'Égalité entre vous, apportait en 1814, à toute la France, l'Élection et l'Égalité dans la Liberté constitutionnelle, n'ignorant pas que la Liberté est toujours militante, et qu'elle aurait à essuyer son premier feu, mais lui offrant volontairement sa poitrine.

L'occasion eût été bonne pour se venger du despotisme abattu. Faire représenter et répandre avec éclat la comédie satirique eût été chose facile et tout à propos, provoquée par la presse, bien accueillie et propre à mettre en faveur. On en eut la pensée autour de M. Étienne; mais il ne voulut point de ce petit triomphe, et son cœur lui dit que si son œuvre avait été proscrite, elle l'avait été par celui qui lui-même était en ce moment proscrit. — Il refuse le succès promis à l'*Intrigante*. Il fait plus, il défend la cause impériale vaincue, il attaque le vainqueur, il dirige et soutient contre lui ce premier feu d'une opposition naissante (et qui pour cela, sans doute, prit pour image un Nain symbolique). Il travaille à prédire, peut-être à préparer ce retour presque magique de l'île d'Elbe, qui fut sans doute la plus grande émotion de la vie la plus puissamment émue de notre siècle, et ne se venge du conquérant qu'en s'exposant à un long exil dont le coup effleurera de bien près sa tête.

Voilà, certes, une noble revanche contre l'Empire, messieurs, et digne de ces âmes de poète toujours entraînées au dévoûment par une sensibilité naïve, par de chaudes et presque involontaires affections.

On a loué naguère une autre vengence qu'il exerça, vengeance lente et sûre, celle d'une opposition patiente, persévérante, spirituelle toujours, éloquente souvent, et qui dura seize années.

De ces deux vengeances, messieurs, j'avoue que je préfère la première, estimant plus la loi du sacrifice que celle du talion.

Les idées aujourd'hui font des pas aussi

rapides que ceux des déesses d'Homère, et les théories, les doctrines, les discussions politiques de ces premières années qui suivirent l'Empire vous sembleraient vraiment appartenir à l'histoire d'un âge plus reculé, si je les faisais apparaître ici.

Mais, puisque pour cette époque nous sommes déjà la postérité, puisque là se trouve un des mérites de celui dont j'ai suivi tous les pas, j'irai chercher ce mérite jusque dans les orages où il s'est formé; et dans ces débris éteints, mais fumants encore, je porterai la main froide de l'historien.

J'y suivrai le publiciste, je ne reculerai pas plus devant la difficulté de le louer que je n'eusse reculé devant le danger de le combattre, si les temps et l'occasion l'avaient voulu.

J'ai montré comment, tout en appartenant à la famille intellectuelle des Improvisateurs, il s'était élevé par degrés jusqu'à une méditation plus sérieuse et une forme plus exquise de l'Art.

Jeté brusquement dans la polémique par les événements, il fut le plus rapide et le plus infatigable lutteur de cette époque, et rentra avec ardeur dans sa primitive et véritable nature. Son esprit tout voltairien se répandit en flots satiriques dans une feuille périodique de ce temps, dont il doubla la célébrité et la force.

Le *Nain jaune* avait beaucoup grandi; et, s'étant transformé en *Minerve,* il ne pouvait manquer de grandir aussi en talent et en science, surtout en science stratégique; et nul ne fut plus habile que M. Étienne dans les manœuvres et les contre-marches d'une polémique dangereuse et subtile, toujours sous les armes, et veillant à la fois sur tous les points qu'elle avait résolu d'attaquer, de saper et de détruire. Les cent lettres sur Paris frappèrent juste et frappèrent fort. Ces lettres, improvisées partout où se trouvait leur auteur, souvent au milieu du bruit des conversations et jusqu'à la table joyeuse de ses enfants, étaient cependant écrites dans un langage plein d'ordre et de clarté, de mesure pour juger les hommes, d'énergie pour débattre les choses publiques. Ces lettres étaient brèves et pénétrantes; et, comme les armes courtes, firent les blessures les plus profondes. Ces lettres contribuèrent à rallier et à multiplier les membres d'une opposition peu nombreuse d'abord, mais bientôt formidable.

La main sûre qui les écrivait ne s'arrêta plus que son œuvre ne fût accomplie. Or, par un étrange contraste, sa main fut improvisatrice, et sa parole ne le fut jamais. Partout cette main soudaine porta le même style limpide et ironique, nourri de la connaissance exacte des affaires du moment, et que rien ne gêne dans son allure saine et vigoureuse, mais où l'on sent à chaque pas quelque chose d'âcre et d'inexorable.

Les lettres sur les élections[1], sur les finances[2], contre la censure[3], sur les impôts[4], en demeurent les exemples les plus complets, et surtout, dans un genre d'écrits moins familier, l'éloge de M. le général Foy, dont M. Étienne eut l'honneur d'être l'ami et presque l'émule dans les mêmes rangs et à la même tribune.

Sa main légère et flexible traçait les plans de toutes les défenses et surtout de toutes les attaques, et fondait la puissance la plus populaire de la presse à cette époque. Cette main fut enfin celle qui, toujours ferme jusqu'au dernier moment, rédigea, dit-on, l'adresse des *deux cent vingt et un*.

Sans doute, une foi profonde en ses principes montrait à cet homme éminent le but de ses travaux; mais un ressentiment non moins profond l'anima et le soutint jusqu'au bout.

Je ne veux jeter aucun sombre souvenir sur

1. 1er octobre 1818.
2. 15 mai 1819.
3. 10 septembre 1819.
4. 27 mai 1819.

cette séance dont le caractère en tout temps dut être celui d'une fête, et aujourd'hui le doit être surtout pour moi. — Je ne soulèverai donc aucun des amers débats auxquels ma plume demeura toujours volontairement étrangère; mais, avec une impartialité complète, je ne puis m'empêcher de dire combien est grande la faute de tout pouvoir mal conseillé qui ose blesser ou dédaigner les grands écrivains chers au pays. — Leur escrime est admirée, ne les forcez pas à casser le bouton du fleuret, il deviendra une dangereuse épée. Si ces artilleurs redoutables se jouent avec la poudre et se plaisent à la lancer au ciel en gerbes brillantes et mille fois transformées, cet éclat est d'abord celui de l'art, et ils n'en veulent tirer que la lumière; mais ne les provoquez pas, car ils savent pointer, et ils n'ont pour vous renverser qu'une chose à ajouter à leurs pièces : c'est le boulet.

Je ne redirai point l'offense à ceux mêmes qui l'ont réparée. Cette exclusion valut à M. Étienne un retour parmi vous, qui ressemblait à un triomphe plus que son absence brillante n'avait ressemblé à un martyre. — Cette rigueur du pouvoir lui fit tenir deux fois de vos mains la couronne de l'élection, que les plus grands n'ont reçue qu'une fois dans leur vie.

Tout lui réussit donc, même la persécution; et de tout ce que donnent les victoires politiques, je ne sais rien qui lui ait manqué. Vous l'avez vu se retirant, autant qu'il le pouvait faire, dans ses grandes terres, où il regardait croître à la fois ses enfants et leurs fils et ses arbres favoris :

*Inter flumina nota
Et fontes sacros.*

En parlant de lui l'on ne peut ajouter, comme Virgile :

Fortunate senex,

car, s'il était avancé en âge, il ne fut jamais un vieillard.

Lorsqu'il sortait de ses calmes retraites, c'était pour rapporter au parlement, à de rares intervalles, des discours et des votes indépendants.

Messieurs, l'Indépendance, si magnifique dans une chaumière, est belle encore même dans un château.

Le peuple, toujours attentif à la parole des écrivains célèbres, écoute religieusement la voix qui sort des chaumes comme celle qui vient des tourelles, pourvu seulement qu'il sache bien que c'est une voix libre qui lui parle.

L'amour du juste et du vrai fait asseoir partout la liberté de la pensée : Rabelais la trouve à son côté dans son pauvre presbytère; Mathurin Régnier dans ses carrefours, et l'opulent Montaigne dans ses domaines; Milton, aveugle et ruiné, dans une masure, entre ses deux filles; Spinoza, le sombre ouvrier, au fond de son atelier, et Descartes, l'hôte et l'ami des reines, la rencontre dans leur palais; — Gilbert dans sa mansarde, et Montesquieu dans ses parcs; — Malebranche dans sa cellule, Bossuet dans ses hôtels épiscopaux, et, de nos jours, Burns à sa charrue et lord Byron à la poupe de son vaisseau.

Tous possédaient au même degré cette libre énergie qui se puise, non dans la condition, mais dans le caractère.

Quant à mon prédécesseur, son indépendance, qui ressemblait dans le premier âge à celle de *Jean-Jacques,* fut, dans le dernier, pareille à celle de *Voltaire.*

Auteur comique et publiciste, retiré dans ses beaux vallons et ses parcs de la Meuse, où tout lui était cher et où lui-même était cher à tous; dans ses riches possessions, semblables aux jardins de Salluste, il aurait pu raconter des guerres plus grandes que celles de Jugurtha, et même aussi des conjurations.

Il avait commencé une grande comédie dont il nous restera des fragments excellents. Elle était intitulée *l'Envieux.*

Tout le monde n'a pas l'honneur d'avoir des envieux. M. Étienne pouvait connaître les siens. Mais apparemment la laideur du modèle le dégoûta du portrait. Il ne l'acheva pas.

On regrette et l'on ne peut trop regretter ses Mémoires projetés; car l'histoire n'est jamais plus belle qu'écrite par ceux qui furent les acteurs ou les confidents de ses grandes choses. Pour moi, j'aurais voulu surtout le voir se souvenir de la poésie et du théâtre, et revenir *à ses premiers amours;* s'il eût chanté les forêts, assurément elles eussent été dignes d'un Consul. Mais, quoi ! le bonheur a le défaut d'être insouciant, et, en vérité, le bonheur se voit si rarement, qu'on peut lui pardonner cette imperfection, surtout vers la fin d'une carrière si active dans les travaux de l'art et de la politique la plus haute, si féconde dans l'un en œuvres variées et dans l'autre en graves mesures, en discussions ardentes et en importants résultats.

Une autre considération, d'ailleurs, me fait penser que l'on peut voir son absence subite et totale de l'art dramatique avec moins de regret, c'est qu'il est resté ainsi arrêté dans sa route, mais non altéré et faussé. Ce qu'il a écrit a été exécuté franchement et nettement dans le seul genre qu'il eût connu, aimé et imité, celui de la tradition de l'ancienne comédie. S'il eût poursuivi ses travaux, il lui aurait fallu, pour se maintenir au niveau de ses propres succès, modifier sa forme et la déguiser, changer sa manière et son style. Il fut mieux, il fut plus digne à lui de s'arrêter à temps et de regarder en silence se former sous ses yeux une autre génération littéraire novatrice, sérieuse et passionnée.

Un esprit nouveau s'était levé du fond de nos âmes. Il apportait l'accomplissement nécessaire d'une réforme déjà pressentie depuis des siècles : jetée en germe par le christianisme même sur le sol français de la poésie, dès le moyen âge; soulevée, de siècle en siècle, par des précurseurs toujours étouffés; remuée encore et à demi formée en théorie sous le règne de Louis XIII; annoncée depuis et dévoilée par de magnifiques lueurs sorties de quelques grandes œuvres de plus en plus rapprochées de la nature, de la vérité dans l'art et du génie réel de notre nation, c'était dans notre âge que cette réforme pacifique devait éclater.

L'histoire en est récente et simple. Ce ne fut point une ténébreuse conspiration.

Depuis peu d'années la paix régnait avec la Restauration. Tout semblait pour longtemps immobile. Il se trouva quelques hommes très jeunes alors, épars, inconnus l'un à l'autre, qui méditaient une poésie nouvelle. — Chacun d'eux, dans le silence, avait senti sa mission dans son cœur. Aucun d'eux ne sortit de sa retraite que son œuvre ne fût déjà formée. Lorsqu'ils se virent mutuellement, ils marchèrent l'un vers l'autre, se reconnurent pour frères et se donnèrent la main. — Ils se parlèrent, s'étonnèrent d'avoir senti dans les mêmes temps le même besoin d'innovation, et de l'avoir conçu dans des inventions et des formes totalement diverses. Ils se confièrent leurs idées d'abord, puis leurs sentiments, et (comment s'en étonnerait-on?) éprouvèrent l'un pour l'autre une amitié qui dure encore aujourd'hui. — Ensuite chacun se retira et suivit sa destinée. — Depuis ces jours de calme, ils n'ont cessé d'alterner leurs écrits ou leurs chants. Séparés par le cours même de la vie et ses diversions imprévues, s'ils se rencontraient, c'était pour s'encourager, par un mot, à la lutte éternelle des idées contre l'indifférence et contre l'esprit fatal de retardement qui engourdit les plus ardentes nations dans les temps où il ne se trouve personne qui leur donne une salutaire secousse. — Leurs œuvres se multiplièrent. — Dans ce champ libre nouvellement conquis, chacun prit la voie où l'appelait l'idéal qu'il poursuivait et qu'il voyait marcher devant lui.

Soit que les uns aient donné leurs soins au coloris et à la forme pittoresque, aux nouveautés et au renouvellement du rythme, soit que d'autres, épris à la fois des détails savants de l'élocution et des formes du dessin le plus pur, aient aimé par-dessus tout à renfermer dans leurs compositions l'examen des questions sociales et des doctrines psychologiques et spiritualistes, il n'en est pas moins vrai que, tout en conservant leur physionomie particulière et leur caractère individuel, ils marchèrent tous, du même pas, vers le même but, et que leur rénovation fut complète sur tous les points. — Le nom qui lui fut donné était depuis longtemps français, et puisé dans les origines de notre langue Romane; il avait toujours exprimé le sentiment mélancolique produit dans l'âme par les aspects de la nature et des grandes ruines, par la majesté des horizons et les bruits indéfinissables des belles solitudes.

La Poésie Épique, Lyrique, Élégiaque; le Théâtre, le Roman, reprirent une vie nouvelle, et entrèrent dans des voies où la France n'avait pas encore posé son pied. Le style qui s'affaissait fut raffermi. — Tous les genres d'écrits se transformèrent, toutes les armures furent retrempées; il n'est pas jusqu'à l'Histoire, et même la Chaire sacrée, qui n'aient reçu et gardé cette empreinte.

Les arts ont ressenti profondément cette commotion électrique. L'Architecture, la Sculpture, se sont émues et ont frémi sous des formes neuves; la Peinture s'est colorée d'une autre lumière; la Musique, sous ce souffle ardent, a fait entendre des harmonies plus larges et plus puissantes.

A ces marques certaines, le pays a reconnu et proclamé par des sympathies l'avènement d'une École nouvelle.

En effet, dans les œuvres d'art, tout ce qui passionne aujourd'hui la Nation a puisé la vie à ses sources. Il est arrivé que ceux qui semblaient combattre l'innovation prenaient involontairement sa marche, et, lors même que des réactions ont été tentées, elles n'ont eu quelque succès qu'à la condition d'emprunter les plus essentielles de ses formes.

Il appartient à l'histoire des lettres de constater la formation et l'influence des grandes Écoles. Il serait ingrat de les nier, injuste et presque coupable de s'efforcer d'en effacer la trace; car, ainsi que les couches du globe sont les monuments de la nature et marquent ses époques de formation successive, de même et aussi clairement dans la vie intellectuelle de l'humanité les grandes Écoles de poésie et de philosophie ont marqué les degrés de ce que j'oserai appeler l'*échelle continue des idées*.

Votre sagesse, messieurs, a su ne point se laisser éblouir et entraîner tout d'abord par les applaudissements et les transports publics, et elle a voulu attendre que le temps les eût prolongés et confirmés. — Mais aussi, sans tenir compte des vaines attaques, des dénominations puériles, des critiques violentes, et considérant sans doute que les excommunications littéraires ne sont pas toutes infaillibles, vous avez reçu lentement et à de longs intervalles les hommes qui, les premiers, avaient ouvert les écluses à des eaux régénératrices.

Malgré ses doctrines opposées, celui dont j'ai imparfaitement raconté la vie avait ainsi compris ce qui s'est accompli, messieurs, et, m'en parlant une fois, me fit l'honneur de me le dire.

J'ai tâché de rendre justice à tous ses rares mérites. Je m'arrête pour laisser une autre voix que la mienne vous parler plus au long des luttes et des succès de cet homme éminent dans ce monde parlementaire où je ne suis encore entré que par la pensée. Cette voix dirigeait à son tour votre noble assemblée, messieurs; son règne paisible de trois mois allait finir sans que nulle perte l'eût assombri, lorsque vous fut enlevé, par sa douleur, celui dont l'adieu a été pour vous aussi une douleur si imprévue et si amère.

« *Nous vivons dans la mort,* » a dit le prophète, et elle est comme l'atmosphère naturelle de l'homme. Mais si, comme j'en ai la foi profonde, l'espèce humaine est en marche pour des destinées de jour en jour meilleures et plus sereines, que la chute de chaque homme n'arrête pas un moment la marche de la grande armée. L'un tombe, un autre se lève à sa place, et, une fois arrivé sur l'un de ces points élevés d'où l'on parle avec plus d'autorité, notre devoir est de penser, dès ce jour même, à ceux qui viendront après nous : pareils à nos glorieux soldats, qui d'une main plantent leur drapeau sur la brèche, et tendent l'autre main à celui qui, après eux, marche au premier rang.

TABLE

TABLE

		Pages.
CHAPITRE I.	— Caractère du Malade . . .	5
— II.	— Symptômes	7
— III.	— Conséquences des Diables-Bleus	13
— IV.	— Histoire d'une Puce enragée.	18
— V.	— Interruption	25
— VI.	— Continuation de l'histoire que fit le Docteur-Noir . . .	27
— VII.	— Un Credo	31
— VIII.	— Demi-Folie	34
— IX.	— Suite de l'histoire de la Puce enragée	43
— X.	— Amélioration	53

			Pages.
CHAP.	XI.	— Un Grabat	56
—	XII	— Une Distraction	60
—	XIII.	— Une Idée pour une autre.	63
—	XIV.	— HISTOIRE DE KITTY BELL.	67
—	XV.	— Une Lettre anglaise	75
—	XVI.	— Où le drame est interrompu par l'érudition d'une manière déplorable aux yeux de quelques dignes lecteurs.	86
—	XVII.	— Suite de l'histoire de Kitty Bell. — Un Bienfaiteur.	98
—	XVIII.	— Un Escalier.	112
—	XIX.	— Tristesse et Pitié	121
—	XX.	— UNE HISTOIRE DE LA TERREUR.	132
—	XXI.	— Un bon Canonnier	146
—	XXII.	— Un honnête Vieillard.	151
—	XXIII.	— Sur les hiéroglyphes du bon Canonnier.	161
—	XXIV.	— La Maison Lazare.	167
—	XXV.	— Une jeune Mère	174
—	XXVI.	— Une Chaise de paille.	183
—	XXVII.	— Une femme est toujours un enfant.	190
—	XXVIII.	— Le Réfectoire	196
—	XXIX.	— Le Caisson.	224
—	XXX.	— La Maison de M. de Robespierre, avocat au Parlement.	229

	Pages.
CHAP. XXXI. — Un Législateur	240
— XXXII. — Sur la Substitution des souffrances expiatoires	246
— XXXIII. — La Promenade croisée	255
— XXXIV. — Un petit Divertissement	260
— XXXV. — Un Soir d'été	279
— XXXVI. — Un Tour de roue	291
— XXXVII. — De l'Ostracisme perpétuel	311
— XXXVIII. — Le Ciel d'Homère	315
— XXXIX. — Un Mensonge social	326
— XL. — Ordonnance du Docteur-Noir	340
— XLI. — Effets de la consultation	348
— XLII. — Fin	350
DE MADEMOISELLE SEDAINE ET DE LA PROPRIÉTÉ LITTÉRAIRE	353
DISCOURS DE RÉCEPTION À L'ACADÉMIE FRANÇAISE	431

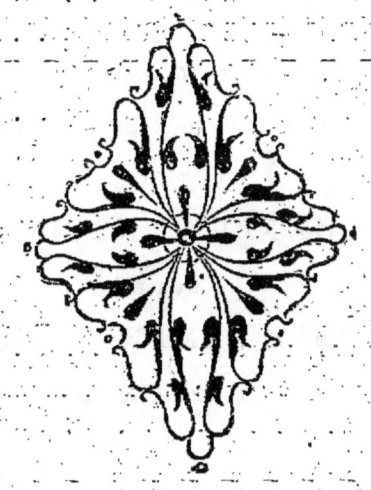

Achevé d'imprimer

Le trente août mil huit cent quatre-vingt-quatre

PAR

CHARLES UNSINGER

POUR

ALPHONSE LEMERRE, ÉDITEUR

A PARIS

ALPHONSE LEMERRE, ÉDITEUR
27-31, PASSAGE CHOISEUL, 27-31

ŒUVRES COMPLÈTES

DE

ALFRED DE VIGNY

Édition petit in-12, papier vélin
(8 volumes à 5 fr.).

Poésies.	1 vol
Cinq-Mars.	2 vol
Grandeur et servitude militaires . .	1 vol
Stello.	1 vol
Théatre	2 vol
Journal d'un Poète	1 vol

Paris. — Typ. Ch. Unsinger, 83, rue du Bac.

www.ingramcontent.com/pod-product-compliance
Lightning Source LLC
Chambersburg PA
CBHW060225230426
43664CB00011B/1559